中公クラシックス J23

新井白石

折りたく柴の記

桑原武夫 訳

中央公論新社

目次

学者のまえに武人だったひと

藤田　覚

一代の大学者

新井白石は、明暦《めいれき》三年（一六五七）に生まれ享保《きょうほう》十年（一七二五）年に亡くなった、江戸時代中期の大儒学者であり政治家としてつとに有名である。名は君美《きんみ》、通称は勘解由《かげゆ》、白石は号である。はじめ上総久留里《かずさくるり》藩土屋家に仕え、藩内抗争により父とともに追放されて牢人《ろうにん》、ついで下総古河《しもふさこが》藩主で大老の堀田《ほった》正俊《まさとし》に仕えたが、正俊暗殺ののち堀田家を去ってまた牢人した。そのあいだに独学で儒学を修めたのち、朱子学者木下順庵に入門し、その推挙により元禄六年（一六九三）に甲府藩主徳川綱豊《つなとよ》（後に六代将軍家宣《いえのぶ》となる）の侍講《じこう》となった。宝永六年（一七〇九）に綱豊が六代将軍になると、寄合儒者《よりあいじゅしゃ》という低い格式ながら、側用人《そばようにん》間部《まなべ》詮房《あきふさ》とともに家宣を補佐し、「正徳《しょうとく》の治《ち》」とよばれる幕府政治史上の特徴ある一時代を築いた。正徳金銀の鋳造による貨幣の整備、海舶互市《かいはくごし》新例《しんれい》（長崎新例）とよばれる対外貿易の制限、朝鮮通信使の待遇の簡素化と「日本国王」問題、儀式典礼の整備など、短い期間に特色ある政策が遂行された。
第七代の幼将軍徳川家継《いえつぐ》にも仕えたが、家継が夭折《ようせつ》し八代将軍に徳川吉宗《よしむね》がつくやその立場を追われ、そののちは失意のなか著述に専念した。『読史余論《とくしよろん》』『藩翰譜《はんかんふ》』『古史通《こしつう》』などは、独自の歴史観にもとづくすぐれた歴史書であり、潜入したイタリア人宣教師シドッティを尋問して著した『西洋紀聞』『采覧《さいらん》異言《いげん》』は、江戸時代の西洋研究として貴重である。白石の学問的な関心は万般にわたり、桑原武夫が「日本の百科全書家」と評したほどである。まさに一代の大学者であった。

『折りたく柴の記』は、白石の自叙伝である。自身と新井家の祖先の足跡を子孫に伝えようとする意図で書かれた。非公開の自叙伝とされるが、江戸幕府の歴史書『徳川実紀《じっき》』の編纂《へんさん》に使われており、江戸時代後期にはかならずしも非公開ではなかったらしい。上・中・下の三巻からなり、とくに父祖の事跡を中心とした上巻は、「自叙伝文学として日本最古」「徳川期の散文芸術作品の最高傑作の一つ」、その文章は、「簡潔無比の名文」（桑原武夫）と高い評価が与えられている。これまでどちらかといえば、文学作品として取りあげられてきたが、ここでは、白石が関わった十八世紀初頭の「正徳の治」とよばれる幕府政治について述べた中・下巻に焦点をあてて、政治家白石の姿をみたい。

正徳期の幕政運営

徳川家康・秀忠・家光の三代の将軍の時代は、まだ現実に合戦があり、大軍をひきいた上洛《じょうらく》や日光東照宮への参詣もくり返された。さらに有力大名を改易《かいえき》して人びとを震えあがらせるなど、威嚇と強制さらには人為的に軍事的緊張を作りだすことにより、将軍と大名の主従関係や諸勢力の支配を強め維持してきた。だが、武力により実現された近世社会の平和を持続させるため、むきだしの強制にかわる平和的な手段や作法が模索された。徳川家康のようなカリスマではない将軍のもとで、幕府は政治の機構や組織を整えるとともに、社会の秩序を維持する手段として道徳や儀礼の利用をはかり、文武のうち文が重視されるようになった。思想とか文化がもつ支配や秩序維持のための技術に関心がもたれ、その持ち主である学者、とくに儒学者への需要が生まれ、将軍や大名の政治上の、また道徳上の師として招かれるようになった。白石も、そのような儒学者のひとりである。

江戸幕府の政治が、十七世紀後半の四代将軍徳川家綱《いえつな》のころから、それまでの武断（武威）政治から文治政治へ転換し、白石の「正徳の治」はそれをさらに推し進めたと理解されている。ここで、白石が幕府政治に関わった十八世紀初頭の正徳期、六代将軍家宣期の幕府の政治構造について説明しておこう。四代将軍家綱の時代には、老中の合議により幕政が運営されていたが、五代将軍綱吉《つなよし》の代になると、綱吉と側用人柳沢吉保《やなぎさわよしやす》によるかなり専制的な政治運営となり、この将軍と側用人が軸となる権力の構図は家宣の代にも引きつがれた。白石が、「一般の政務も、まず内々で詮房殿を通じてお考えを仰せ出され、人びとの討議するのをまって、そのあとで御前にお召しになって、仰せつけられたのである」(三四四頁)と書くように、将軍家宣の意思をうけた側用人間部詮房が老中の合議に参加し、その結果を間部が家宣に報告し、最終的な将軍の意思が間部を通じて老中に伝えられ執行される、という幕政の運営だった。つぎの七代将軍家継は幼将軍のため、間部ひとりが軸となった。白石は、そこでの自身の位置を、「私のような者は、要職にある人びとから下問されることがあって、意見を申し上げることがあったにしても、一つのことも天下に施行することができる職にあったわけでもない。事実、私が意見を申し上げたところが人びとの意見に一致せず、実行されなかったことがいくらもあった」(三四五頁)と書く。将軍あるいは間部から問われて意見や見解を述べる、あくまでも顧問の立場であり、老中らのように執行する権限のない存在だったと語っている。政治理念や政策を実行できた権力者だったわけではなく、意見を述べることができただけで、しばしば歯がゆい思いをしなければならなかった。白石の歯ぎしりが聞こえてきそうである。

白石の歴史認識

正徳の治の底流にある政治家白石の特徴をいくつか考えてみよう。まず第一にあげられるのは、確固とした武家国家観と武士（武人）意識である。日本史研究者は江戸時代の国家を幕藩体制国家とよぶが、白石には、徳川家を頂点とした武家の国家であるという武家国家観が強い。それを支えたのが、日本歴史の解釈である。白石は、独自の歴史解釈にもとづく歴史観の裏付けをもった国家観の持ち主であった。その歴史解釈・歴史観を述べたのが、六代将軍家宣に行った日本歴史の講義案の『読史余論』である。そのなかで、徳川家の世となるまでの歴史の変化を論じ、政治の仕組みが九回変化して武家の世となり、その武家の治世が五回変化して徳川の世となったとする、九変五変という独特の歴史解釈がそれである。白石は、足利尊氏《たかうじ》以降、すなわち室町幕府の時代以降は、完全に武家の世であり、徳川家の江戸幕府はその後継者としての武家政権であると、長い日本歴史のなかに位置づけた。江戸幕府は武家政権、武家国家であるという認識は、白石の政治観や政策の核となる要素である。そこから、武家国家にふさわしい制度や儀礼が構想されることはいうまでもない。文治主義か武断（武威）主義かという議論があるが、白石には根底に武家国家という国家観が存在したことを忘れてはならない。

武家国家という観念がつよく表にでて、それゆえに深刻な物議を醸《かも》したのが殊号《しゅごう》あるいは復号問題といわれる、将軍の対外的な呼称をめぐる事件である。江戸時代、外交権を握り日本国を代表したのは将軍である。将軍であった。国家と国家の外交関係をもっていたのは朝鮮国と琉球国のみで、琉球国は服属国の扱いだったので、ただひとつ交隣の関係をもったのは朝鮮国であった。朝鮮国王と将軍とは、たがいに国書を交換する関係にあった。朝鮮側は朝鮮国王の称号を用い、朝鮮国書の宛名は日本国大君《たいくん》とし、将軍から朝鮮国王あての国書はその差出人を「日本国源某」としていた。対外的な称号を大君とし、日本国王を避けた。東アジア世界における日本国王の称号は、中国皇帝に臣従することにより授けられ、中国皇帝から日本国を代表する支配者と認定されるとともに、定期的に朝貢《ちょうこう》の使者や貢物を送る義務を負った。日本国王号は、中国への国家的従属、中国皇帝への臣従を示すので、その使用を避けたといわれる。また、朝鮮側の称号が国王なので、日本側も国王と称すると対等の関係になるので、朝鮮を目下に位置づける伝統的な朝鮮蔑視観により避けたともいわれる。中国とは国家間の関係をもたず、冊封《さくほう》体制に入ったこともない江戸時代に、日本国王号を使うのは矛盾がある。

しかし白石は、一七一一年（正徳元）に六代将軍家宣の将軍襲職を祝う朝鮮通信使の来日にあたり、将軍の称号をそれまでの大君から国王へ変更することを提案し実現させた。ところが、八年後の一七一九年（享保四）の八代将軍吉宗のときはまた大君に戻され、それ以後も踏襲された。白石が実現させた日本国王の称号は異例であった。それでは、白石はなぜあえて日本国王の称号を使ったのか。その理由は、白石の歴史認識にある。大君は「朝鮮では、臣下に授ける職号」なので、それを称号にすると「（朝鮮国王から）朝鮮の官職を受けたようなきらい」がある。つまり、朝鮮国王より格下となるので不都合という。いっぽう中国では、大君は「天子の異称」なので、わが国の天子（天皇）とまぎらわしい。だから大君はふさわしくないという（一四四頁）。

日本国王号の根拠は、鎌倉・室町の時代から外国のひとは、わが国の天子を日本天皇、将軍のことを日本国王と呼んだという、日本歴史の理解にある。朝廷や公家に関わることには「天」を用いて日本天皇と称し、武家に関わることには「国」を用いて日本国王と称するのは、天と地がその位置を変えることができないのと同じだという、すこしわかりにくい説明がある。この背景には、日本の国王は誰か、すなわち国家の統治権を誰が握り、国家を代表するのは誰かという問題がある。中世人なら、天皇が「王」「国王」という認識が常識だという。だから、足利義満《よしみつ》が中国の明皇帝に臣従し「日本国王」と称したことは、人びとから問題にされた。それでも十五、十六世紀の室町幕府の将軍は、対外的には日本国王の称号を使いつづけた。これは事実だが、白石は不正確にも、徳川家康、秀忠も朝鮮との国書に日本国王を使ったと理解している。だから、将軍が日本国王と称するのは日本歴史の常識だというわけである。このように、室町幕府からは武家の世であり、武家国家日本を代表するのは将軍なのだから、国際的な称号は国王であるべきだ、という歴史認識なのである。

白石は、武家国家のなかの天皇をどのような存在と理解していたのか。白石は、新しい宮家の創設を提言し、それが実って閑院宮《かんいんのみや》家ができ、七代将軍家継の妻に霊元《れいげん》天皇の皇女を迎える、いわゆる降嫁《こうか》が決定された（家継夭折のため、実現をみることなく終わった）ことを、「この国に生まれて、天皇の御恩にむくいたことの一つ」と書くように、白石はいわゆる尊王論者である。しかし、「わが神祖（家康）は、天から勇気と知恵を授かり、天下を統一なされた」（九八頁）と述べるように、徳川家による天下統一や全国支配の根拠を「天」におき、けっして十八世紀末以降のように天皇からの大政《たいせい》委任に求めたりはしない。だが尊王を説く。それは、「元亨（元弘）・建武のあいだ（後醍醐天皇の治世）、皇統がすでに南と北に分かれ、南朝はまもなく絶えてしまわれた。北朝はもともと武家のために立てられたものであるから、武家の治世と盛衰をともにされるべきである」（二〇〇頁）という理由からである。水戸藩の徳川光圀《みつくに》がはじめた『大日本史』も、南朝こそ正当な天皇という認識であり、それが当時の常識であった。白石も同じである。北朝の天皇（すなわち当時の天皇）は、武家が立てた天皇なのだから、「共主」であり武家政権と盛衰をともにする運命共同体の関係にあるという。「将軍は天皇より下だが、三公・親王の上に立たれる」（二八七頁）と将軍の序列を定めているので、形式的とはいえ天皇と将軍とのあいだに君臣関係があり、武家が天皇を崇敬することは当然のことなのである。だが、日本の国王は誰か、と問われれば、十七世紀末から十八世紀初めなら、中世とは異なり、多くの者が将軍だと答えただろう。対外的に日本国を代表し、国内でも国王とみなされていたであろう将軍にふさわしい称号は、日本国王だということになる。ここには、武家国家にふさわしい対外的な称号とは何かという発想が色濃い。

強烈な武人意識

白石は、文治政治をいっそう推し進めたといわれるが、儒学者というより武家国家の時代に将軍家に仕える武士、武人の意識を強烈にもっていた。将軍綱吉の時代には、「人びとは天下太平のことのみをお祝いして、少しでも軍事に関することを口にするのを遠慮していた」(一一七頁)というように、軍事はタブーになっていたらしい。白石は、軍備の弱体化が世間に聞こえたら、「国家の体面を汚す最大のこと」と憂慮し、武器や軍艦の修理など、軍備の充実をはかる意見書を出している。「国家の体面」も国家一般ではなく、武家国家のそれだろう。元禄一一年(一六九八)に火災で家が焼けたとき、主君家宣から仮の家を建てる費用として五〇両を拝領したが、白石はあえてこの金で紺糸威《こんいとおど》しの鎧《よろい》一両を作った。それは「死をもって特別の御恩に報いるべきときに使おうと考えた」(六七頁)からである。いざ合戦のとき、主君のために命を投げ捨てて戦う戦士の身支度を調えたのである。武人白石の面目躍如ではないか。

徳川家康が亡くなってちょうど百年にあたる一七一六年(正徳六)に、六代将軍家宣は日光社参の計画をたてたらしい。しかし、一七一二年に死去したため実現しなかった。日光社参は、将軍が諸大名らに命じて軍事動員するので、将軍の軍事指揮権とその武威を誇示する絶好の機会であった。武威により諸大名らとの主従関係を強化する方策として、江戸時代前期には繰り返し行なわれた。軍役《ぐんやく》発動により軍事的な緊張を人為的に生み出して将軍権力を維持する、いわゆる武断政治が後景にしりぞき、儀礼などによる身分秩序の維持をはかる文治政治へと転換した元禄時代の綱吉は、いちども日光社参を行なわなかった。しかし、文治政治をさらに推し進めたといわれる家宣の時代、すなわち白石の時代には、将軍の日光社参が計画されていたのである。ここにも、たんなる文治主義や文治政治ではとても説明のつかない白石の武家国家観が底流にあるだろう。白石が、朝鮮通信使を川崎宿で出迎えるさいの装束に、水干《すいかん》という狩衣《かりぎぬ》の一種を用いることにした理由を、「武事には水干を用いることが武家の古いしきたり」「私はただ武士の日常の服装で」(二五九頁)と説明するように、武士、武家のならわしを重視する。

貿易制限の強化が密貿易(抜荷《ぬけに》)を生み、中国商人が不法に上陸しては乱暴し、これを制止すると武器で対抗するなどの蛮行がみられた。その原因は、綱吉の時代に、中国人に侮辱された長崎奉行所の役人が中国人を刀で傷つけたところ、その役人が即座に解雇されたというほど外国人の扱いが軟弱になったので、外国人が勝手気ままに振舞うようになったのだという。そこで白石は、「日本は万国にすぐれて武を貴ぶ国とむかしから言われております。それを、いまこうした外国船の商人たちにばかにされることは、国の体面上もっとも憂うべきことです」(三〇二頁)と、日本は尚武《しょうぶ》の国、武威の国であると主張し、この事態を解決するため、正徳四年五月に西国諸大名に、上陸して乱妨したり警備の日本船に大砲をうつような中国船に対しては、船を乗っ取り、乗員を斬り殺すよう命じる触書《ふれがき》を出している。武威を前面にうち出して不法中国人を取り締まろうとする。ここにも、武家国家としての体面が強く押し出されている。

かつて富商の養子の口があったとき、「弓矢の道を捨てて、商人の家を継ぎたいなどとは思いません」（五二頁）と断った。また東廻り・西廻り航路の開発者として有名な河村瑞軒《ずいけん》の孫娘の婿の口もあったが、これも辞退している。貨幣改鋳の案を作成した堺の商人谷長右衛門安殷《やすたか》、その案を白石に伝えた呉服御用商人の鷲津見《わしづみ》源太郎については、「二人とも、その先祖は理由があって、商人になり、その者の子孫だから、その志は、ふつうの商人と比べることはできない」（二六六頁）という。そこには、白石の強烈な武士意識と商人への蔑視や差別意識がみてとれる。白石の精神の根底に強い武士意識があり、それゆえ当世風のそろばん勘定にたけた荻原重秀《おぎわらしげひで》らをとことん嫌ったのだろう。

剣術の技量はどうか。剣術に優れた父の友人の倅《せがれ》を師として一一歳から稽古をはじめ、手習いなどそっちのけで武芸を好んで修行したと書いている。

主君を自律的に、あるいはやむない事情で変えて転々とし、ときに牢人しながらも武士の名誉や誇りを大切にした父の生き方への白石の憧憬がみてとれる。白石は、戦国武士の遺風、あるいは古風な武士かたぎを受け継いでいた。武人学者白石というべきか。

荻原重秀批判

第二に仁政の強調がある。これを儒教の理想主義でかたづけてはいけない。前代の綱吉の元禄政治が招いた幕府への人びとの不満や不信を解消させ、政治を安定させるという歴史具体的なものと理解しなければならない。綱吉のような道徳の押しつけではなく、幕府政治への人びとの信頼をかちとるため、仁政と為政者の道徳的反省や政治倫理が強調された。儒教の理想だけではなく、前代の政治への強烈な反省が根底にある。

江戸時代の武家の憲法であり、白石の起草になる宝永七年（一七〇七）の武家諸法度第二条に、「国郡家中の政務、おのおのその心力を尽くし、士民の怨苦《えんく》を致すべからず」という条文が盛り込まれた。いかに「士民の怨苦」を除くのか、これが政治の大きな主題となった。

生類憐《しょうるいあわ》れみの令により罪に問われた者が何十万人ともしれず、この法を停止しないと「世の中の憂いと苦しみはやむことがない」（九六頁）ほど人びとがこの悪法に苦しんでいると語る。とくに綱吉の代には、「法を扱う人びとがもっぱら厳格にすることを貴んだため、一羽の鳥、一匹の獣のために死刑に処せられ、一族まで殺され、そのほか流罪・追放など、人びとは安心した生活をすることができない」（一一一頁）状況におかれていたので、生類憐れみの令を廃止し、さらに大赦《たいしゃ》を行わなければ、人びとが生きかえった思いができないとして、将軍宣下《せんげ》を機会に大赦を行うことを提案し、この結果、大名の分を含めて八八三一人もが恩赦を受けた。

綱吉の代に、諸大名に課せられた幕府への役務が重く、将軍への献上物も多くなって、武士や人民がその負担で困窮しているので、現在の急務は負担の軽減にあるという。そこで、参勤交代の従者や献上物の削減を提案した。また、人と物資の輸送のため街道の宿駅に人馬を用意する経費は、宿駅と周辺の助郷《すけごう》村むらの大きな負担となり苦しんでいた。そこで、全国に国役《くにやく》という負担を恒常的に割りあてる構想が勘定奉行所でたてられた。これに対して白石は、元禄十四年（一七〇一）に東大寺大仏殿再建のため全国に勧化金《かんげきん》を割り当てたこと、宝永四年（一七〇四）の富士山噴火による災害復興のため、全国に国役を賦課したことを取りあげ、これらの臨時の負担に世間ではとやかく不満が出ていたし、まして臨時ではない恒常的な負担になる宿駅国役はもっともよろしくないと反対した。不正をはたらく宿役人や利用者の倫理を正せば解決する、という倫理主義・精神主義にすぎないという評価もあるが、白石は、あらたに負担を強化する国役を回避しようとしたのであり、それは「士民の怨苦」を除くための仁政だったのである。

白石からみて元禄の悪政を代表するのが、慶長金銀を質の悪い元禄金銀に替えた貨幣改鋳で、そのことについて『折りたく柴の記』でもっとも多くを費やしている。荻原重秀が勘定奉行になり幕府財政を担当するようになってから、「家康公以来の良法がみな破壊され、武士や庶民の恨みと苦しみがしきりに起こったことは、世人のみな知っているところ」（一八七頁）、「天下の災いでこれより大きいものがない」（二六〇頁）という。元禄期の経済発展により貨幣需要が増大したが、貨幣の素材である鉱山からの金銀の産出が激減したため、その需要を満たすことができない条件のなかで、貨幣の質を落として数量を増やす政策は経済発展の動向に対応した政策であり、これを実行した荻原重秀は「開明」官僚と評価された。それに対して、貨幣の質を慶長金銀にひき戻し、通貨量を減少させて不景気をまねき、経済の発展方向に対応しない政策をとった白石は「時代錯誤」であり「失政」と研究者から酷評された。

経済の発展が貨幣流通量の増加を求めたのは、たしかにそうだろう。しかし荻原重秀らは、その現実経済の求めに応じて貨幣改鋳を行ったわけではない。改鋳政策を開始した元禄八年の前年に、幕府財政についての議論がなされた。近年の支出額では、一年に一〇万両以上もの赤字が出るが、十年以上まえの平均的年間支出額ならば、二八万両以上の黒字が出ると試算されていた。元禄年間に入るころから幕府の財政支出が増大した要因は、御殿や寺院造営、さらには綱吉らの衣服や調度そのほかの支出にあった。幕府の選択肢は、財政支出をいままでどおり維持し赤字分をなんらかの方法で補塡する政策をとるか、将軍権威を荘厳化する御殿や寺院造営などを制限して支出を十年前に戻す政策をとるかにあった。結局、幕府は前者を採用し、貨幣改鋳策をとった。それまでの慶長金銀の金銀含有量を減らし、しかも慶長小判一両を金の量の少ない元禄小判一両と交換させるのであるから、幕府は利益があがり、十数年間続けた改鋳により、金四五〇万両と銀二七万三六〇〇貫匁（六〇匁で一両に両替なら四五六万両に相当）という巨額な利益（当時はこれを出目《でめ》とよんだ）をあげた。これにより、いままでどおり綱吉の豪奢《ごうしゃ》な生活や将軍権威を建築物と寺院造営などで荘厳化する経費を捻出したのである。

この貨幣改鋳に、発展する経済が求めた貨幣量の増大に応じるという政策的意図はみられない。それどころか貨幣の質を落としながら等価交換させる詐欺のような行為であり、物価の上昇を招いて「人びとの恨みと苦しみ」すなわち「士民の怨苦」を生む結果となった。幕府財政は改鋳による巨額な益金で収入を補塡して運営され、老中たちは財政の実態も運営も知らずに勘定奉行荻原重秀に任せきりだったのであるから、改鋳益金と荻原なしの財政運営などまったく考えられなかった。だから、白石の慶長金銀に戻す正徳金銀への改鋳策は、凄まじい抵抗でなかなか実現せず、将軍家宣の遺志としてやっと断行された。

白石は、綱吉時代の悪政と思われた政策を否定して「士民の怨苦」を除く仁政を行うことができなければ、幕府への人びとの批判や不満を解消できず、将軍の権威や社会秩序の維持にとって重大な障害になると判断したのであろう。元禄金銀を慶長金銀と同質の正徳金銀に改鋳したさい、元禄金銀と正徳金銀の交換のやりかたが問題となった。白石が書いた正徳金銀への改鋳を命じた触書では、「公儀ご費用のことなどは論ずるにたらず」と、幕府が損をしてでも貨幣を復古させることを強調し、一〇割増しという交換、すなわち、正徳金一両＝慶長金一両＝元禄金二両、正徳銀一貫目＝慶長銀一貫目＝元禄銀二貫目というまっとうな交換を行った。

元禄政治への反省

第三に、役人倫理の強調がある。これも、儒教的な精神主義や役人倫理一般ではなく、元禄政治への反省という歴史具体的なものと理解すべきである。業者との癒着の最大の者が、荻原重秀と目されたのである。白石が起草した宝永七年（一七一〇）の武家諸法度《ぶけしょはっと》第七条に、「貨賄を納《い》れて権勢の力を仮《か》り、秘計を廻《めぐ》らして内縁の助《たすけ》を求む、皆これ邪路を開きて正道を害す、政事のよりて傷《やぶ》るる所なり、一切に禁絶すべき事」と、武家諸法度にはじめて賄賂の禁止を盛り込んだ。賄賂による政治腐敗を阻止しようとした背景には、第一に、幕府政治が家綱時代の老中合議制による運営から、綱吉時代の将軍―側用人による専制的なものとなったことから、特定の権力者へ人びとの請願が集中したこと、第二に、幕府では、さまざまな土木・普請工事や物品購入などが、業者に発注し業者が請け負う方式になっていったことが重要である。幕府の権力構造の変化と元禄期までの民間経済の発展が生み出した現象といえよう。

幕府がある御殿の建築工事を行なうとすると、担当奉行が請負業者を選定する。複数の業者がいるので入札方式をとり、最低価格の業者が落札する。この担当奉行と請負業者の間に請託が行なわれ、受注したい業者は奉行に「たてもの」ととなえるお金を贈り、落札し工事が終わると「礼物《れいもつ》」とよぶお礼のお金を贈る約束するのだという。この「たてもの」「礼物」の額が少ないと入札も許されないので、工事担当の奉行は、千両もの大金を手にするという。また、業者間で談合があり、利益の配分すら決められる事態が生まれている。現代の公共事業をめぐる問題を思い浮かべればよく理解できるだろう。業者請負方式が賄賂横行の温床となり、幕府役人は、たえず業者との癒着とそれにより私腹をこやす誘惑にさらされる事態が生まれていた。白石は、「すべての商人たちが、このこと、あのことについて御用を承りたいと懇願することを、いっさい禁止されるのでなければ、今後またこうしたこと（賄賂のこと）はやむはずがない」（三三〇頁）と、賄賂防止のため商人らの請願をいっさい禁止する必要を説いている。この結果、正徳六年（一七一六）に、商人などから、幕府の御用を承りたい、あるいは幕府のためになるからこれこれをやってはどうか、諸人のためにこれをやってはどうかなど、幕府や出先の遠国奉行所にさまざま願いでる者が多くなったが、願いでることそれ自体と請願を取り上げることを禁止する触書がだされた。賄賂により政策が捻《ね》じ曲げられ、政治が腐敗するのを防ぐため、役人倫理が強く求められることになった。

理詰めと人情

第四に司法の重視がある。白石がこの課題に取り組んだ直接の動機は、生類憐れみ令という希代の悪法があるうえに、司法にかかわる役人が法を厳格に運用したため、「一禽《きん》一獣《じゅう》」のため死罪になるなどの不合理により、人びとが安心して暮らせないという、現状認識にあった。幕府への人びとの信頼を得るうえで司法は重要であり、とくに裁判の公正さや迅速さが求められる。江戸幕府は、中世と異なり自力救済を原則的に否定したのだから、社会に生まれる紛争や利害の対立を幕府の司法により解決し社会秩序を維持することが求められた。とくに元禄期までの開発の進展と経済活動の活発化は、各地で紛争を多発させていた。これを公正かつ迅速に司法により解決することができるならば、幕府は人びとの信頼をかちとることができる。

白石は、幕府の司法の頂点である評定所の改革につとめた。先生である木下順庵が、「評定《ひょうじょう》所《しょ》は天下の正邪を定めるべきところで、その関係するところはもっとも大きい」と語っていたと紹介している。評定所は、三奉行と称された寺社奉行・町奉行・勘定奉行が構成員となって、最高裁判所のような機能をもち、「天下の是非」「天下の正邪」を決める重い役割を負っていた。ところが、「ここ数年来、評定所のことは、荻原重秀と本多弾正少弼《だんじょうしょうひつ》忠晴の二人の意見ですべてのことが決着したので、そのほかの評定衆たちは主張することができなかった」（二九七頁）というように、評定衆のなかでも勘定奉行の荻原と寺社奉行の本多の二人が権力をほしいままにしていた。また白石は、「近ごろ、評定の人びとが、評定所留役人《とめやくにん》というような者に万事をまかせきりで、訴訟のことも、入獄のことも、長い年月がたっても決着しない。これでは世間の人のためにどうであろうか」（三四一頁）という趣旨の意見書をだしている。裁判所の書記官ともいうべき裁判実務を担当した評定所留役らが、法務に堪能になり、奉行たちは彼らに任せきりになり、しかも審理に時間がかかって「長詮議《ながせんぎ》」という事態になっていると、司法行政上の問題点を指摘した。その結果、評定所留役人が職を辞めさせられ、さらに、裁判を百日で処理できないときは老中に報告することを義務づけた。百日以内の処理が原則となり、評定所の改革による裁判の迅速化と公正化が図られたのである。この司法の改革は、つぎの享保の改革に引きつがれた。

白石は、入り組んでいて判断の難しいいくつかの訴訟についての見解を求められた。その意見は、問題の根源にさかのぼってもつれた糸をときほぐすので合理的かつ公正であった。しかも、理詰めだけではなく人情にもつうじた、情理を尽くした結論を導き出すところに、人間白石が顔をだす。そのいくつかをみてみよう。

比叡山延暦寺、東叡山寛永寺、日光山輪王寺《りんのうじ》を管掌し、天台座主《ざす》として天台宗の頂点にたつとともに、幕府と特別な関係にあった日光准后《じゅごう》（輪王寺宮）から、比叡山西麓の八瀬《やせ》の村民が薪《たきぎ》を切ったりするため比叡山の結界《けっかい》（霊地の清浄を維持するためにもうけられた立入禁止の区域）に入り込むのを禁止するよう幕府に求めたが、八瀬村民はそれでは生活できないと訴えた。比叡山の結界と八瀬村民の生活のふたつながらの維持のため、八瀬村民に別の地に田畑を与え、しかも年貢《ねんぐ》を免除するという解決がなされた。そこに、村民の生活の成立ちを重視する白石の眼差《まなざ》しが見える。

越後国村上藩領八五か村が幕府領に編入して欲しいと訴えた事件について、勘定奉行が反逆の罪で厳刑にすべしと主張したのに対し、白石は「苦しみを訴える道をもたない天下の人民（天下無告の民）は、いったいどこへ訴え出ればよいのでしょうか」（二六五頁）と擁護し、厳刑に反対した。白石の民衆への同情に近いものを感じさせる。

幕府領（天領）の者と私領の者が争論になると、勘定奉行荻原重秀は、「私領の者はみな罪がある」「天領の百姓に過ちはない」と主張し、陸奥《むつ》二本松藩の藩士を幕府領の百姓が侮辱したために、藩士により傷つけられた事件では、「天領の百姓を傷つけたことは有罪」と処罰しようとした。このような幕府領の領民を優遇するような不公正な判決を問題にし、幕府領と大名領などの区別をこえて、「天下の民」である人民への公平さ、公正さを貫こうとする白石の姿がみえる。

夫を父と兄により殺害された妻が実の父を告発したため、父と子の道徳に反したとして罪に問われた事件がある。林大学頭信篤《だいがくのかみのぶあつ》は、父を告発した罪により死刑あるいは「奴」、評定衆は、財産を没収し「奴婢」（下女）とすべしと主張した。白石は、「妻たる者が夫につくそうとすれば父には孝とならない、この人の不幸は、最大と言うべきである」（二四六頁）と同情し、その妻を断罪すべきではないと論じたうえ、この哀れな寡婦《かふ》は、夫をうしなって頼るすべがなく、まだ若いので長い生涯には節操を失うかもしれないので、尼となり父と夫の財産をすべて寺に寄付して生活の心配を除く措置をとるよう希望した。その女性は、自発的に鎌倉の東慶寺の尼となった。そこに、父のために不幸に陥った哀れな女性に、儒教道徳を杓子《しゃくし》定規に適用せず、刑罰を科すことなくしかも生涯の生活の成り立つ道をつけてやるという、まことに情理を尽くした解決を行った。不幸な一女性への人間的な温かみのある視線を感じる。

貨幣改鋳の件で銀座の座人四人が流罪、一人が追放となった。死罪にすべしとの意見もあったが、白石は、首謀者である勘定奉行荻原重秀はすでに死亡して極刑をまぬがれているのだから死罪は不適当だという。「幕府は法を出すところであり、人民は法を守るものである。幕府自体が法にそむき、人民がその法があやまっていることを上申しなかったといって、人民を罰することはいかがであろうか」（二七二頁）と、幕府みずから法にそむいたのだから、残酷な刑罰や「過察《かさつ》の法」を抑制し、「君子仁厚の政」にふさわしい処罰にとどめるべきだと主張した。銀座の座人は武士身分ではなく、白石いうところの人民である。武士身分の首謀者荻原が死罪とならなかったのだから、共犯だが人民である座人に死罪を科すことに反対したのである。牢火災により解き放たれたまま戻ってこず、見つかって捕まった者の処罰が議論になったさい、白石は、「こういう際に逃亡したならば、一時罪をまぬがれることができるのでなかろうかと思うのは、身分のいやしい者が持つふつうの感情である」（三一五頁）と語るのは、身分差別の意識は強いものの、人間普通の感情への共感であろう。また、司法に関わる奉行たちに憐れみの心が不足しているともいう。なかなか決着をつけないうちに関係者が死亡してしまった誘拐事件では、その死亡を「かなしい」と悼み、「裁判にあたった人びとが、あわれを知らない」（三一八頁）と嘆く。人情への共感と民衆への同情がみてとれる。

主家を逃亡した若侍が、その途中で強盗を斬り殺したものの、主家逃亡の罪で処罰をうけることになった。白石は、強盗を斬り殺した手柄があるのに主家逃亡の理由で処罰するのは不憫《ふびん》といって、縁者をつうじて主家に掛けあい、逃亡の罪を問わないという言質《げんち》をとって、その若侍の罪を不問に付した。主家を転々とした父と白石自身をかえりみて、理由はともかく主家を逃亡せざるをえなかったのであろう侍への同情が感じられる。

政策は触書としてあらわれ、裁判は判決しかわからない。しかし、『折りたく柴の記』を読むと、政策や法の立案と裁判の判決にいたるまでのあいだに白石がなにを考え、なにに怒っていたのか、その思考の過程がわかる。政治史研究からすると立法や政策の決定過程をよく理解できる希有な史料であるとともに、触書や判決文ではとてもうかがい知ることのできない生身の人間、白石の心の奥底をかいま見ることができる。そして、「鬼」とよばれたほどの迫力で懸命に努力をしてもなかなか実現しない現実への苛立《いらだ》ちと深い苦悩も読みとることができる。上巻に記された、父である古風な武士の生活と感情への敬愛と、白石みずからも味わった貧しく艱難《かんなん》にみちた牢人暮らしの体験が、中・下巻に記された「正徳の治」の政治と密接に関わっていることも知ることができるだろう。

（東京大学文学部教授）

参考文献

辻達也『享保改革の研究』(創文社、一九六三年)
桑原武夫責任編集『新井白石』(〈日本の名著〉15、中央公論社、一九六九年)
大石慎三郎『元禄時代』(岩波新書、一九七〇年)
尾藤正英『元禄時代』(〈日本の歴史〉19、小学館、一九七五年)
深井雅海『徳川将軍政治権力の研究』(吉川弘文館、一九九一年)
松村明校注『折たく柴の記』(岩波文庫、一九九九年)
高埜利彦編『元禄の社会と文化』(〈日本の時代史〉15、吉川弘文館、二〇〇三年)

凡例

一、本書は、中公バックス〈日本の名著〉15『新井白石』（一九八三年）所収「折りたく柴の記」（現代語訳）を底本として編集したものである。同書は、新井白石自筆本（全三冊）を中心に、『新井白石全集』第三巻、〈日本古典文学大系〉95所収「折たく柴の記」などによっている。

一、今回、若干の語句の表記などを改め、ルビを新たに加えた。

一、本文中の小見出しは、東京大学図書館所蔵の小中村清矩記入の『折たく柴の記』の見出しを現代語訳したものである。

一、年や時刻の干支は省略し、時刻は便宜的に一刻の中間の時刻をもって記した。

一、白石が記した原注は、〔　〕に入れた。訳注は序・上・中・下各本文の後に置いたが、語句の簡単な注釈は（　）に入れて本文中に挿入した。

一、訳注は、日本関係を善積美恵子氏、中国関係を荒井健氏が執筆した。

折りたく柴の記

序

　むかしの人は、言うべきことははっきり言うが、そのほかは無用の口をきかず、言うべきことも、できるだけ少ないことばで意をつくした。私の父母であった人びともそうであった。

　父であられた人は、七十五になられたとき、はげしい熱病にかかり危篤におちいられた。医者（江馬益庵《えまえきあん》）が来て、独参湯《どくじんとう》[1]を差し上げるがいいと言う。父上はいつも人を戒めて「若い人ならともかく年いった者が、命には限りがあることも知らないで、薬のためにかえって息苦しいありさまで死ぬのはみにくい。よく注意するがよい」と言っておられたので、さてどうしたものかと言う人もあったが、呼吸困難は見ていてつらいほどなので、しょうが汁に混ぜておすすめすると、それから呼吸が楽になり、病気はなおってしまわれた。あとになって母上が、

「どうなすったのですか。ご病気のあいだは、人に背なかを向けて寝たままで、ひとことものをおっしゃいませんでしたね」とお尋ねしたところ、

「あれは頭がひどく痛かったのだ。わしはいままで人に苦しげな顔を見せたことがないのに、いまいつもと変わった様子を見せるのは、よろしくない。それに世のなかの人が熱にうかされて、とりとめもないことを言うことが多いのを見ていると、なにも言わぬに越したことはなかろうと思って、ああしていた」と答えられた。

これらのことで日常のことは推測できよう。

そういうふうだったから、お尋ねしてみたいと思うことも言い出しかねて暮らすうちに、なくなられたので、それっきりになってしまったことが多い。世間一般のことならば、それでもよかろう。父親や祖父のことがくわしくわからないのはくやしいが、いまはもう尋ねる人もない。このくやしさから、私の子どもたちもまた、私と同じようになることもありうると悟った。

いまはひまのある身となった。心に思い出すその折りその折りに、過ぎ去った事ごとをとりとめもなく書きとめておいた。よその人の見るべきものではないから、ことばのまずさも、内容の煩わしさも遠慮することはない。

そのなかで、御先代様（六代、家宣《いえのぶ》）のことに言及したのは、まことにおそれ多いことではあるが、世間でよく知る人がなく、おのずとお伝えしようとする人もないのは遺憾なことである。わが子・孫ののちまでも、これらの文章を読む者が、父親や祖父の立身の苦労、また父親が御先代様からうけた御恩のなみなみならぬものであったことをも理解したならば、忠と孝の道にそむかぬことともなるだろう。
六十の翁、散位《さんに》②源君美《きんみ》、享保元年(一七一六)十月四日③、起稿する。

(1) 気つけの妙薬。水一合に朝鮮人参二匁《もんめ》を入れ、半合になるまで煎じて服用する。しょうがを加えることもある。
(2) 位だけがあって官職のない者、白石は従五位下に叙せられているが、正徳六年(享保元)五月十二日、隠退したので、この称を用いたのである。
(3) 序文のこの日付に対して、下巻の末尾の日付は正徳六年(享保元)五月下旬となっている。この起筆と絶筆との日付上の矛盾について宮崎道生氏は、十月四日は家宣の命日で白石にとって忘れがたい日であり、したがって起筆には恰好《かっこう》の日時であったが、実際の起稿がこの日付通りであったかどうかはわからないと述べている。五月下旬の絶筆は、家継《いえつぐ》の死去とそれに続く白石ら家宣側近者の罷免による家宣・家継時代の終焉《しゅうえん》を意味している。

上

祖父母のこと

私の父であられた方は四歳で母を失い、九歳で父を失ったので、「父上・母上のことは、くわしいことは知らない」と言っておられた。

私の祖父は勘解由《かげゆ》様といい、祖母であられた方は、染屋某《なにがし》の娘である。お二人とも、常陸《ひたち》の国の下妻庄《しもづまのしょう》（茨城県下妻市の北東の地域）でなくなられた。新井というのは、もともと上野《こうずけ》の国の源氏で、染屋はもともと相模《さがみ》の国の藤原氏であるのに、どういうわけで常陸の国に移られたのであろうか。その理由をいろいろ言う人もあるが、はっきり父上が言われたことでない以上、認めるわけにはいかない。父上はおっしゃった。

「私の父は、どういうわけか所領を失って、もとの領地にひきこもっていたと言っておられたが、目が大きく、ひげが濃く、こわい顔であったが、なくなるころは、まだ白髪ではなかったように覚えている。

いつも食事の際は、黒塗りにカキツバタの蒔絵《まきえ》をした箸箱から箸をとり出して食事をし、すむと、箸をもとどおりにおさめて、かたわらに置かれたが、私を育ててくれた老女中にそのわけを尋ねると、『ずっとむかしの戦いのとき、名の知れた敵の首を斬って、大将の陣屋に参上されると、戦い疲れただろう、これを食え、と言って、ちょうど食べておられた膳をおし出し、その箸も添えてくださった。これは一代の名誉であったから、いまも身から離さずにいられるのです』と言った。それもごく幼いときに聞いたことで、いつ、どこの戦いで、大将はだれであったか、はっきりしない。

ただ一つ、いまも思い出されることがある。同じ年ごろの友だちと遊んでいたとき、私が『人をばかにしたことを言うやつだな』と言ったのを父上が聞かれて、『男が人にばかにされるのは恥だ。いま言ったことばは冗談にせよ、こちらから進んで恥を認めたようにみえる。それではよくない』とおっしゃった」

父のこと

「父上（白石の祖父勘解由）のなくなられたあと、兄上たちの配慮で、ある人の養子となった。養父となった人は、私の父とはちがい、いかにも豊かで、召使の数も多く、弓・鉄砲・長い槍なども、たくさん貯蔵していた。私をたいへんかわいがってくれた。十三歳になったとき、友だちと口論した際、『自分の家の召使の養子になったことすら知らぬようなやつに、なにがわかるか』と言われた。合点のいかぬことと思ったが、人に尋ねるわけにもいかないので、あの私を抱き育ててくれた老女中のところへ行って尋ねると、『そんなことは、気になさいませんように』と言う。ますます不審に思って、しきりに尋ねると、涙を流して泣きながら言った。『お父さまご自身も、いまあなたの親となっておられる方々が、むかしの恩を忘れなかったからこそ、静かに余生を送られたのです。いまは家に金もでき、どんな人の子どもでも自由に養子にできるのに、あなたを養子として、ほんとうの子以上にかわいがるのも、もとの主人の子どもと思うからです。どうぞ孝行のお心を深くなさいますように』

これを聞いてから、兄上たちに恨みが深くなって、手習いに通っていた寺のお師匠さまにお願いして銭を一貫文借り、小袖・袴といったものを渋紙に包んで刀にひっかけ、銭を腰に巻いて家出した。二、三里の道を行ったと思うころ、水戸から江戸に行く飛脚二人に出会い、江戸に行く道を尋ねると、『小さい者が一人で行けば、泥棒におそわれるかもしれない。おれたちについておいで』と言う。いかにもと思って、いっしょに行く。『どこのどういう人の子どもか、江戸ではどういう人のところに行くのか』と問われて、はじめのうちは答えもしなかったが、二人は情け深く、疲れると馬に乗せたりしてくれるので、そんなに隠しだてするのもよくないと思って事情を話すと、あわれに思って江戸まで連れてきて、いろいろ手をつくしてくれたので、身を寄せるところもできた。

父上のなくなられてから二十五年にあたる年に、お墓参りしたいと思って故郷に帰ってみると、三人おられた兄上はみななくなって、姉上が一人生き長らえておられた。『二番目の兄上は、お前の行くえが知れぬのを深く悲しんで、毎年江戸まで行って、あちこち尋ねては帰られたが、とうとうなくなってしまわれた』と姉上が言われた。この姉上もほどなくなくなったということだから、そののちは、故郷に尋ねる人もなくなった」

と父上がおっしゃった。

私の祖母のなくなったのは、慶長九年（一六〇四）三月三日[1]で、祖父は慶長十四年八月二十七日になくなった。だから、私の父上は、慶長六年に生まれて、その国を去られたのは慶長十八年のことである。

〔高徳寺の前の住職了也《りょうや》が話してくれた。「私が幼いころ、私の先代のときに、新井簡斎《かんさい》という人がこの寺に来たのを、あなたのお父上にお知らせすると、会いに来られて、終日おられた。その人は、毎年来ることもあり、また年をおいて来ることもあった。従弟《いとこ》だということだったが、どうであろうか。また、どこから来たということも知らなかった」。こうしたことは、母上もご存じだとは思えない。また私に話されたこともない。むかしの人は、どうしてこんなふうだったのだろう。この了也も、私の父がなくなって三十年あまりのちに、はじめてこんな話をしてくれたのだった〕

父が土屋家に仕える

私の父上の若かったころは、戦国時代からまだ間がなく、人びとは遊俠《ゆうきょう》を誇りとし、気骨を尊ぶならわしで、いまの時代とはちがう話がたくさん残っている。父上も東奔西走、席の暖まるひまもなく年をすごされたが、三十一歳のときに、民《みん》部《ぶ》少輔《しょうゆう》源利直《としなお》(2)〔土屋〕の家に出仕された。

そのはじめのころ、走《かち》の侍〔現在、歩行侍《かちざむらい》というものである〕で、夜、盗みに入ったと噂された者三人を逮捕して、門の上の櫓《やぐら》のなかに押しこめたのを、父上一人にあずけられることになったと聞いて、「あの連中を私におあずけくださるのなら、ぜひとも、刀や脇差を取り上げないでやってほしい」と申し上げた。申入れは聞きとどけたと言って、彼らの刀・脇差を父上に下げ渡された。父上はそれを持って櫓の上にのぼり三人の者に返して言った。

「おぬしたち、逃げて行く気なら、わしの首を斬って行け。わし一人で三人を相手にすることはできない。してみれば、わしの刀・脇差などは無用のものだ」

そして三尺手ぬぐいでくくって投げ出し、彼らといっしょに起居・食事するうちに、十日ばかりたつと、彼らが盗みに入ったという噂は事実無根ときまったが、そういう者を使っておくわけにはいかぬとして、土屋家を追放された。そのときになって、彼らは父上に言った。

「たった一人の人間にあずけられたのだから、おれたちはよほど取るにたらぬ者と思われたのだろう。実力のほどを思い知らせてやろうと思ったが、刀・脇差をすら身につけないおぬしを殺したのでは、なるほど取るにたらぬ連中であったと思われるのもくやしいので、このまま殺されてしまうのならいたしかたもない。幸い命が助かったならば、そのときこそ恨みをはらしてやろうと思ったが、おぬしの情けで刀・脇差を取り上げられることもなくまた武士にもどれる身になった。この情けは忘れるべきでないと思うと、いまは恨みもはれた気持がする」

そう言って別れたと父上が話された。その後まもなく、抜擢されたので、父上はけっきょく土屋家にとどまって仕えられた。

父の行状

土屋家では、あとになって監察の仕事を命ぜられた〔現在、目付の職という〕。私がもの心ついてからあとのことは覚えているが、毎日の生活習慣はすっかり同じで、少しも変わりがなかった。午前四時ごろに必ず起床、冷水浴をして、自分で髪を結われたので、

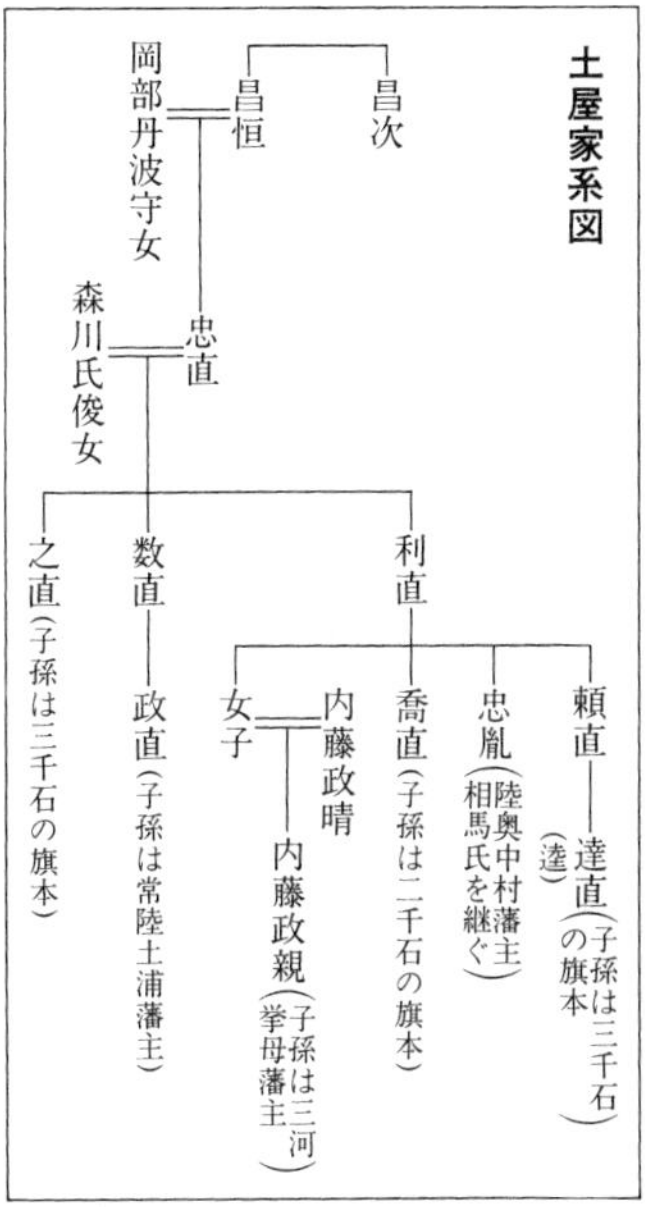

夜の冷えるころは、母上が「お湯をあげましょう」と言われるのを、「召使たちの手を煩わすことだ、決してしないように」ととめられた。七十あまりになられたころ、母上が「私も年をとって、夜の寒さが堪えられません」と言って、囲炉裏に火を埋め、それに足をさし入れて横になるようなふりをしながら、鑵子《かんす》（湯わかしのような器）に

湯を入れて、火のそばに置いておき、父上が起きられたとき、その湯を差し上げた。

二人とも仏教を信仰しておられたが、父上は、結髪を終えると、着物を着かえて、仏を礼拝されることは、どの暁も怠られたことがない。両親の命日には、自分で飯をたいて供えられ、召使に命ぜられることはなかった。夜の明けないうちは、すわって夜明けを待ち、すっかり明るくなってから出仕された。父上の住まわれたところは南にあり、出仕される門は北にあったが、朝は東の、夕方は西の道を通られた。雪駄《せった》といって底を革にしたものをはいて、いかにも足音高く聞こえるように歩かれたので、父上の来られるのがだれにもそれとわかり、幼い子どもたちも、泣くのをやめたのであった。

土屋の殿は、毎年八月には上総《かずさ》の国望陀《もうた》郡の領地（久留里《くるり》藩）に行き、十二月のなかばには江戸に帰られた。③帰られると、必ず父上を呼ばれて、人ばらいをして、留守中のことを聞かれたが、毎年「申し上げるほどのこともございませんでした」とだけ答えられた。そのようにして何年もたってから殿が言われた。

「土屋家は小藩だとはいっても、留守をつとめる者は少数とは言えない。何年もの年月がたつうちに、どうして事件がないということがあろう。それなのに毎年『申し上げるほどのこともございませんでした』と言うのは、合点がいかない」

「大切なことはすぐさま注進し、些細《ささい》なことは留守をあずかる人びとと相談して処置いたしますから、そのほかに私が申し上げるほどのことはまだございません」

そう答えられたが、そののちも上総の国から帰られると、きっと呼び出して、領地におられたあいだのことなどを話され、長時間ののちに退出したが、「留守のあいだのことをお尋ねになるようなことはなかった」と父上は言われた。

正保二年（一六四五）の秋、土屋の殿は駿府《すんぷ》城の加番④を命ぜられたが、父上は上総の領地のことを処理するため、駿府にはお供しなかった。翌春になって、至急に来るようにという仰せをうけて、上総の国から駿河《するが》に行かれた。

そのころまでは、駿府城に勤務する侍たちの陣屋も、四方がみな竹垣を結んだだけだったから、「若侍たちは、毎夜垣を越えて遊びに行く者が多く、お供をしてきた家老たちも『とどめようがない』と申したので、お前を呼んだのだ」と仰せられた。こういう際に、一人でも処罰される者が出ては、世間の評判もよくなかろう。打つべき手がある、と思ったから、すぐ陣屋の周辺を調べ、適当な幾ヵ所かに番兵を置いて守らせる小屋を四つ、五つ作って、足軽二人ずつに守らせ、毎夜、日が暮れると、夜明けまで自分自身が巡視して、よく守っている者を賞め、怠けている者を戒めて、交代のときまで、一晩も宿舎で眠ることがなかったので、おのずと規則にそむいて夜遊びをする者がなくなり、無事に終わった。

正保四年と六年⑤、土屋の殿は日光山の火の番⑥という役を命ぜられ、そこに百日ずつ滞在して守りにつかれた。六年には、大阪城の守備も命ぜられた〔大阪加番衆[7]という〕。このときもまた父上を連れて行かれた。江戸をたってから、途中いろいろのところを経て滞阪中も、とうとう一晩もふしどに寝られることがなかった。道中は馬の上でうたた寝し、大阪に着いてからは、昼の出仕のとき、ひまをみて居眠りばかりしておられた。昼も夜も寝床で寝なければ、長くつづくと、とり目というようなものになる。大阪からの帰途、日暮れに三島の宿に着いたとき、どの家にもつけられた灯の光が、はっきり見えなかったと言って笑われた。

「そのとき、なぜそんなふうになさったのですか」

とあとになってお尋ねすると、

「いかにもそれにはわけがあったのだ。何某《なにがし》という代々仕えた若侍が重い罪を犯したが、露見したなら罪を免れることはできまいと思って、怨恨に報いた格好にしようとして、幼い者を斬り殺して逃亡した。土屋の殿はひどく憎んで、捜索されたが、見つからない。若侍の老母を捕えておけば、出て来るかもしれぬと、捕えておかれたが、出て来ない。数ヵ月たつうちに、母は獄死した。逃亡者は、この恨みに報いようとして、虚無僧《こむそう》になって殿をねらっている、とひそかに私に知らせてくれた者があった。もし噂のとおりなら、こうした旅行のときこそねらわれるのであろうと思ったから、それとなく毎晩番兵をわけて配置し、自分も巡視するなど、駿河でと同じようにしたのだ。人びとは、先例のとおりにしているとばかり思いこんでいた」と言われた。

蘆沢某のこと

父上が土屋家を去ってのち、なにかのことに関連して話されたことがある。

「蘆沢《あしざわ》という男は幼いときに父を失ったが、父の残した領地を与えて、そば近く使っておられたが、二十歳ほどになったころ、私を召されたので参上すると、土屋の殿は物に腰をかけ、打刀《うちがたな》（鍔《つば》をつけて、人を斬りやすくした刀）を横たえておられる。いつもと様子がちがうなと思っていると、『そばへ来い』と言われるので、腰の小刀をはずして近寄ろうとすると、『そのまま来い』と言われるので、おそばへ寄ると、『いま蘆沢を呼び出して、予みずから成敗《せいばい》する。そこにおれ』と言われた。なにもお答えせずに控えていると、しばらくして、『返事がないのは、なにか意見があるのか』と言われる。

『さようでございます。あの男はいつも、私は幼いときに父を失ったのに、たいへんな御恩にあずかってここまで成長できた。この御恩に報いるためには、世間普通の人のようにしていてはだめだと申しております。生まれつき大胆不敵な人間で、年もまだ若いことゆえ、ばかげたふるまいもたくさんあり、なにか不都合をしでかしたのでございましょう。しかし、若いときにああいうふうでないならば、年がいってから、ものの役に立たぬ者が多いのではございませんか。これらのことを考えめぐらしておりましたので、お答えがおそくなって恐れ入りました』と申し上げた。

殿はそれ以上なに一つ言われることもなく、私もまたなにも申し上げずに控えていると、しばらくして、『顔に蚊がとまっている。追え』と言われたので、顔を動かすと、血を吸いあきてグミのようになった蚊が、六つ、七つ、はらはらと下に落ちたのを、懐紙を出して包んで、袖に入れて控えていた。またしばらくして、『帰って休むがよい』と仰せられたので、退出した。

蘆沢はいつも酒好きで、酒乱のふるまいがあったので、関という蘆沢と親しい男と相談して、二人でまず禁酒させ、つねに忠告を怠らなかった。そうするうちに年月をへて、その父親の職務を継がせていただくことができた。いまは土屋の殿もなくなられたが、はじめに私の申し上げたことばがむだにならないように、立派に仕えてほしいと思うのだ」と言われた。というのは、蘆沢は、ずっとあとになって、また酒乱のことがあったからである。

加藤某のこと

土屋家に加藤という人があった。私が二十歳ばかりのころ、六十以上かと見えた。その祖父は、安房《あわ》の里見家の侍大将で、上総の国佐貫《さぬき》というところの城を守っていたという〔加藤伊賀守《いがのかみ》と呼ばれたという。名は聞かなかった〕。その加藤の家に、蛇太刀《へびだち》・猿《さる》引《ひき》という二振りの宝刀があった。蛇太刀は私も見た。細身で三尺ばかりあった。猿引というのは、猿まわしの持っていた刀を譲り受けたのだという。私も見たように思う。加藤が十六のとき、自分に仕える若党の侍を斬ったことがある。鱠《なます》を作っているところを斬りつけたので、青磁《せいじ》の鉢もろとも斜めに切れたということをみなが噂していた。父が退職された後、その刀の話をすると、「現場に居合わせた人がないから、そういう話になったのだ。すべて人の言うことは、そのまま信用してはならない。鉢もろともに斬ったという刀は、おまえの幼いときにやったあの刀だ。そのとき、加藤の住んでいた長屋はわしの隣だったが、加藤は二階に上がっていた。主従の口論する声が高く、ただごとではないと思っていると、加藤が階段を駆けおりる音が聞こえたから、すわ大変と思い、刀をとって駆けていくと、加藤はすでに一太刀斬りつけたものの、細腕で斬れなかったのか、若党が包丁をとって立ち向かおうとするのを、わしが刀を抜きざまに斬ったところ、肩から斜めに、前にあった鉢もろとも斬り捨てた。即刻、『とどめを刺しなさい』と言って、自分の刀の血をおしぬぐい、鞘《さや》におさめて駆けて帰った。あとで人びとが集まってきたが、とうとう猿引の刀の名誉ということになってしまったのだ。私の刀は、もとは上野の国の後藤という者の刀であったが、その兄がこの刀で払うように斬ったところ、敵の頭を横に二つにした。その頭《ず》蓋骨《がいこつ》を幼いときおもちゃにしたと後藤が言うのを聞いて、譲ってくれと長年たのんだあげく、やっと手に入れたものだ。必ず身から離さずに、子孫に伝えよ」と言われた。

その刀が、いま装飾して細太刀（儀式用の大刀）とした獅子と呼ばれているものだ。

また、国清《くにきよ》が作った桐葉の模様のある腰刀は、甲斐《かい》の武田家に仕えた岡部丹波守《たんばのかみ》といわれた人の孫にあたる人のものである〔岡部求女《もとめ》という。その嫡流の子孫は、奥州の相馬《そうま》家にいる〕。その人は、幼い土屋の殿の父君であられた忠直《ただなお》の従弟《いとこ》で、越前《えちぜん》の国におられたのを、幕臣にしようと思い、幼いときに呼んで来られたが、まもなく忠直がなくなられたので、とうとう土屋家で生涯を終わることになった。その人が十三のとき、秋に、モズという鳥を捕ろうとして、十六になる少年を連れて野原へ出たとき、傷つけられた猪が突然とび出してくるのを見て、従者は主人を捨てて、そばの松の木によじのぼる。十三歳の主人は、その木をうしろにして待つ。猛進して向かって来るところを、腰刀を抜いて斬ると、猪は向かってきたままの姿勢で、鍔を口にくわえてかけ倒そうとする。巨樹に押しつけたので、容易に倒されない。むり押しに押すうちに、くわえた鍔の銀だったものを一寸ばかり食い延ばし、刀の鍔もとで自分の鼻づらから頭の半分まで押し割って、猪は倒れて死んでしまった。元来、この人は由緒のある侍の孫であったから、幼いときからこうしたことが多かった。父上はその刀を手に入れて、私に譲られたのである。またこうも言われた。

「人に向かって、自分の差している刀がよく切れるなどと言ってはならない。わしの若いとき、ある人が自分の刀がよく切れると言うのを聞いて、『なんと人を人とも思わぬことを言うものだ。切れぬ刀をさして歩く者があろうか。さあ切れるか切れぬか、やってみよ』と言って、刀を抜いたのを、居合わせた人びとがおしとどめて、やっと事をおさめたことがある。むかしの人はこういうふうであった」

父の日常

朝比奈《あさひな》という老人は、いつも、神や仏に誓ってものを言っていた。父上が、「世間一般に、いつわりの多い人は、自分のことばを信用させようとして、神や仏に誓ってものを言うことがある。この人は、日常の行いにいつわりの多い人ではないが、生まれつき軽がるしい人で、ことばに慎みがなく、神・仏に誓ってものを言うくせがついたのだ。おまえたちもよく注意するがよい」と戒められた。

父上の友人で関といった人は、年は父より五つ六つ若いように聞いていたが、七十を越したころから、言うことなすこと、老いぼれて見えることが多いのを見て言われた。

「一般に人間の気力は年とともに衰えるものだが、老いぼれる時期になると、どんなに慎重にしていても、ぼけずにはすませられない。だから、若くて元気なときから注意しておれば、たとえ老いぼれる時期がきても、見る人に興ざめな印象を与えずにすむだろう。老人がぼけて見えるのは、言うべきでないことを言い、してはならぬことをするからである。要するに、よくもの忘れをするからなのだ。若い者も老人も、行動に一貫性があって、万事ひかえめにするに越したことはない。事が多いと、したりしなかったりすることができて、おのずと一貫性が失われる。だから、私は若いときから、いつも行動をひかえめにして、その行動も、力のおよぶかぎり自分で処理して、召使どもにまかせたことはない。日常の身の回りの品も、置き場所をきめておいて、ここかしこに移しかえないから、深夜、明りが消えたときでも、捜し求めずに、見つけることができる。たとえば、目で見、耳で聞き、手で取り、足で行く。それらが自分の思うままになるように感じられるのは、その事と物とが、すべてみな自分とふだんからなれ親しんでいるからであろう。

また年老いた人には、古いことを尋ねて有益なこともある。幼いときに習ったことは、年をとっても忘れにくいように、若かったときのことは、年をとっても心に残っていることがあるから、それらのことは、人に問われた場合には、答えてもよかろう。世間の新しく珍しいことなどは、耳に聞いても、口からは出すべきではない。一般にはじめて聞いた人の名まえなどは、忘れることがある。事件のあった土地の名まえ、または月日などは、少し時間がたつと、忘れることもあるものだが、若い人が忘れたのは度忘れだ、と尋ねる人も思うものだ。老人がはっきりせぬことを言うと、いよいよぼけたと思う。人は、年をとるにしたがって、万事、若く元気であったときよりも、いっそう慎みぶかくせねばならない。この関という人は、生まれつき正直で、才知も計略も非凡だったが、若いときから、言うことなすこと自分かってにして、慎みが少なかったが、はたしていまはこのようになってしまった」

いまこのことを書きとめるにあたって、私がもの心ついてから観察した父上のことを、書き加えておきたい。

私が記憶して以来、頭髪に黒い毛は少なかった。顔は四角く、額が出ばり、目が大きく、ひげが多く、背は低かったが、全体に骨太で、たくましく見えた。生まれつき喜びや怒りを外にあらわされることがなく、笑うときでも、大声で笑われた覚えはない。まして、人を叱るにも、荒あらしいことばを使われたのは聞いたことがない。ものを言うときは、いかにもことば少なで、行動に軽がるしさがなく、驚いたり、騒いだり、度を失うようなことは見たことがない。たとえば、灸《きゅう》をすえるときでも、「灸が小さく数が少ないと、効きめがない」と言われて、大きな灸を数多く、五ヵ所も七ヵ所も一時にすえさせて、熱がるご様子もなかった。

ひまなおり、いつもおられる部屋をきれいに掃除して、壁に古画をかけ、花瓶には季節の花を少しさし、それに向かってじっとすわって時間をつぶし、また自分で絵をかかれることもあった。それも彩色などは好まれなかった。病気のときのほかは人を使われることはなく、なにごとも自分ひとりでなさった。

朝夕の食事も、飯は二はいを越さなかった。

「手で椀を持つと、その軽重で飯の多少がわかるから、そのほかのものは飯の多少によって加減し、いつも腹に入れる分量を越してはならない。うまいと思うものでも、一種類だけをたくさん食べると、きっとそのためにからだをそこねる。なにによらず好き嫌いをせず、みな少しずつ食べると、おたがいに毒を消すのか、食べもののためにからだをそこねることは少ないように思われる」と言われた。

ふだんは、こちらから差し上げるものを食べて、「なにをくれ」と言われたことはない。ただ、「四季の新しい食べものは、なんでも初もののときに食べさせてほしい」と言われて、家の者といっしょに召し上がった。酒は、少し飲まれると、ひどく酔われたので、ただ盃を手にして、楽しまれるだけであった。茶は好んで飲まれた。

身につけるものは、家におられるときは、よく洗い清めたものを着られたが、あかづいたようなものは、おやすみのときでも着ることはなく、外出のときは、きっと新しくきれいなものを着用された。それも、身分にすぎたものを用いられたことはない。「むかしの人は、いつも、死んだあとの見苦しくないように心がけたものだ」などと言われた。扇子なども、「大勢のなかで落としたり、忘れたりすることがある。こうしたものにも、その持ち主の心がまえは推測されるのだ」と言われて、古風というのか、一尺ばかりの白骨《しらほね》に、金銀の砂子の紙を使い、絵がかかれているものの場合は、名のある画家のかいたものしか使われなかった。

まして刀・脇差のような武器のことは言うまでもない。七十を越してから、左の肘《ひじ》が痛むようになられたので、それを理由に辞職を願い出られたが、土屋の殿はお許しにならなかった。以後は、幅一寸六、七分ばかり、長さ一尺あまりの鞘巻《さやまき》(鍔のない小刀)の刀だけをさして出仕され、大刀は、途中だけ供の者に持たせた。いま思うと、異様な風体だが、人も咎めず、まして殿もなんとも言われなかった。これは「もし事が起こった際、大刀を持ちながら、それを使わないということは不都合である。そうかといって、からだに痛むところがあれば、大刀を使うわけにはいかない。いっそ無用のものは身に帯びないほうがよい」と思われたからであろうか。その鞘巻は、なくなられるまで、いつも身から離されず、なくなられる際の遺言によって、陸奥《むつ》の国におられる、幼時から養った人（郡司正信）に贈った。飾りの部分数か所に鉄製の波を彫ったものを用い、鞘は黒塗りにし、千段巻という巻き方をしたところを金白檀《きんびゃくだん》にしてあった。髪をおろされてから は、鞘を蟇肌皮《ひきはだがわ》の袋に入れておかれた。

父上がなくなってからずっと年をへて、高徳寺の前の住職了也《りょうや》が話してくれた。

「お若かったころは、お目にかかるすべもなかったが、八十を越えられたころのことは、目《ま》のあたり見たことがある。泥酔した者がここに入ってきて、刀をふりまわし、人を追いちらしたので、手向かう者もなかった。父上が杖にすがって部屋を出られたので、この場の様子もご存じないのではないか、危ないことだと思ったけれども、どうしてよいかわからず、門のすきまからうかがっていると、その男のほうに向かっていかれ、相手が刀をふり上げたところを、その手をむんずとつかんだとみると、いきなり蹴倒すと同時に、刀をとりあげ、そばの溝のなかへ投げ入れて、部屋に帰られた。その男は起きもせず、そのまま酔い臥《ふ》していたので、そのときになって、若い僧侶たちもここかしこから出てきて、男を見まもって、酔いがさめてから送りかえした」

こういうことは、老人のことさらしなくてもよいことだと言う人もあろうから、注意して、人に話すべきことではない。しかし、そうした理屈のわかっておられない人でもなかった。それがどうしてこのように行動されたかということは、深く考えてみるべきである。

私が十七、八のころ、とり縄といって、青糸を細組みにして、その端にとりかぎというものをつけた、人をしばるものを、ふところに入れていたが、父上の前で落とした。「なにか」と言われて手にとって見られたが、しばらくして言われた。

「私がむかし目付の役をつとめていたころは、これを火打ち石を入れる袋に入れて、身につけていた。犯人を見つけたとき、部下に命じて捕えさせる際、もし部下が持ちあわせないこともあろうかと思ったからだ。目付の職をやめてからは、無用のものだから、猫をつなぐのに使っていたのが、その紐だ。およそ武士のわざは、なにごとも心得ていなければならないことは言うまでもない。しかし、人はそれぞれ分に応じて、なすべきわざと、してはならないわざがある。こうした道具は、おまえが身につけておるべきものではない。それほどのわきまえのない年ごろでもなかろうに」

高滝某のこと

父上の話されたこと。

「私の若かったころ、播磨《はりま》の国宍粟《しさわ》⑧の領主に仕えた人に、高滝《こうたき》の何某という者があった〔吉兵衛という。名は知らない〕。この男が突然行くえをくらました。日がたってから聞こえた噂では、この男は漁が好きで、投網というものを従者に持たせ、川のほとりに来て、着物をぬぎ、刀・脇差を『ぬかりなく番をしろ』と言って渡して、自分ひとり網を持って水に入り、鮎をとりながら進んで行くうちに、林田⑨領に入ってしまった。ここは領主が漁を禁じたところだから、番人二人に捕えられ、縄でしばられようとしたのを、血の涙を流してあやまったので、やっと許されて帰ったものの、いずれ露見するだろうと思ったから、逃亡したのである。

つまらぬことに熱中するから、こうした禍いにかかるのだ、などと言われているうちに、その年も暮れ、翌年の正月元日に、林田の尾形の正門の前で、大勢の出仕者のなかでもおもだった者一人を斬りすて、事の次第をくわしく書いて、その恥辱をそそぐためだ、と記した札を立てて逃げてしまった。遠くへは逃げていないだろうと、ここかしこに人をわけて、きびしく捜したが、捕まらない。その翌日、また一人をうち斬って、昨日どおりの札を立てた。きびしく捜したけれども、見つからない。同じ月の七日にまた一人を斬って、前と同じように札を立てて逃げた。どんなに追及しても、ついに行くえがわからない。『一回目はともかく、二度、三度におよんだことは、大胆不敵』と当時の人は言った。

私が土屋家に仕えてからのちに、このことを人びとに語ったこともあったが、のちに上総の国に処理すべきことがあったので、二、三の者を連れて高滝というところに行って、そこの名主の家に滞在していたが、夜になって、土地の人びとがたくさん集まってきたなかに、長い囲炉裏で火をたいている向こうのほうに、年のころ六十に近い男がいて、私と目が合うと、顔を伏せた。その目つきが普通でないと思ったから、こちらも見返すと、その男も、私と見合って、顔を伏せること二度、三度におよんだので、合点のいかぬことと思って、席を立ち、そばによって、『なんという者か』と聞くと、はじめは顔を伏せて、『土地の者でございます』とだけ言っていたが、あとには、『このままどうして隠しおおせましょう。私こそ、むかし、ご存じの高滝某のなれのはてでございます』と言った。私も驚き、『どうしてここに来て住んでおられるのか』と尋ねると、

『むかし鎌倉幕府の時代に、上総の国の御家人《ごけにん》に、高滝と名のった者がありました。私はその子孫で、安房《あわ》の国の里見家がこの国をもあわせ支配したときに、高滝左京進《さきょうのじょう》といわれた者の孫ですが、里見家が亡びたあと、宍粟の城主の家に来たのです。あの事件のあったあとで、代々の先祖の領地だから、忍んで来ると、土地の者たちがむかしをなつかしがり、あわれに思い、生活させてくれたのです。新井という人がここに来られると聞いたので、ひょっとしたら、存じ上げている方ではないかと思って出て来たのをあやしまれ、つまらぬことをくどくど申し上げたのは、お恥ずかしい次第です』

同行の人びとが『あの男を知っておられるのか』と尋ねるので、『播磨の国で、七日のうちに三度まで人を斬って、札を立てたという高滝というのが、あの男です』と言ったので、みんな驚きあった。すべて人生に浮き沈みのあることとは、想像もつかぬことだ」

また、こういうこともおっしゃった。

越前某のこと

「わしの若かったころ、越前の何某という者があった〔九郎兵衛といった。珍しい称号だった。「もっとも、そのころは、生国《しょうごく》を称号とする人もあったから、越前の人であったかもしれない」

と言われた」。この男も失踪《しっそう》した。年がたってから、私が陸奥の国を去って山陽道のほうへ行こうとして、かしの木の坂（箱根山中の畑宿《はたじゅく》）を通ったとき、薪《たきぎ》を背負った者に出会った。二、三十間ほども行きすぎてから、うしろのほうで、私の名を呼ぶ声がする。見返ると、薪を背負った男が、薪をおろし、頭をつつんでいた布をとって、近よってくる。不思議に思いながら、戻っていくと、『ずいぶん年がたったので、お忘れになりましたな。何某です。いま、どうしてたった一人でこんなところを通っておられますのか、夢のように思われます』

そう言うのを見ると、むかし、若く元気なとき見かけたのとは似ていようはずもないが、さすがにそのおもかげは忘れられないので、まったく夢のように思われた。

『どうしてこんなふうになられたのか』と言って、こちらの身の上も話して聞かせると、

『それなら、いまはおひまのあるお身のご様子、お別れしてからのちのこと、親しかった人びとの噂も聞きたいので、今夜は、私の家に来てお泊まりください。ここから遠くはありません』

それでは、と言っていっしょに行くと、

『年のいった父を養うすべもなくなったので、このあたりのひがいというところに知りあいの者があるのを頼ってきて、こういう仕事をして生活をしています。おことばをおかけするのも恥ずかしかったのですが、あまりむかしのことが思い出されて堪えられないので、打ちあけて申し上げたのです。父は頑固なむかし風の人間だから、見なれない人が入ってこられたら、あやしむか

もしれません。事情を話してきますから、ここでしばらくお待ちください』

そう言って、私をそまつな家の外に待たせておいて、なかに入った。しばらくたって、出迎えたので、なかに入ると、八十あまりの翁が火をたいていた。

『客人をお泊めしても、差し上げる食べものもないありさま、しかし、わが子に親しくしてくださったお方と聞くと、恥じることでもありますまい。親子の者が飢えをしのぐ食べものを召しあがって、今晩はここでおすごしください』

そう言って、まぜものの入った麦飯をわけてくれた。そのうち夜になると、『年よりがここにいては、うちとけてお話もできますまい』と言って、翁はひと間に入って寝てしまった。

二人向かいあって、薪を折ってたきながら、むかしやいまのことを話しつづけるうちに、すっかり夜がふけてしまった。男は、父の寝た部屋に入って、天びん棒のようになった竹を二本とってきて、ふたのところを開いて、なかから三尺ばかりの刀と二尺あまりの脇差とを出し、またふところから鍔を二つとりだして、囲炉裏の光に背を向けて、その刀と脇差を鞘から抜き出して、一瞥《いちべつ》して、私の前に置いた。どちらも氷のようだが、黄金《こがね》づくりに飾った鞘には、かいらぎという鮫《さめ》の皮をかけてある。

『仕官していたときも、不肖の身で、父を養えるほどの俸禄ももらえなかった。また自分以外に、父に仕える者もなくなったので、世間をのがれて、こういう身分になってしまいました。だから、むかし身につけていたものも、もう惜しむ理由はありません。しかし、力のつづくかぎり、せめて刀・脇差一腰ずつは残しておきたいと思って、頑固にいままで身から離さずにいたのです。ごらんのように、父の寿命も長くはないでしょう。もし私のような者にも、しあわせというものがあるならば、父への孝養をつくしたあと、またお目にかかる機会もあるでしょうか』

そう言って涙を流した。夜が明けると、食事のしたくをして、父にもすすめ、私にも食べさせて、道のり一里ほど送って来て別れたが、その後は問いあわせる手段もなかった。どうなったことであろう。二度と出会った人はなかった」と言われた。

軍治正信のこと

私の父が土屋家に仕えられて、まだ母上を迎えられないさきに、親友であった人の三男を養子として、正信という名をつけられた〔幼名は一弥《いちゃ》〕。この人は、常陸の国の大掾《だいじょう》家（平国香《くにか》の職名、のち甥の維幹《これもと》の子孫の家名）に仕えた郡司の何某という者の子孫であるという。その正信が十六のときに、土屋家の二男（土屋式部）が、陸奥の相馬家を相続されたときに、召し連れられ、そこに仕えた〔成人ののち、弥一右衛門という〕。私の父が土屋家を去られてからは、正信のところから、老後を養うだけのものを送ってきた。そののち正信は、所領を嫡男に譲り、二人あった子供は、郡司と名のらせた〔正信は髪をおろして智法と号した〕。私が出仕してからは、正信から送られるものを辞退した。しばらくして、その人もなくなり、嫡男もまた早世し、二男がそのあとを継いだが、この人もまた早世した。いまは、その二男の子の幼かったのが父のあとを継いでいる〔嫡男を軍治一郎兵衛といい、二男を同じく弥一右衛門という。その子は一弥という。どういうわけか、郡司を改めて軍治と書くようになった〕。

土屋家の祖先

土屋の殿の祖父であられた方は、甲斐の国の武田四郎勝頼《かつより》の侍大将で、土屋右《う》衛門尉昌恒《えもんのじょうまさつね》である。その兄の右衛門尉昌次《まさつぐ》戦死のあと、兄の家を継いだが、武田家滅亡（天目山の戦い）のとき、代々仕えた家臣たちがみな主君にそむいたのに、この昌恒ただひとり主君から離れず、最後にはいっしょに死んだ。その配下にあった志水《しみず》・神戸《かんべ》という二人の武士が、昌恒の妻と子を連れて駿河の国に落ちのびた。清見寺の住職は、神戸の知人であったから、その子を弟子にした。六歳になったとき、大御所《おおごしょ》（徳川家康）がごらんになって、土屋の子供と聞かれ、「由緒正しい者の子だ。私がいただく」と言って連れていかれ、竹千代君（家光）に仕えさせられてから、しだいに立身し、元服後、従五位下の位をいただき、民部少輔忠直《ただなお》と名のった。これがのちの土屋の殿の父である。志水の子孫はどうなっただろうか。

神戸家のこと

神戸の子孫は、土屋の家では立派な譜代《ふだい》の侍である。神戸の孫は、三人兄弟であった。長男は、父のあとを継ぎ、二男は、陸奥の三春《みはる》の城主である松下の家に仕え〔家老で、神戸三郎右衛門という〕、三男も、土屋の家に仕えた〔はじめは、十兵衛といった〕。その二男であった人の妻は、私の母の姉になる。だから、三男にとっては、母上は兄よめの妹にあたるので、仲人となって、母上を父上にとつがせたのである。

武蔵の国の青梅《おうめ》というところにある天寧《てんねい》寺の前の住職祖麟《そりん》和尚というのは、その二男であった神戸の子であって、私にとっては母方の従弟になる。三男であった人は、立派な武士の孫であったが、年来、ふしあわせで、六十になった初冬のころ出家を思いたったと言って、子どものことを私の父に相談されたが、それから三十日ほどのうちに、土屋の殿の弟であられた但馬守数直《たじまのかみかずなお》殿が、老中に任ぜられたので、神戸の子孫を一人ほしいと望まれ、ただちにその家の家老になってしまわれた。こんなに年老いてからの幸運を、私は目《ま》のあたり見たのである。しかしながら、これは祖先の功績のおかげがあったのだと思われる〔これからあとは、神戸新右衛門と呼ばれた〕。その長男は、父といっしょに数直の家に仕えた。二男は、土屋の家に残って仕えたが、早世した。その嫡男の子孫は、いまも栄えている。

母と姉妹

私の父が母上を迎えられたのは、四十をはるかにすぎてからのことであったろう。初め女の子が二人まで生まれたが、二人とも、三つにならないうちになくなり〔長女はおまつさま、承応二年三月二十九日、二女はおよねさま、承応三年十一月二十三日〕、その次もまた女の子で、十九歳でなくなった〔おていさま、寛文十一年一月十七日〕。私には妹が一人あったが、十八歳で死んだ〔おまでという。延宝五年五月八日〕。私が生まれたのは、父上が五十七歳、母上が四十二歳になられたときのことである〔明暦三年二月〕。

母上は、どのような人の子であられたか、はっきりしない。姉妹が二人あった。私がもの心つ

いてから、おりにふれて母方の祖父のことをお尋ねしたが、

「人の親として、わが子につつみ隠すことがあろうか。知らせるべきでないことだからこそはっきり言わないのです。高貴な人でも、卑しい身分の者の腹にやどられることは、むかしもいまも多いのだから、母の父母のことを知らなくても、少しも恥ずかしいことではありません。しかし、おとなになってから、あれこれと考えることもあるだろうから、つまらぬことのようだが、話しましょう。私の先祖のことは、世間で知らぬ人もない『信長記《しんちょうき》』[10]というものに不滅の名を残しておられるし、また母方の祖父が高麗《こうらい》の城を攻めとられたことも、ある人が話されたのをそれとなく聞いたこともある」と涙ながらにくわしく話されたこともあった。

丹羽《にわ》の宰相《さいしょう》（参議丹羽長重）の娘が結婚されたときに、母上は小上臈《こじょうろう》[11]とかいうものになられて、浅野（内匠頭《たくみのかみ》長直）家に行かれたが、のちになって長生院《ちょうしょういん》という尼御前《あまごぜ》が陸奥《むつ》の二本松というところにおいでになったが、そこへ帰って住んでおられたのを、私の父上のもとに迎えられたのだと聞いている。その尼御前というのは、宰相の妹で、古田大膳大夫《だいぜんだいぶ》の未亡人であった。私の幼いころまで、ご存命中は、たえず交際のあったことをおぼえている。母上は、その兄上の書かれた手紙を、なくなられたあとで人からもらったと言って、秘蔵しておられたが、そこには自分の名を坂三《ばんさん》とだけ書いておられた。当世では珍しいほど字がじょうずであった。母上の書かれたものによく似ていた。ことさら秘蔵されたものであるから、母上の書き残されたものといっしょに

いまもある。

私の母上は、字がじょうずであっただけでなく、和歌の道もならい、歴代の歌集または物語のたぐいなど、私の姉妹に読み教えられ、囲碁《いご》・将棋《しょうぎ》などもおじょうずで、こうしたことも私に教えてくださった。香炉を入れる箱のなかに、琴の爪を袋に入れてしまっておかれたのを見たことがあるから、これらのことも好まれたのであろう。私が見おぼえてからは、「織ったり縫ったりすることこそ、女のつとめ」と言われて、毎年美しい縞《しま》がらの布と、さまざまな模様の絹をご自身も織り、人にも織らせて、父上にもお着せし、また私にも下さったものが、わずかながら残っている。俗に「似たもの夫婦」と言うが、ものの言い方、しぐさなどが、父上と少しもちがわないでおいでであった。父上が辞職されてからは、母上も髪をおろし、仏の道を熱心につとめて世を終わられた。年は六十三といわれた〔延宝六年五月十日になくなられた〕。

父が土屋家を去る

父上が七十五歳のときに、土屋の殿がなくなられた〔延宝三年閏《うるう》四月二十四日〕。そのなくなられたころに、父上は重病だったが、幸運にも病気は回復されたけれども、どう考えられたのか、ひきこもったままで、あくまで辞職を願われた。土屋の世継ぎの殿伊予守《いよのかみ》さま〔頼直といわれた〕は、「年来の奉公の功労へのお礼にしたい」と言われて、養老のための手当を下さったうえ、願いを聞きとどけられたので、母上とともに頭をまるめて、浅草の報恩寺のなかに庵《いおり》を建てて住んでおられた。

母の死

その翌年の冬、伊予守の又従弟《またいとこ》で、家老をしておられた人が父上と親しかったが、伊予守のふるまいがよくないことを案じて、その子を藩主にしようと思い立った。父上はこれを聞き、時期尚早で成功すまいと考え、じゅうぶん理由を説いてとめられたけれども、その勢いはとどまるところを知らず、一門の長老たちと謀議したが、はたして事は失敗して、その人は伊予守のために追放された。父上もその仲間ということで、私も仕官の道を閉ざされ、土屋家を去った〔延宝五年二月二十二日のことである〕。その年の五月八日に、妹が早世した。母上は、ひきつづく心配ごとに心労しておられたが、翌年の五月七日になって、去年のことなど言いだして嘆かれたが、突然発病され、同じ月の九日⑫になくなってしまわれた。

堀田正俊への出仕

そののちは、父上ひとりで住んでおられたが、翌年の三月、伊予守はついに所領を失って、息子には形ばかりの所領があてがわれた。⑬まもなく息子のほうから、私に出仕するようにと言ってこられたから、「父がお咎めをうけているのに、参上することはおそれ多い」と言うと、「それは気にしなくてもよい」と言われたので、参上すると、「予はまだ正式の名もなくていたのである。公儀に申さねばならないこともあるので、名の字を選んで差し出してくれ」と言われたので、達直《たつなお》(一説に迪直《みちなお》)とおつけした〔それまでは主税《ちから》といわれたのである〕。ここで私の仕官の道もおのずから開けて、ある人の推挙によって、古河《こが》の少将堀《ほっ》田《た》正俊《まさとし》殿の家に出仕した。

父の死

これからあとは、父上をも不安なくお養いできると思っていたのに、その年の六月八日、私のところに来られて、夜どおし歓談して、翌日、自分の家に帰られたが、その暁から発病されたと聞き、急いで出向くと、息を引きとられるばかりのご様子である。「私がおそばにおります」と言うのを聞いて、目を開いてごらんになり、手を出して私の手をとり、眠るようにしてなくなられた。この年、私が仕官して、わずか百日にもならぬうちにお別れせねばならなかったことは悲しいが、死後のことについて心残りのことなくなくなられたのは、せめてものしあわせであられたと言えよう。この年八十二歳であられた。

父上が八十を越してから、なくなられるまで、万事私が幼いときに拝見していたところと少しも変わらなかったのは、生まれつきが人なみよりすぐれておられたためであろうが、また日常の行いによって、その徳の衰えることがなかったためだと思われる。私がもの心ついてから、教訓されたことが多かったなかで、いつも思い出されることは、「男は、ただ忍耐ということだけを習練すべきである。これを習練するためには、なにごとにせよ、自分がいちばん堪えがたいと思うことから忍耐をはじめると、時をへるうちに、そんなに困難だとは思われなくなるはずだ」とおっしゃった。

私は八、九歳のころから、いつもこの教えで力を得たことが多いが、生まれつき私は気が短いので、怒り一つだけはこらえきれぬこともあった。しかし、それも幸いにけわしい世間の道をわたってきて、すでに年とともに力も衰えたから、いまはむかしのようではなかろう。願わくば、子孫の者たちも、これを先祖の残した家訓と思い、万事、この心得を大切にするようにしてほしい。

金と色を慎むこと

また教訓されたことがある。

「わしは十三のときに国を出てから、いつも他人のなかで成長してきた。だから、親しく話し合った人が多いなかで、最後まで交際をまっとうすることができたのは、ただ二つのことを慎んだからである。いわゆる金と色の二つだ。わしは年来多くの人を見てきたが、それぞれ生まれつきが違うのだから、その人柄もまたそれぞれ同じでないが、この二つの欲のない人だけが、どこにあっても人に嫌われることがないものである」

あとになってまた、私の先生であった人（木下順庵）も、「むかしの人のことばに、『金と色との二つから生まれた恨みは、永久に消えないものだ』とある。注意すべきことだ」と言われた。若い者も老人も、よくよく戒めるべきことである。

幼時のこと

私の生まれたのは、明暦三年（一六五七）一月の大火のあとのことである。土屋家の屋敷も焼けたので、外孫である幼少の内藤右近大夫《うこんだいぶ》政親《まさちか》〔のちに丹波守《たんばのかみ》。幼名は金一郎。殿の長女宗光院殿《そうこういんでん》といわれた方のお産みになった人である〕が、柳原におられたところへ逃げ、急いで仮住いを建て、家来たちもそこに集めておかれたが、その二月十日の午前八時ごろに、その仮住いのなかで生まれたのである。だから、私の幼いうちは、「火の子」と殿は呼ばれた。殿の母君がおられたが〔正覚院殿《しょうがくいんでん》という。森川金右衛門某の娘であられた〕、父上のはじめてもうけた男の子だと言って、乳児のうちからいつもそばに召されたが、三歳のときに、殿がお見えになってかわいく思われてから、毎日召し出され、そばに置いておかれた。「ご自身の息子たちをすら、こんなにされることがなかったのに、こんなにされるのは、庶子〔正妻以外の夫人の子〕でないか」と一門の人びとも疑われたと聞いた。

六歳ぐらいのときに、陸奥の南部《なんぶ》山城守《やましろのかみ》重直《しげなお》[14]が来られたとき、殿のそばにいたのを見て、「私には子どもがない。この子をもらって育てたい」と望まれたが、こちらの殿は、「これは家来の子であるのを、私の母がかわいがるので、ここへもいつも来るのです。差し上げるわけにはまいりません」と答えられたので、「そんなら、ただ私に世話をさせてほしい。私のところで成人させ、そのあとは、千石の領地を分け与えましょう」と言われたけれども、「この子にとってはしあわせでしょうが、差し上げてしまうと、私の母もまた私も退屈して、なぐさむすべもなくなります」とおっしゃったことを、牧野《まきの》〔六郎左衛門という。名は知らない。のちに土屋の殿の三男の近習となった人である〕という人が話をして、「ああ、この子はふしあわせな子だ。先方の望みにまかせたならば、行く末は頼もしくなられたものを、殿がどのように思われても、千石の俸禄を下さるわけではない」と言った。

七歳となった一月一日から天然痘にかかり、このうえない重態になったので、殿の母君からは、ひっきりなしに人をよこされ、祈禱にすぐれた僧侶などを招かれ、私の枕もとで祈禱をさせられた。父上は、こういうことはされない人であったが、主君の母君の仰せであるから、おとめするわけにもいかない。殿は近習のうちから二人〔関・山本といわれた人びとである〕をつけられて、医学ではこれ以上うつ手がないとお聞きになって、「もしかして助かることがあるかもしれぬ」と言われて、いろいろ西洋流の薬を下さるうちに、「ウンカフル〔ウニコール。一角獣〕を与えられると、毒気がたちまち散って赤みがあらわれ、それから息をふきかえされたのだ。医者の功績ではない」と、私が二十数歳になったとき、その薬を与えた順庵の侍医の玄朔《げんさく》という医者が話をして聞かせてくれた〔石川という。あとで官医となった人である〕。こんなふうだったので、帯とき・袴着《はかまぎ》などということも、その年ごろになるのをまたずに、殿がご自身帯をとき、袴もととのえさせてはかせてくださった。その母君のなくなられたのは、私が九歳のときの十一月二十六日のことであった〔寛文五年のことである〕。

三歳で字を知る

私の幼いころ、『上野《うえの》物語』という草紙があった。これは上野寛永寺に、花見の人が群れ集まることを書いたものである。私が三つになった春のころであろうか、こたつに足を入れ腹ばいになって、その草紙を見ながら、紙と筆をもらって、透かして写していたのを、母上が見られて、十のうち一、二はほんとうの字もあるのを、父上にごらんにいれた。それを、父の友人が来て見てから、人びとが聞き伝えて、その写したものが評判になるようになった。私は十六、七歳になったころ、上総の国に行ったが、そこでその写したものを見ることができた。

またそのころ、屏風《びょうぶ》に自分の名を書いたが、二字は体をなしたものがあとまで残っていたが、それも火事で焼けたので、いまは、そのころのものは、私の手もとには残っていない。その後は日常の遊びに、筆をとってものを書くことばかりしたので、自然と毎日、文字を見おぼえたが、ものを読むことを教える人もなかったので、ただ、往来物のたぐいを読みならうだけであった。土屋の殿の家来に富田といって、加賀の国の生まれと聞いたが、『太平記評判秘伝理尽抄』⑮というものを伝えて、それを講ずる人があった〔はじめは小右衛門某という。あとでは覚信といった人である」。毎晩父上などが集まって、それを講じさせた。四つか五つのとき、私はいつもそこにいて、これを聞いたが、夜がひどくふけても、そこを去ろうとせず、講釈が終わると、その意味を質問したりすることもあったので、人びとが感心なことだと言った。

六歳で詩を暗誦する

六歳の夏のころ、上松《うえまつ》といって、少し文字の教養のある人があったが〔忠兵衛某といった。駿河の今川の家来上松の子孫で、連歌なども好んで、字のうまい人であった」、七言絶句の詩を一首教えて、その意味を解釈して聞かせてくれたが、すぐに暗誦したので、三首まで教えてくれたのを、私は人にも講釈して聞かせた〔「三タビ市虎ヲ伝エテ人皆従ウ[16]」という詩と、朝鮮の七歳の子が、太閤秀吉の前で作ったという詩と、自休蔵主《じきゅうぞうす》[17]とかいう僧侶が江の島で作った詩であった」。

学者には利根・気根・黄金の三こんが不可欠

「この子は文才がある。なんとかして師匠を選んで、勉学させられるがよい」などとその人も言ったけれども、頑固な老人たちが言うのには、「むかしから言われたことだが、利根《りこん》・気根《きこん》・黄金《おうごん》の三こんなしには、学者にはなりにくい。この子は、利根こそは生まれつきもっているが、まだ幼くて気根のほどはわからない。家が豊かともみえないから、黄金の点も心配だ」などと言いあったが、父上も、「殿さまのご寵愛をうけて、いつもおそばからお離しにならないから、学問の道に入れ、師匠に仕えることもむつかしい。しかし、幼いときから、字を書くことを殿さまも人びとに自慢話されたのだから、せめて習字の勉強はさせたい」と言って八歳の年の秋、土屋の殿が上総の国に行かれたあと、習字を習わせられた。

日課の習字

その冬の十二月なかばに、殿が帰ってこられたので、もとどおりいつもおそばにいることになった。翌年の秋、また国に戻られたあと、日課をたてて、「日のあるうち、行書・草書の字三千、夜になって一千字を書いて出すように」と命ぜられた。冬になると、日が短くなって、日課がまだ終わらないうちに日が暮れようとすることがたびたびあり、西向きにあった竹縁《たけえん》の上に机をもちだして書き終わることもあった。また夜になって手習いをしていると、ねむけをもよおして堪えがたいので、私のつけ人とひそかに相談して、水を二桶ずつ竹縁に汲んでおかせ、ひどくねむけをもよおしてくると、着物をぬぎすてて、まず一桶の水をかぶり、また着物を着て手習いをしていると、はじめは寒いので目がさめる気持がするが、しばらくすると、からだが暖まり、またまたねむくなってくる。そこで前と同じように水をかぶる。二度水をかぶっているうちに、日課はだいたい満たすことができた。これは私が九歳の秋・冬のあいだのことである。

剣術を学ぶ

そんなふうだったが、このころから、父上が人に出される手紙を、形式どおりには書くことができるようになった。十歳の秋、また日課をたてられて、『庭訓往来《ていきんおうらい》』を勉強させられ、十一月になって、「十日間で清書して出せ」と命ぜられたので、命ぜられたとおりに仕事を終えると、綴《と》じて殿にお見せした。たいへんなおほめにあずかった。十三のときからは、殿が人とやりとりされる手紙は、たいてい私に命ぜられた。また十一歳のとき、私の父上の友人の関という人の子どもは剣術がすぐれていて、人に教えていたので、私にもこのわざを教えてほしいと頼んだところ、

「おまえはまだ若い。こうしたわざを学ぶには早すぎる」

「そうかもしれませんが、太刀を使うわざを少しは心得ていなければ、刀・脇差を腰にさすことは、まったく無用のことになるではありませんか」

「言うことはまことにもっともだ」と言って、そこで一つのわざを教えて、練習させた。そのうちに、十六歳になった者が〔神戸といった者の二男である〕、私と立ち合いたいと言ったので、木刀をとって三度試合して、三度とも勝つことができたので、人びともおもしろがって笑ったことであった。その後は、いつもこうした武芸などを好んで、習字などは心にかけないようになったが、読書は好きだったから、いつもわが国の物語・草紙などのたぐいを読まずにいることはなかった。

学問に志す

十七歳になったとき、私と同様に出仕していた若侍〔長谷川という者である〕の家に行き、机の上においてある本を見ると、『翁問答《おきなもんどう》』（中江藤樹の著）という表題であった。どんなことが書いてあるかと思ったが、借りられたので、家に持って帰って読んでみて、はじめて聖人の道というものがあることを知ったのである。以来、儒学に切実な志をもったけれども、師匠とすべき人もなかった。京都の医者で、少し学才のある人が、土屋の殿のところに毎日来ていた。この人に学問の志のことを話すと、『小学』の題辞[18]を講釈して聞かせてくれた〔前に書いたように、父上のご病気の際、独参湯をすすめた人である。江馬益庵という。名は玄牧《げんぼく》〕。そののちまた程伊川《ていいせん》の『四箴《ししん》』[19]を講義して聞かせてくれたので、やがて『小学』の本を日夜暗誦し、それが終わると四書を暗誦し、その後また五経をも暗誦したが、これらはみな、読み方を教えてくれた師匠があったわけではない。自分で『韻会《いんえ》』[20]『字彙《じい》』[21]などの本でならい覚えたのだから、あとで考えると、まちがったことばかり多かった。

初めて詩を作る

文学の教養が未熟であったため、書物の解釈のむつかしさに苦しんでいたので、学問の余暇に、文章や詩賦なども勉強したが、その年の十一月のころ、「冬景即事《とうけいそくじ》」という七言律詩を作った。これが私の詩を作った初めである。ある人がその詩を批判したのを聞いて、しばらくしてその嘲笑にこたえる漢文(22)一篇を作った。これがまた私が文章を作った初めである。しかし、幼いころ、父上の友人とされた人も、また父上ご自身も言われたことがあるので、学問のことは父上にはあくまで隠しておいたが、書物などを買う手段もないので、母上には自分の学問の志のことはお話ししておいた。

こうして二十一歳になって、伊予守の家を去ったので、このときはじめて同じ志をもった人びとと知りあって、学問をすることができるようになった。しかし、考えるところがあって、師匠を求めるには至らなかった。このころから、対馬《つしま》の国の儒者で阿比留《あびる》(23)という人と知りあった。二十六歳の春、また出仕する身になった。この年の秋、朝鮮の使者が来た。さきの阿比留を仲介として、へいぜい作ってきた詩百篇を書いて、三人の学者の批評を求めたところ、「その人に会ってからあとで序を作ろう」ということであったから、九月一日に客館に行って、通訳官成琬《せいえん》、書記官李聃齢《りたんれい》、および副将洪世泰《こうせいたい》などという人びとに会って、詩を作ったりした。その夜、成琬が私の詩集に序を作って贈ってくれた。

初めて木下順庵に会う

この年、木下恭靖《きょうせい》先生〔木下平之丞《へいのじょう》（順庵）様のことである〕も幕府に召し出され、さきの阿比留も木門《ぼくもん》（木下順庵の門）に入って勉強した。そののち、私が出羽《でわ》の国の山形というところへ行く機会があったので、紀行文一巻をつづった〔貞享三年の秋、三十歳のときのことである〕。阿比留がその本を木下先生にごらんにいれ、朝鮮の学者の序のことなどを申し上げると、「ああ、ぜひその人に会ってみたいものだ」と言われたというので、阿比留がなかだちをして、はじめて木下先生にお目にかかることになった。そののち、阿比留が病気になって死のうとするときに、私を通じて先生の碑文を望み、私にそれを書かせた〔阿比留は、のちには西山順泰《じゅんたい》といった。元禄元年九月三日に客死した〕。こうした事情で、私も木下先生の門下に出入りして、年月をへたので、はっきりした入門の礼をとることもしないで、親しい師弟となったのである。だから、木門には、長い年をへた高弟も多いが、私をいつも上席につかせられ、ついに文昭廟《ぶんしょうびょう》さま（六代将軍家宣の院号）がまだ藩邸㉔におられたころ、私を推挙されるようなことになったのである。

いまこれらのことを考えてみると、むかし私が三歳で字を書くことを覚えた最初のとき、ちゃんとした先生があったならば、こんなに字がへたではなかったであろう。また六歳のときに、詩を暗誦したときから、先生について学んでいたならば、文学の教養ももう少し進歩したであろう。まして十七歳のときに、儒学に志したときから、教えみちびく人があったならば、いまのような私ではなかっただろう。

甲府藩の藩邸に出仕するようになってからこそ、自分で本を買うこともでき、また下賜されるものも多くなった。しかし、すでに出仕の身であったから、書物を勉強する時間もなかった。それ以前はいつも貧乏で、適当な本を人から借りて読み、また書きとめておくべきことは、自分の手で筆写したので、私が読んだ本は多くはない。だから、学問の道で、不幸なことばかりが多かった点では、私以上の者はなかろう。こんなにしてまで勉強してきたのは、前にも書いたとおり、いつも堪えがたいことに堪えることを心がけ、世間の人が一度することを、私は十度おこない、十度することは百度したからである。㉕

土屋の殿の咎めを受ける

土屋の殿のなくなられる前の年のことである。私が十八歳の秋のこと、いつもどおり所領に行かれるお供をした。その十一月のなかばに、突然お咎めをうける身となって、家にとじこもっていたことがある〔これは、宿直のときに、猟があるのを見に行ったためである〕。その月の末に、若侍たちの言い争いがあって、その親類や徒党が対立し、殿の家来の大部分がまきこまれ、十二月の初めに、とうとう双方が戦いをまじえようとした。その一方は、みな父上が長年親しくしてきた人びとで、関という人の家に駆け集まり、きょうの午後一時ごろには出立と聞いた。私にも知らせてくれた者があったので、才覚のきく男を一人その家につかわし、

「みんながあちらに向かって合戦がすでにはじまったと見えたなら、走り帰って知らせてくれ。たとえみんなが出立しても、まだ戦いをはじめぬうちは、帰ってはならぬ」

そんなふうにじゅうぶん戒めて送り出しておき、残りの家来たちには、

「もし入ってくる人があったなら、自分はけさからかぜで寝ていると言え」

と言って、からだには鎖帷子《くさりかたびら》をつけ、着物を替え、ふとんをかぶって寝たまま待っていた。日が暮れたけれども、帰ってこない。「どうしたのだろうか」と思っていると、午後八時ごろに、つかわした者が帰ってきて、

「みなさんが午後五時ごろに出立されるときになって、だれさま、かれさまという方々があちらやこちらに往き来され、事件を収拾されたので、いまになってすっかり片づきました」と報告した。また、

「上松さまが私をお見つけになって、尋ねられたので、『主人はこのように申しておりました』と申し上げました」と言う。

それから、その翌日の夕方に、さきの関の子どもの一人が来て言う。

「きのう人をよこしてくださったのは、あなたも助けに来てやろうと思われたのか」

「そう思ったのだ」と答えると、

「ただいまお咎めをこうむって、家にとじこもっている人間が、お屋敷の門からどうして出るこ

とができると思ったのか」

「西の小門から出ようと思った」

「あの門は、昼のうちは開いていようが、日が暮れるとしめてしまう。どうして出られよう」

「ほかの門はみな守りがかたいから、出られない。西の小門は、老人夫婦が門のそばの小屋に住んで守っているから、鍵はその小屋にある。自分が行って、『これこれのことで、私は死にに行くのだ。だから、ここから出たとは言う者もないから、おまえたちが罪をかぶるわけはない』と言ったら、それでも出さぬということはなかろう。もしも『承知できません』と言ったならば、やむをえない。夫婦の者の首を斬り、鍵を奪って、門をおしあけて、出ようと思ったのだ」と答えた。

〔殿の屋敷は、むかし里見義堯《よしたか》入道の住んでいたところで、久留里《くるり》城下にある囲いのうちにあったのである。その城のうしろは、高い山である〕

「あなたの父上と私たちの父とは、長年親しかったので、助けに来てやろうと思われた志のほどは感謝のことばもない。しかしながら、お咎めをうけて、家にとじこもっている人間が、かってに家を出ることはよろしくない。ましてや、守衛の者を殺して、門を破ろうなどとするのは、ますます罪をかさねることではないか」と言う。

このことばを聞いて、私は笑い、

「それなら、人びとがあそこに向かって合戦をしようとしたのは、罪でないと思われるのか。あなた方が殺そうと思った人びとは、みな当家ではかなりの身分の人びとだ。私が殺そうと思ったのは、小さい門を守る夫婦者である。主君の家来を殺す罪は同じとしても、もしその人の身分の貴賤を論じるならば、私のほうが罪が軽いようにみえる。いま私がもしお咎めをうけていないとして、人びとがこういうことをするのを聞いて、助けにも行かなかったとしたならば、たとえ殿がことばでは仰せにならぬとしても、心のなかでは、私のふるまいをよいと考えられるはずはない。だから、お咎めをうけている身だといっても、手かせ足かせされているのではない。それに人びとが戦死するのを傍観して、私一人が家にとじこもっていたならば、勘当されていることを口実にして、うまく死をまぬがれたのだと世間の人は思うだろう。どうしても横紙やぶりをする以上、どうして主君の勘気などに遠慮することがあろう。また私が長老といった年齢に達していたら、行動のしかたもまた別にあっただろうが、まだ二十歳にもならない身である。だから、このように決意したのは、自分の恥にならぬようにということだけを考えたのだ。人びとからお礼を言われることとも思われない」

そう言うと、答えることもできず、帰ってその父である人に報告すると、「ああ、あの父にして、この子あり」と言って、涙を流して喜ばれたと聞いた。

このとき、たとえ殿がお咎めを許されても、父上との対面は許されるはずはないと、悲しく思っていたが、その後、殿が私をもとどおり召し出されるようになって、父上も大いに喜ばれ、殿のお咎めをうけたことなど、もうおっしゃることはなかった。合点のいかぬことだと思っていたが、あとで聞くと、あの関という老人のところから、あのとき私が助けに行こうとしたこと、また関の息子と問答したことなどを、くわしく手紙に書いて送られたのを、父上は、「これを読むがよい」と言って母上に見せられた。「この手紙で、父上のお心もとけたのでしょう」と母上はおっしゃった。

いま考えてみると、こうした騒ぎが起こったのも、土屋家の滅びる前兆であったのかと、悲しく思われることである。

土屋家を去ったいきさつ、出仕禁止のこと

土屋の殿がなくなって、嫡子である伊予守が家を継がれた。この人は、けっきょく家を滅ぼしたほどの人だから、殿のお覚えもよくなかった。私の幼いころまでは、父子対面といったこともあったが、その後は、正月元日の拝謁以外は、対面されることもなかった。一門の人びとは、殿には庶子があったが、これを愛して、世継ぎにしようとされてのことかと疑って、伊予守の欠点を知らなかった。また伊予守には、妻を離縁したのちに生まれた男の子があったが、土屋の殿は、これを上総の国にやって養育し、十二、三になったときに、江戸に迎えて、一門の人びとにも会わせようとされたが、伊予守はこの子に家を継がせることを考えておられるのだと思いこみ、言を左右にして、迎えら

れなかった。殿の病いが危なくなって、はじめて呼び迎えられた。殿は、「予が死ねば、この家は滅びるだろう」と言いながら、ついになくなった。

こういうふうだから、殿のお覚えのめでたかった家来たちのことは、伊予守がよく思われなかった。まして、私の父が一日も出仕することなく引退されたので、おだやかならぬことと思われたが、相続された初めのことだから、一門の人びとの思われることに遠慮して、老後を養うだけの俸禄を与えて、好きなようにさせられたが、私に父上の俸禄を継がせることはなかった。私もまた幼いときから殿の膝もとで成長させていただいたことが伊予守の気にいらず、私を召し使われることもなく、一年たって、わけのわからぬことを言いだして、父上に賜わっていた俸禄を奪い、私にも出仕の道を閉じられて、土屋家から追い出してしまわれたのである。

こうして私はふたたび仕官する希望が絶たれた。父母は、陸奥におられた方（郡司正信）が養われたので、自分の行く末のことをいかにすべきか決心もつかぬままに、主従わずかに二人で江戸の町なかに身を置いた。むかし親しかった人びとのほうから、「そこらあたりの子どもに習字など教えて、生活のたすけとしてはどうか」と言ってこられたが、それは私の心にそわなかったので、朝と夕方には、ここかしこで書物を講義する人びとのところに行って講義を聞き、昼のあいだは、毎日、父母のもとに行ってお世話をした。まもなく、十九でなくなられた姉（てい）が夢にあらわれ、気にかかるので、夜が明けてから急いで父母のもとに行くと、妹（まで）が出産しそうだと聞き、その家に行くと、安産ではあったが、そのお産のためにまもなく早世した。このあとはずっと父母のそばにばかりいて、その年もすぎ、翌年の夏のなかばに、また姉の夢を見たので、急いで行くと、父母とも元気でおられたが、一時間ばかりあとに母上が急に発病され、なくなってしまわれた。このあとは、老齢の父上と私とただ二人だけになったので、すべて悲しいことばかりで、ことばには言いつくせない。

富商の養子となるのを辞退する

むかし、土屋の殿のところに出入りしていた老人があった。これは織田の内大臣入道常真《じょうしん》（織田信長の二男信雄《のぶかつ》）に仕えた者が、老年になって出家した人である〔住倉了仁といって、そのころ八十歳あまりであった〕。その人が父上のところに来て言った。

「伊予守は、前の殿のお覚えのめでたかった人を深く憎んでおられることから、あなたの息子も、ふたたび出仕の道が開けるとは思われません。幼いときからよく知っているので、私でさえ、このことがお気の毒に思われますし、あなたのお心のうちはよく推察できます。私が年来親しくしている金持の商人で、男の子がなく、女の子を一人だけもっている者がありますが、それを適当な侍の子と結婚させ、家を譲りたいと思って、私に相談をかけています。もしご子息がその望みをかなえてやってくださったならば、あなたを楽に養うこともできましょう。このことを申し上げたいと思って来たのです」と言う。

父上はこれを聞いて、

「ご親切は忘れません。息子ももう幼い者ではないので、私一存では決めかねます。息子とご相談ください」と答えられ、その翌日、私がお伺いすると、これこれだと言われた。

「わかりました」と言って、その老人の家に行って、ご好意にはそいかねることをお詫びして、

「考えるところもありますので、おっしゃるとおりにはいたしかねます」と言って、家に帰って、

「私がこんなふうになっていることを気の毒に思っておられることに気がつかぬわけでもありません。また、このようにわびしいお暮らしをしておられるのを見るにつけ、たいへん悲しく思いますけれども、あなたの子として生まれながら、他人の養子になろうなどとは思いもかけません。このように悲しく思われるのも、武士の家に生まれながら出仕できないからですが、私の代になって、父上や祖父の伝えてこられた弓矢の道を捨てて、商人の家を継ぎたいなどとは思いません。だから、このようなご返答をいたしたのでございます」

そう申し上げると、たいへんうれしそうな顔をして言われた。

「こういう事柄は、それぞれ人の心の問題で、親子のあいだと言っても、かってに決めかねることだが、よく答えてくれた。年のいった父を養うために、身を捨てることも孝行とは言えようが、いまおまえの言ったことに比べると、その孝行の道理は比較にならない。私が世を捨てたときから、こんなふうにして一生を終わることは、もとより覚悟のうえのことだ。くれぐれも私のこと

は気にかけてくれるな」

医者になれとすすめられて断る

その後、またある人が私のためを考えて言ってくれた。

「当節、医者を生業とする人を見ると、その多くは、処方書すら読めない連中だ。あなたの学才をもって少し努力したならば、それらのヤブ医者とは比較になるまい。医術は現在いやしい職業ではない。どうか、この職業で父上を養う計画を立ててはどうか」

「むかしは知らず、後世の人は、医を仁術と言ったから、志を得ない者がこの職業にのがれるのも、悪くはなかろう。しかし、私の才能は生まれつき愚鈍で、医術でも精通することはできないだろう。もし人の治療で間違いを犯せば、医は仁術にならない。これは私にはできそうにないことだ。むかしの聖人は、一人といえども罪のない人を殺しはしないということを聞いている」㉖と答えた。

富商の婿となるのを辞退する

そのうちに、また、当時天下に並ぶ者がないという富商の子どもと学友になったが、それが言った。

「私の父があなたを拝見して、必ず天下の大学者となられる方である。私の死んだ兄に娘があるが、これと結婚してもらい、金三千両と、買い入れた宅地をもって学資として、勉強していただきたいと、私自身が思いついたようにしてお話ししてみよと言いました」

私はこれを聞いて、
「お志は忘れません。私がむかしある人の話を聞いたのに、夏のころ、霊山《りょうぜん》とかいうところに遊んだ者たちのうちの一人が、池に足をひたしていると、小さい蛇がやってきて、足の親指をなめ、すぐどこかへ行って、またすぐ戻ってきてなめる。そうこうするうちに、蛇はしだいに大きくなって、あとでは親指を呑むほどになったので、腰の短刀を抜いて、刃のほうを上にして、親指の上にあてて待つ。蛇がまた来て親指を呑もうとするところを、突き上げるようにして斬ったところ、うしろのほうへ飛び去ったので、家に逃げ帰って障子を閉ざした。つれの者たちが『何事ですか』と言うか言わぬに、石がとびちり、木が倒れ、大地が一時間ばかり震動したあと、障子を細めにあけて見ると、一丈あまりの大蛇が、口の上から頭のあたりまで一尺あまり斬られて、死んでいたそうである。

そんなことがほんとうにあったのかどうかいまもって知らないけれども、いまおっしゃったことと似た関係があるのです。はじめ蛇が小さいうちは、わずかばかり短刀でさし斬ったにすぎぬところが、大きくなってみると、一尺あまりの傷となったわけです。いま私は貧乏で困っているので、世間に名を知られてはいません。このままあなたの兄上のあとを継いだならば、傷はまだ小さいと言えます。しかし、もしおことばのように、世間に知られるほどの儒者になった場合には、その傷はことさら大きくなってしまうでしょう。三千両の黄金をすてて、大傷のある儒者を養成しようとされるのは、よい計画とも思われません。私としても、たとえさし斬ったところは小さくても、傷をうけたいとは思いません。私がこう言ったとお答えください」と言った。

あとで聞くと、しかるべき儒者がその娘の婿となったそうである〔その富商は河村（瑞軒《ずいけん》）といった。その孫娘の夫は、黒川[27]とかいって、父も祖父もともに儒者として有名な人であった〕。

この話を父上に申し上げると、「珍しいことではないが、よいたとえだったな」と笑われた。

堀田家への進退

私が二十三歳の夏のころ、伊予守の家が滅びたので、前にも言ったように、私の仕官の道はおのずと開けてきた。堀田筑前守正俊殿に推挙した者があって、二十六歳の三月にそこに出仕するようになった。一年たって、二十八歳の秋、筑前守の事件[28]があって、嫡男下総守正仲《まさなか》殿がそのあとを継がれたが、不幸なことばかりがつづいて、あとには家来を扶助することも思うようにならず、みなその禄米を減らされたので、辞職して去った者が少なくなかった。私も出仕して以来、主君の父子に知られたわけではないが、いやしくも主従となった者が、こういう不幸なときに離れるべきではないと思ったので、わずかに妻子を飢えさせぬだけで、心ならずも出仕をつづけていた。

しかし、ひまの多いからだであったから、このときにこそ経書《けいしょ》・歴史のたぐいを読みあさることもできた。貧乏は侍の常などと言われており、私生活においては、なんとしてでもしんぼうしたが、仕官の身としては、その身分に応じてなすべきことも多いので、ついに蓄えもなくなり、力もつきはて、三十五歳の春になって、その間の事情を書き記して、辞職願いを出した。親しくしていた人びとには、前々からこのように決心したことを話していた。

「禄米があれば、飢え死にすることはなかろう。ところが、こんなに蓄えがなくなった者が俸禄まで辞退したならば、一日の飢えを切りぬけることすらできまい。自分自身のことは、そう決心したのだから、なんとでもしようが、若い妻、幼い子どものことをどうされるおつもりか」などと言われたけれども、

「主君としてお仕えした人のご不幸がなかったならば、私もいままでこうしてはいなかったろう。年来、堪えがたいことも堪え、忍びがたいことも忍んだのは、主従の因縁があったからである。きょう俸禄を辞退すれば、あすは妻子みなちりぢりになるかも知らぬことを考えても、私の決意のほどはおわかりになるはずです。もし天がお見通しであるのなら、それほどのことにはならないだろう」と言った。

明卿の誕生

下総守はどのように思われたのか、なにも仰せ出されることもなく、春もすぎ、夏たけなわに仰せがあって、「どんなことがあっても、わが家を去ることは思いとどまってほしい」とのことであった〔この使者は太田垣という家老であった〕。しかし、また辞職の願いを申し上げているうちに、秋の初めになって明卿《あきのり》が生まれた。

その後になって、ついに私の願いが許された。

市中で私塾を開く

このとき、家に残っている財産を勘定してみると、銭三貫文、白米三斗にすぎなかった。「よしよし、すぐに飢え死にすることもなかろう」と言って、妻子を連れて、年来の寺と檀家の縁で、高徳寺に行ったが、やがて浅草のあたりに家を借りて移った。そのころまだ下男一人、下女一人がついてきたが、もう使う資力もない。

「どんなふうにでも身の始末をつけてくれ」と言うと、

「私たちは、不慣れな仕事をしてでも、ものを食べていくぐらいのことはなんとかいたします。どうしてお別れすることができましょう」と言うのであった。

そうこうしているうちに下総守の弟様〔いまの備後守《びんごのかみ》の堀田俊普《としひろ》のことである〕から使いが来て、

「そうしておられるあいだは、家族の人の生活費だけは差し上げましょう」と言って届けてくださった〔この使者は坪井といって、家老であった〕。これは年来、学問のことなどご指導してきたのを考えられてのことであろう。こうした思いがけぬこともあったので、その年の秋の末に、住いも城東（江戸城から東の地域、ここでは本所）に移したが、勉強にかよって来る者が日々にふえ、身分のある人びとで勉強に来られた人も少なくない。

その翌年、ある人〔谷という人である〕が言った。

「あなたは当節将軍のお覚えのめでたくない人の家（堀田家のこと）から出て、しかも世間にもてはやされない学者（木下順庵）の門に入ったのだから、たとえ学問がすぐれていても、立身はむつかしかろう。いまの勉強方針を改めて、出世の道を考えられてはどうか」

はじめのうちは笑っていたが、二度、三度、くり返してやめない。

「私のためを考えて言ってくださるのでしょうが、おっしゃることは、ほんとうは私のためになることではありません。むかしの孔子の門人たちのことは、お聞きになっておられるでしょう。もしその師が時勢に合わないからといって、その学風を捨てることができたのなら、門人たちが、なにを苦しんで陳《ちん》・蔡《さい》などというところまでついてゆくわけがあるでしょうか㉙。およそ人間と生まれてきて、命がけで仕えねばならぬものが三つあります。いわゆる父と師と君とです。必要とあれば即座に死を決しなければならないのがこれです。私は父をすでに失い、また仕える君もありません。私が死をもって仕えねばならぬものとしては、ただ先生が一人いらっしゃるだけです」と答えると、その後はもうくりかえして言うことがなかった。

加賀への仕官を友人に譲る

私の先生(木下順庵)は、自分がはじめ仕えられた加賀の前田家に私を推挙しようと思い立たれ、そのおよその事情を話して聞かされたが、加賀の人で岡島(達、字《あざな》は仲通)というのが(つまり、忠四郎のことである)、私にたのんだ。「私には、加賀に年老いた母がいますので、なんとかして先生にご推挙いただくよう申し上げてください」と言う。

私はそのことをくわしく伝えて、「私の仕官は、どこの国でもかまいません。あの人にとっては、老母のいる国でありますから、私のかわりにご推挙くださるよう、私からもお願い申します。きょうからは、私をあの国にご推挙くださることは、かたくご辞退申し上げます」ときっぱり申し上げたところ、このことをじっとお聞きになって、

「当節、だれがこういうふうなことを言う者があろうか。むかしの人をいまに見るというのはこういうことである」と言って、涙を流されたが、この後も、いつもこのことを人びとに話された。そしてやがて岡島をこの国に推挙された。

甲府に出仕するきっかけ

こうして私が三十七歳になった冬の十月十日、高力《こうりき》伊予守忠弘《ただひろ》が私の先生のところに来て、「あなたの門下で、だれがいちばんすぐれていますか。自分が思いついたようにして、お尋ねしてこいと戸田長門守忠利《ながとのかみただとし》が申しております」と言われたので〔戸田は当時の甲府の家老〕、「あなたもよくご存じのはずだが」と言って、私の名をあげられた。

その月の十五日の夕方、「伊予守が長いことあなたに会っていないと仰せられている。伺うがよい」と命ぜられたので、参上すると、いろいろとお尋ねがあったので、お答えした。十二月五日に、伊予守がまた私の先生のところに来られて、長門守のことばを伝えて、私を甲府の藩邸に推挙する相談をされた。しかし、先生にはご不満な点があったので、「まず本人に話してから、お答え申しましょう」と言って、その晩、私を呼んでお話があった。六日にまた伊予守が言われ

たことがあったので、その夜、私からもまたお答えすることがあって、七日の朝になって、先生が伊予守のところに手紙を出して答えられた。

〔はじめ先生がご不満であったのは、「俸禄は三十人扶持《ぶち》㉚が与えられる」とのことであったので、「学問の優劣は、俸禄の多少によらないことは言うまでもない。しかし、世間の人は、俸禄が多ければ学問がすぐれていると思い、俸禄が少なければ学問も劣っていると思うのが普通である。私の門下で、彼に及ばぬ者でも、それほどの少ない俸禄の者はありません。彼もまたもちろん儒学を職業とする者ではありません。いままで仕官していたときの俸禄との関係もあることですから、仰せのとおりで推挙することは、とうていいたしかねます」と言われた。

そののちまた伊予守が来て、「おっしゃることはすじが通っております。それでは俸禄四十人扶持ということなら、私がなんとしてでも承知させます。まず先方の言うところにしたがって仕官させられたならば、そのあとのことは、どのようにも御希望しだいにできるかと思います」ということであったが、その晩、私を呼び出して、「また伊予守はここまで言ったけれども、私はなお考えるところがあるので、この交渉はどうしても自分は承知できない」と言われた。そのとき、私は申し上げた。

「あの甲府藩のことは、ほかの家と同じようには考えられません㉛。もし俸禄の多少を言って、その招《しょう》聘《へい》に応じないならば、今後、他の藩から仕官をもとめられることがあっても、俸禄が多くなければそれに応じるわけにはまいりません。ただ、私の運命が幸運であるか、不幸であるか、推測いたしかねますが、ここまできたら、伊予守のとりはからいにおまかせになっては、いかがかと存じます」

「急いで答えなければならぬこともない。よく考えてみるがよい」ということであったが、私がなお申し上げたので、そこまで言うのならばと言って、ついに伊予守のところに手紙をお出しになった」

あとになって聞いたところでは、はじめ甲府の藩邸では、「大学頭林信篤《だいがくのかみはやしのぶあつ》の弟子を推挙してほしい」と言われたが、信篤は考えるところがあったのだろう、「推薦すべき弟子はございません」とお答えした。そこで私のことが耳に入ったあと、長門守のはからいで、この年の春、自分のすすめた人を信篤の弟子だと言いなして、そのあとで、私を採用するように言ってこられたのである。

〔長門守のすすめたのは、いまの舟橋半右衛門のことである。そのときは、吉田藤八郎と名のっていた。もとは京都の伊藤仁斎《じんさい》とかいった者の弟子であったのを召し出されたのである。このときに、大学頭の門人だということにされた。だから、綱豊侯が将軍のお世継ぎに選ばれたはじめに、この人は近習に加えられたのである〕

同じ十五日の夜、長門守のところから、私の先生に手紙が来て、「明日、藩邸に参上せしめられるよう」とあったので、十六日の午前十時ごろ、藩邸に出仕した。戸田・津田（正常）・小出《こいで》（土佐守有雪《ありきよ》）などの人びとが私を呼び出して、家臣にする由《よし》を小出から伝えられた。

お目どおり後はじめて進講する

同月十八日、はじめて綱豊侯にお目どおりした。二十六日、はじめて『大学』[32]を進講した。

翌元禄七年（一六九四）の正月の初めに仰せつけられるのには、

「これまで四書（『大学』『中庸』『論語』『孟子』）を講義させたことが全部で三度、『小学』『近思録㉝』などがそれぞれ一度ある。しかし、まだ聖人の道は、どういうものであるかを明らかにすることができない。今後どのように学ぶべきか、よく考えてもらいたい」とのことであった。

私はおおよそ次のようにお答えした。

「むかしの聖人が自己を修養し、人を治めた道㉞は、四子（孔子・曾子《そうし》・子思・孟子《もうし》）の本㉟にじゅうぶんに書かれております。これをみずから実践し、また心がけることは、ほかの書物に求めることはできません。しかしながら、聖人の原理・法則をくわしく知ろうとされるならば、五経の本を並行して勉強されるのがよろしいでしょう。まだお若くいらっしゃることだから、なまけ心を起こされぬかぎり、学問の成就されることは、さして遠いことではありますまい」

『詩経』の進講

「それならまず『詩経《しきょう》㊱』と『礼記《らいき》』からはじめよう」と言って、侍講の者二人に毎日の講義のことを命ぜられ、『詩経』の講義は私に仰せつけられた（『礼記』は吉田藤八郎に講義させられた）。このとき、私の長女㊲が天然痘にかかって、二月一日になって死に、明卿もまた同じ病いにかかった。これらのことのために、同月十三日になって、はじめて『詩経』の講義が開かれた。この年、十一月二十日になって、進講すること合計一六二日でその仕事が終わった。

〔草木・鳥獣などは、画家（稲生若水《いのうじゃくすい》）にかかせ、あらかじめ差し出しておいたから、これらのことを講義するのに便利であった。その図は、いまもわが家に残っているものである」
この後、『書経《しょきょう》』を進講せよと仰せつけられ、また「今年毎日講義の席にのぞんだけれども、なお余裕がある。中国の三代（夏・殷《いん》・周）以後の歴史上の治乱興亡のこともあわせて聞きたいと思うが、どうか」と仰せつけられた。

『書経』と『通鑑綱目』の進講

「仰せのことは、まことに学問上たいへん結構なことでございます。それでは司馬光《しばこう》の『資治通鑑《しじつがん》』、朱子《しゅし》の『資治通鑑綱目』㊳のいずれかをもって兼修されてはいかがですか」とお答えすると、「『通鑑綱目』の本をあわせて勉強しよう。それもそなたが進講するように」とおっしゃった。翌元禄八年の一月二十四日、『書経』の講義が開かれ、同月二十八日、『通鑑綱目』の講義が開かれた。この年、書物の進講をしたのは合計七十一日で、十二月二十一日になって完了した。

『春秋』の進講

こののち、私に『春秋』を講義せよと仰せつけられた。この年、また『礼記』の講義が終わったので、「『易経』を講義せよ」と言われた。元禄九年の一月二十六日、『春秋』の講義が開かれ、『左氏伝《さしでん》』『公羊伝《くようでん》』『穀梁伝《こくりょうでん》』『胡氏伝《こしでん》』㊴の、四つの『春秋』の注釈書をあわせて講義させられた。『通鑑綱目』をあわせ講義させられたことは、前と同じである。『春秋』の講義は、合計六年かかって、元禄十四年の十二月十九日になって、進講すること計一五七日で完了した。これからのちは、『通鑑綱目』の講義を毎年怠られることなく、その続篇㊵を読み終わってから、おなくなりになったのである。

『藩翰譜』を作り進講したこと

いつも進講が終わると、別に席をあらためて、日本や中国のむかしのことなどお尋ねになることなどあった。なかでも、祖宗家康公が天下を統一したことについては、とくに関心を深くされ、『書経』の講義が終わった元禄十三年の十二月十一日に、「国初以来、俸禄一万石以上の人びとのことを、進講のひまなおりに、なんとかして書き記して差し出せ」と言われたが、翌元禄十四年の一月十一日になって、そのことを正式に仰せつけられた。同月十四日に、その本を作る凡例をまず書き記して差し出した。それでよいと仰せられたので、これから諸家の事跡を調べあげて、七月十一日になって起稿し、十月になって脱稿した。内容は、慶長五年(一六〇〇)にはじまって、延宝八年(一六八〇)にいたる八十年のあいだの、諸侯がはじめて封土《ほうど》をもらい、これをうけつぎ、あるいはとりつぶしにあうものなど、全部で三三七家にわたっている。その書物は、正篇十巻、付録二巻、凡例・目録合わせて一巻、合計十三巻を二十冊に分けて、自分で清書して出来上がったので、翌元禄十五年の二月十九日に進呈した。これより前に、書名を上様みずから選んで『藩翰譜《はんかんふ》』㊶とつけられた〔このほか、仰せにしたがって二、三冊の本を作ったことがなおある。全部を書くひまがない〕。

家宣公の好学

私が仰せをうけて『詩経』の講義をはじめて以来、年々四書および『孝経《こうきよう》』『周礼《しゆらい》』『儀礼《ぎらい》』㊷などの書物をあわせて講義させられたことは、将軍の位につかれたあと、私がお使いとして京都に上ったときと、朝鮮の使節の応接を承ったとき以外は、十九年のあいだやめられることがなく、私が講義にのぞんだのは合計一二九九日である。私のほかに、日講《にっこう》・侍読《じどく》などの仕事を承った者が三人あり、それぞれが経書の講義に出席することも同じである。だから、経書・歴史・諸子百家の書物など、おおかた残るところなく精通された。日本や中国の古今において、これほどまでに学問を好まれた君主の話は、かつて聞いたことがない『易経』の日講が終わったとき、あとは『大学衍義《えんぎ》』(43)を講義させられた。これもなくなられるまでに、正篇・補篇ともに読み終わられた」。

和漢の書目をたてまつる

元禄八年の秋の末に、いつもおそばに置いてごらんになるべき和漢の図書目録を書き記して、差し出すようにと仰せつけられた。「私の師匠と相談して申し上げます」とお答えして、師匠(木下順庵)にお尋ねしてから図書目録を差し上げると、「それらの本を買いもとめてくるように」と言われた。ここかしこを捜しもとめて、和漢の書百数十部を差し上げた。

書物を下賜される

十二月二十一日に、侍講の者二人(白石と吉田藤八郎)を呼んで、和漢の書二百部ばかりの目録を書き出されて、「それぞれいただきたいと思う書名にしるしをつけて、差し出すがよい」と仰せつけられた。これはいままでおそばに置いておかれた本である。二人がたがいに譲りあったのち、そのうちの一人(吉田)の点をつけたのは、三分の二ほどになった。私はその残りを見て、「これらの本には、私が家に持っておるものもありますし、また近習の人びとに分けてやられるのにみな適当な本でございます」と言って、私が点を加えたのは十一部にすぎなかった。それぞれ望むとおりにまかせるとの仰せがあり、私には、「しばらく待つがよい」と言われて、「これは年来自分のたいせつにしてきた本だ。おまえの子孫に伝えるがよい」と仰せられて、六経《りくけい》の書（『易経』『書経』『詩経』『周礼』『礼記』『春秋』）を下された。〔このとき、おことばを伝えたのは、いまの越前守《えちぜんのかみ》間部《まなべ》詮房《あきふさ》殿、まだ宮内《くない》といった時分のことである。いただいた六経は、汲古閣《きゅうこかく》㊹版のよい本で、表装ならびに書箱、箱の鍵など、みな善美をつくしたものである。いま家にあるものがこれである。もう一人の者がいただいたものは、まもなく火災のためにすっかり焼けたという。惜しいことである〕

下賜された金で鎧を作る

明けて元禄九年正月の初めに、ささやかな宴をもうけて、あの特別に下された本を私の師匠にごらんにいれると、序を作ってくださった。それから一年をへだてて、元禄十一年の九月六日、火災のためにわが家も焼け落ちたということをお聞きになって、同じ九日に黄金五十両を頂戴した〔これは仮の家を建てるための費用とせよとの仰せであった〕。このとき、御家来のうちに火災にかかった者が多いなかで、このようなものを賜わったのは、特別のおぼしめしに出たことである。しかし、「こうしたことがなくても、私だけがひとりで屋敷を建て、家具のたぐいを作ることが、できないわけではない。たとえまた、下賜されたものを、そうしたものを作る費用にあてたにしても、このところ火災がしばしばあるから、また焼失するようなことでもあると、けっきょくはお志もむだなことになる。なんとかよい考えはないものだろうか」と思いめぐらして、やがて、いただいたものをもって鎧《よろい》一領を作らせた。いま家にある紺糸縅《こんいとおどし》の鎧、同じ紺色の毛の兜《かぶと》に鍬形《くわがた》を打ったのがこれである。これは、死をもって特別の御恩に報いるべきときに使おうと考えたためである。私の子孫たる者はよくよくこのことを忘れず、この鎧とあとにいただいた御太刀とを、嫡流の家に伝えるべきである。それから五年たって、元禄十六年の十一月、火災にかかったとき、予想したようにまたわが家も焼け失せたが、この鎧はいつも身のそばに置いておいたからいまも残っている。

木下先生の死

私の師匠であった人は、はじめの火災にあった元禄十一年の十二月二十三日の夜、なくなられた。遺言によって、葬儀などのことをとりしきった〔元禄十一年のことで、紀州家の榊原玄輔《さかきばらげんすけ》(45)と二人で葬儀などのことをとりしきった〕。

御講書始め

毎年正月の初めには御講書始めの儀式があった。あらかじめ講義すべき文書を差し上げておき、その進講が終わると、季節の服を二かさねいただくことは、最後まで変わらなかった〔この儀式は年のはじめのことであるから、「大雅《たいが》」と「小雅《しょうが》」のうちからめでたい詩を選んで、進講する定めとなった〕。

日講のこと

はじめ藩邸におられたころから、将軍になられたあとまでも、年頭に御講書始めがあり、一月の十五日をすぎてから日講がはじまり、十二月の末にいたるまで、大事故がないかぎり、一日・十五日は言うにおよばず、四季の節句の日でさえも、毎日の講義を中止されることはなかった。私自身が病気がちになり、酷暑・酷寒に堪えられないことを知られてからあとは、暑さのはげしいときは、「日が暮れてから参上せよ」と仰せつけられて、進講は夜におよぶことがあった。寒い季節には、進講は昼のあいだに行われ、上様と私とのあいだに大きな火鉢を一つ置かれた。寒さがなおはげしくなると、とくに火鉢一つをとりよせ、私の席のうしろに置かせられた。進講の当日、雨か雪になると、きっと使者を出されて、出仕をとめられた。

すべて講義の席にのぞまれるときは、いつでも、春・秋・冬は、裏打ちをした裃《かみしも》をつけられ、夏は透かしの肩衣《かたぎぬ》にひとえの袴をはかれ、いつものお席からおりて、お席から九尺ばかりの距離をおいて、私の席をもうけられた。夏暑くとも扇をとられず、夜がふけて蚊が多くなっても、それを追われることがなかった。いつのころであったか、風邪ぎみで、しきりに鼻じるのしたたり落ちるのを、そっと横を向いて、懐紙を出してぬぐってから、こちらに向かれることをくりかえされたことが何度もあった。これほどのご様子だから、講義はややもすると二時間を越えたが、その間、あたりのもの静かであったことは想像できよう。

特別の恩寵

また毎年春と秋に下屋敷におられるときは、お供するようにと言われ、必ず場所をきめて、お使いの者に命じて、酒や菓子などを賜わり、また人びとに詩を作らせることもあった。また季節ごとにそれぞれ衣服のたぐいを下賜され、年末にはそれぞれ黄金・

白銀などを下さって慰労されたことは、毎年変わりがなかった。こうしたことは、将軍職につかれたあとでも、最後まで変更されず、そのうち、お世継ぎの位につかれた翌宝永二年（一七〇五）の春、私にはとくにいろいろの美しい反物を下さり、「妻子たちに与えるがよい」と仰せられ、その夏になってまた前と同じひとえの反物などをいただき、これもまた「妻子たちに与えるがよい」と言って、折りびつに入れたお菓子をもたびたび頂戴したが、そののちはこれが毎年の例となったので、家継《いえつぐ》様が御代を継がれたあとも、御先代様のときと同じように頂戴した。これらの頂戴物は、私以外の進講者にはなかったことだと人びとが噂していた。

元禄十六年の大地震

私がはじめ湯島に住んだころ、元禄十六年の十一月二十二日の真夜なかすぎ、大地がはげしく揺れて、目がさめたので、刀をとって起きだすと、みな起き上がっている。家のうしろのほうは高い崖の下に近いから、みなを連れて東の大きな庭へ出た。大地が裂けることもあろうかと、倒れた戸板などを出してならべ、その上におらせ、やがて新しい着物に着かえ、裏打ちした裃の上に道服を着て、「自分は藩邸にお見舞いにあがる。供の者二、三人来い。そのほかの者は家に残っておれ」と言って飛び出した。道で息切れすることもあろうかと思ったので、家が大きな波に動いている小船のようになっているなかへ飛びこんで、薬入れを探しだし、そばに置いて着物を着かえるうちに、薬のことはすっかり忘れて飛び出したのは恥ずかしいことであった。

　こうして走っていくうちに、神田明神の東門の下に来たときに、大地がまたはげしく揺れた。このあたりの商人の家は、みな家をからにして、多くの人が小路に集まっているが、家のなかには灯が見えるので、「家が倒れたならば、火が出る。灯は消しておくべきだ」と叫びながら行く。昌平橋《しょうへいばし》のこちらで、景衡《かげひら》㊻〔そのときは朝倉余三《よさん》といった〕が私のほうに走ってくるのに出会ったので、「あとのことはよろしくたのむ」と言いすてて行く。橋を渡って南に行き、西に折れて、また南に向かおうとするところで、馬を止めている者があるのを、月の光で見ると、藤枝若狭守方教《ふじえだわかさのかみまさのり》である。これは、大地が裂けて、水が湧き出たから、その深さ・広さを計りかねて、こうしていたのらしい。「続け、者ども」と言って、一丈あまりになって流れている水の上を飛び越すと、供の者どもも同じく越えた。その水を越したとき、足をぬらしたので、草履が重くなって、歩きにくかったから、新しいのにはきかえて走っていくと、神田橋の近くに来て、大地はまたはげしく揺れた。たくさんの箸を折るように、また蚊が集まって鳴くような音が聞こえるのは、家々が倒れて人の泣き叫ぶ声であろう。

　石垣の石がはずれ、土がくずれ、塵が空をおおっている。「これでは橋も落ちただろう」と思ったが、橋と台とのあいだが三、四尺ばかりくずれているのを、飛び越えて門に入ると、家々の腰板がはずれて、道に横たわっている。長い絹が風にひるがえっているように見える。竜ノ口

（和田倉門のあたり）に来て、はるかにのぞむと、藩邸に火事が起こっている。その光が高く上がらないのは、御殿が倒壊して、火事が出たのだろうかと心配になって、心ばかりはやるのだが、足はただ一ヵ所にあるように思われる。ここから四、五町行ったと思われるころに、うしろのほうで馬の足音がするので、ふりかえると、藤枝が走ってくる。私はここまで来たけれども、これから先のことが心配だから、「若狭守殿とお見うけする。あの火事のありさまが心配だ」と言うと、「いかにもさよう。早くおいでなされ。馬上だから失礼します」と言って駆けていく。

やがて日比谷《ひびや》の門に来ると、番士の詰所が倒れ、おしつぶされて死ぬ者の苦しげな声がする。そこにまた馬から下りている者を見ると、藤枝である。櫓のある門の瓦が南北の軒から落ちかさなって、山のようになっているので、越えることができないためである。「さあ、私と参りましょう」と言っていっしょにその上を越えて、小門を出てみると、藩邸の北にある長屋が倒れて火が出たのであって、御殿とははるかに離れているので、ほっとした。藩邸の西の大門が開いて、遠侍《とおざむらい》（警備の武士の詰所）の倒れたのが見える。藤枝はここから入ろうとする。「自分はいつも西の脇門から参上するので、そこから入りましょう」と言ってわかれた。

そして脇門から入って見ると、家々がみな倒れ、傾いているから、外へ出ている人びとで道がふさがって、通ることができない。そこを通って、いつも参上するところへ行ったが、そこも倒れて、入ることができない。藤枝もまたそのあたりにたたずんでいたので、御納戸口《おなんどぐち》というところから入った。ここかしこの天井が落ちかかっているところを過ぎて、私はいつも参上するところに着くと、いまの越前守の間部詮房殿がこちらのほうへ来るのに出会って、殿がご無事であられることを聞き、「こうした際でございますから、推参いたしました」と言いすてて、上様のいつものお居間に伺うと、その庇《ひさし》のうちに、東の屋敷が倒れかかっていた。近習の人びとは、南の庭に立っていた。

「上様は、あちらの庭においでになります」と言う。戸田（長門守忠利）・小出（土佐守有雪）・井上（遠江守正方）などの家老たちも、ここに入ってくるときには庭に立っていたので、五十嵐《いがらし》（いまの一十郎《いちじゅうろう》の若いときのことである。小納戸《こなんと》衆《しゅう》㊼であった）という人に相談して、庇の間《ま》に敷かれていた畳十帖ほどを庭におろして、みなをその上にすわらせた。大地がしきりに震動するので、すわっているうしろの池の岸がくずれて、平らな土地も狭くなった。

そうしているうちに、「酒井左衛門尉《さえもんのじょう》忠真《ただざね》がご命令をうけた」と言って入ってきて火を防いだ。「火がはげしくなったら、お居間を移されるがよい」などと申し上げる者があったが、殿は袴だけをはき道服をつけて、いつもの御殿の南側に出てお立ちになり、私が参上しているのをお目にとめてお呼びになった。主屋の端のところに行くと、地震のことをくわしくお尋ねになったあとで、奥に入られた。

夜も明けそうなころになって、「将軍のところへお見舞いに参上しよう」と仰せられた。私は戸田長門守の耳に口をよせて、「まだしきりに地震がしている。参上されることはどうであろうか」と言うと、長門守が「私もそうは思うが、おとどめすべきことではない」と言っているうちに出発された。そこで火の出たところへ行ってみると、倒れた家で圧死した者をひき出したのが、ここかしこにある。井戸水や池の水がすっかりなくなったので、火の消しようもない〔このとき、お庭の池の水を汲もうと言ったのを、いまの曲淵下野守景衡《まがりぶちしもつけのかみかげひら》が「この水はまた使うべきときがある」と言って許さなかった。どのように考えたのか、よくわからない〕。

そうしているうちに、いまの隠岐守《おきのかみ》の間部詮之《あきゆき》(48)が私を誘って、兄の詮房《あきふさ》殿の家の庭に入って、食膳をすすめた。昨晩、侍医の坂本という人〔養慶といった〕が庭へやってきて、私だけを別に呼んで、袖のなかから物を出してくれた。湯にひたした飯を茶碗に盛ったものであった。それを食べてから、時間がたっていたので、飯を食い、酒を飲んで出た。いまの市正《いちのかみ》の村上正直《まさなお》の家の前を通ると、呼びこまれて、茶をもらった。そのうちに、「お帰り」と聞いたので、お入りになるべきところへ行って、お迎えした。そこから家老たちと私と四人づれで、どこであったか、細い渡り廊下のあるところを通って、いつものお居間のほうへ行くと、にわかづくりのところに着いた。人びとは、草履を袖に入れていたが、戸田はその用意がなかったようである。私は、「こういうこともあるだろう」と思って、さきに庭にいたとき、何足かの草履を左右の袖に入れておいたので、とり出して与えた。

そのうちに、殿はふたたび前のところにお出ましになり、私を呼んで、「自分が幼いとき、上野の花見に行って、人びとが群集するのを見たのに似ている」と言って笑われた。そうこうするうちに、火も消しとめられた。日はすでに正午すぎにもなったころ、また上様は外へ出られて、私を呼ばれた。参上すると、

「妻や子どものことは、その後様子を聞いたか」

「昨晩、参上いたしましたあとは、ここにずっとおりますので、それらのことは聞いておりません」

「自分が谷中《やなか》の別荘へ行くときに、人が教えてくれたことを思い出すが、おまえの住いは高い崖の下にあったと思うが」

「さようでございます」

「たいへん気がかりなことだ。この様子では、地震は数日もつづくだろう。地震が初震のときのように激しくならないかぎり、けっして来る必要はない。急いで家に帰るがよい」と仰せられたので、退出して、供の者を探しあて、「昨晩のままだったろうか」と聞くと、「けさ早く、家に残してきた者が交代にまいりましたので、家に帰って食事をすませて、またまいりました」と言う。これで妻子が無事だったことがわかった。安心して家に帰ると、午後一時すぎであった。

翌日、藩邸に参上すると、お屋敷はことごとく傾いたので、東の馬場に仮普請《かりぶしん》をして、殿はそ

こにおいでになった。大地はなおしきりに震動するので、「きっと火事が起こるだろう」と思い、私の塗籠《ぬりごめ》㊾は、傾くところまではいかなかったが、壁土のくずれ落ちたところが多いので、くずれた土を水にひたし、破損したところを塗り直させた。予想どおり、同じ二十九日の夜になって火事が起こった。家財はすっかり塗籠に入れておいたけれども、「地震はやまないし、塗籠の倒れることもあるかも知れない。また塗り直した土がまだ、乾いていない。火の勢いが盛んで、新しい土と古い土とのあいだがあいたなら、内部に火の入るおそれもある」と思ったので、すぐにそのあたりの土地に穴を掘らせ、頂戴した書物、また自分自身抄録したものなどを塗籠から取り出して、その穴のなかに入れ、畳を六、七帖その上にならべておいて、土を厚くふりかけて、家を出た。

ここかしこで火のために道をさえぎられ、火の勢いがやや弱まったときに、焼け落ちてしまったあとの道を通って、家に帰ってみると、書物を埋めた穴に近い崖の上の家が焼け落ち、火はまだ消えていなかった。盛んに水をかけて火を消して、焼けた家の柱などを取りのけてみると、その家の落ちたときに、ものを埋めたところの土を払いのけて、上にかさねておいた畳は焼け失せ、下の畳に火がすでに移っていたときに帰ったのであった。塗籠は、予想に反して倒れもせず、焼けもしなかった。「それなら、はじめ穴を掘らせ、書物をおさめたことは、むだなことをしたものだ」と言って笑った。

家宣公、将軍のお世継ぎとなる

宝永元年（一七〇四）の十二月五日に、「お世継ぎにおなりになる」と聞いたので、お祝いに馳せ参じようとして、竜ノ口の近くに行ったとき、「まもなく西ノ丸（将軍の世継ぎの居所）に入られる」と言って通行を止めている〔御《お》歩《か》行《ち》侍衆《しゅう》である〕。名を名のって、「参上する用事があるのだ」と言うと、「それではお通りください」と言って許された。藩邸に行くと、お迎えの人びとが集まっていた〔柳沢《やなぎさわ》美濃守《みののかみ》吉保《よしやす》殿をはじめ、お供につくべき人びとが集まっていた〕。詮房殿を探すと、「食事中です」と聞いたので、そこに入ってお祝いを申し上げた。やがて食事をすませ、座を立たれたのをひきとめて、「そもそも天下の政治向きのことについては、私から年来申し上げたことでありますので、いまとくに申し上げることはございません。ただ、『前に申し上げたことをお忘れくださらなければ、天下の幸いと存じます』と、この一言を申し上げたいために馳せ参じました。このことを殿にそれとなく申し上げていただきたい」と言ってわかれた。

〔あとになって、ある人が話すのを聞いたのに、いつのころか、なにについてのことかわからないが、詮房殿に向かって「自分がはじめ西ノ丸に入ろうとしたときに、新井君美が馳せ参じて言ったことを忘れることがあろうか。自分は一日として忘れることはない」と言われたという〕

私はこののち、家にばかりとじこもっていた。二十日ばかりすぎて、ある人が来て、「むかしお仕えした人びとは、身分に応じてそれぞれ召し出された。私たちだけがまだなんの仰せもないので、このことで嘆願する人があると聞いています。私自身も、このことについて、嘆願しようと思うので、お知らせいたします」と言う。

〔こう言って知らせてくれた人は、芝崎十郎右衛門(50)である。これは村田十郎右衛門(51)が詮房殿の弟を通じてこのことを申し上げ、またむかし藩邸におられたころに、私どものことをとりなされた人びとの家にも行って、このことを嘆願したと聞いたためである〕

「長年お仕えした方がこのように出世されたのを見ることは、わが身にとってこれ以上の幸いはない。このうえなんの望むところがあろうか。自分は不肖の身ではあるが、なんといってもお世継ぎの君となられた方のむかしの学問上の師である。礼儀正しく進退しようとするのは、なにも自分をおもおもしくしようとするためではないが、どうしてみんなのように自分のことを嘆願することなどできようか。私はそんなことができようか」と思ったので、「ご芳志のほどは感謝のことばもありません。しかし、私としては考えるところがありますので、そうしたことで嘆願はいたしたくありません」と答えた。

それからわずか一日たって、その月の二十六日の夜、私たちの仕官のことについて、処遇すべきことの仰せをうけた人があると告げてきた。

〔このことは、藩邸にいたころの目付役坂部種之という人から告げてきた。その手紙によると、新井勘解《かげ》由《ゆ》・村田十郎右衛門・芝崎十郎右衛門・吉田藤八郎・服部藤九郎・服部清助・土肥《どひ》源四郎(52)、これら七人

を西ノ丸御側衆《おそばしゅう》支配㊼とする、とあった〕

はじめて西ノ丸に参上する

二十七日の午後四時ごろ、詮房殿が殿の仰せを承って西ノ丸に参上せよと仰せつけられた。まもなく参上すると、仰せをうけた迎えの人びとに出迎えられ、祗候《しこう》すべきところに案内された。

〔大門の外に小人衆《こびとしゅう》㊽をつけておかれ、中ノ口（中玄関の次の広間）に案内された。そこには山本伝阿《でんあ》が待っていて、私が参上した由を告げると、甲府藩邸の侍医であった山本玄長《げんちょう》が出迎えて、斗鶏《とけい》の間《ま》㊾に案内された。玄長は私と相識であることをご存じだからである〕

戸田長門守忠利・小出土佐守有雪・井上遠江守正方などの人びとが出迎えた〔この三人は、私たちのことを支配するように仰せをうけていたのである〕。そこで村田などの人びとも来られたあとで〔このとき、芝崎と服部清助とは見えなかった。呼ばれなかったのであろうか。くわしい理由はわからない〕、詮房殿が小出といっしょに出てきて、上様の仰せを伝えたあと、みんなが退出した。私はしばらくここに待つようにと仰せられた。

〔これは、私を支配すべき人びとが任命されたこと、またこののち祗候すべき場所などのことを指示されたのである。人びとが出ていったあとで、小出土佐守が私の席に近よって、「これからあとのことは、天下の安危にかかわることである。われわれは、かねてご存じのように学問もなく、術策もない者だから、たのみになるのはあなたばかりだ。こんなことは、私から申し上げるまでもないことだが、思いついたので申し上げる」と言った。これは、詮房殿が上様のところに参上したあとで、ただひとりで言われたことだ。この人はまもなく不幸におちいってこの世を去った。まことに惜しいことである〕

そののち、詮房殿に、ここしばらくのことなどにつき、また年が明けてから講義を開くべきことなどについて仰せがあり、また今後の参上の手はずなどまで仰せつけられ、午後七時すぎになって退出した〔こののちは、中ノ口から入って、御台所をへて奥にまいれとのことであった〕。二十九日に、正月元日に本丸へ参賀することなどについて仰せがあった〔このことは戸田から言ってきた。その手紙に御本丸寄合衆《ごほんまるよりあいしゅう》㊽の次の席にすわるようにとあった〕。

西ノ丸で進講を始める

明けて宝永二年の正月元日、本丸に参賀した。同十一日、西ノ丸で講義が開かれ、そののち、毎日の講義に出たことは、藩邸におられたころと変わりがない。

〔この年四月十一日に、村田十郎右衛門・吉田藤八郎の二人を小納戸衆に加えられた。村田はもと柳生《やぎゅう》の家来である。上様が御幼少のころ、剣道を習われたときに、主人の柳生が連れてきたのを、私が召しかかえられたのちに、柳生の弟子を推挙するようにと言われ、この人が召しかかえられたのである。吉田を召し出されたことは、前にも書いたように、戸田がすすめて、また林大学頭の弟子としたのである。大学頭は、当時の将軍（五代、綱吉）の学問の師などということで、その門人がたくさん近習に加えられたので、戸田はまた吉田をすすめるために村田をも推薦したのである。いまの時代はともかく、こうした人びとの任命された役柄は、むかしの宦官《かんがん》のつかさどる役柄で、士君子のいさぎよしとしないところだけれども、若い人びとは、私の地位がもとのままであるのは、将軍が私を礼儀をもって待遇していらっしゃるのだというお心をも理解せず、いままで親しくしていた者で疎遠になっていく者も少なくなかった。

それからわずか十日をへたその月の二十二日に、進講が終わったあとで、「ここの庭の景色はおもしろい。市正正直に案内させて、ゆっくり見るがよい」と仰せられ、あちこちを見て帰ってくると、「妻子に与えよ」と言って、さまざまの色の絹五巻きを下された。これが私の妻子に物を下さったはじめである。このときになって、近ごろ疎遠になっていた人びともまたお祝いにやってくるようになった。

また、この年の九月六日に、芝崎十郎右衛門が辞職した。この人も、殿の御幼少のころから乗馬を教えてこられた。年も七十を越えていたであろう。乗馬については、当時ならぶ者がないという評判であった。藩邸におられたころから、戸田の知っている馬乗りに、長崎とかいう者があったのを推挙しようと思って、芝崎のことについてとやかく言ったが、上様はお聞き入れにならないご様子ですごしておられた。あの芝崎は、馬はじょうずだが、生まれつきわがままな人で、言いたいことをかってに言い、世のなかの人の乗馬のことなどは問題にせず、悪口を言ったので、憎しみをもった人がなくはなかった。厩舎を管理する諏《す》訪部《わべ》（文九郎定堅）という者が申し出ることがあったのに対して、当時、お世継ぎにつけられた本多伯耆《ほうきの》守正永《かみまさなが》(57)殿がもとから諏訪部と親しかったので、戸田と心を合わせて中傷したので、芝崎は憤りに堪えず、この年八月二十九日に辞職を願い出たのである。ただちに辞職は許されたが、幾日もたたぬうちに、憤死してしまった。この人と村田と私と三人は、近年、同僚のようにしていたが、この人はどういうわけか、私には親しく話をしてくれた。自分からまねいたことであるとはいえ、こういう死にざまを見せたことはかわいそうである。

このころのこと、小出土佐守と井上遠江守の論争があった。やがて小出は職を奪われ、先般加増された土地をけずられてしまった。これも、戸田が正永と相談して事をはこんだためである。はじめ藩邸におられたころ、戸田は小出といっしょに家老につけられたけれども、年来、小出に反感をもち、「井上は、兄の河内守正岑《かわちのかみまさみね》殿が当時の老中である。また松平右京大夫輝貞《うきょうだいぶてるさだ》殿の母方の従兄弟だから、柳沢少将吉保殿とは姻戚関係の仲だ。だから、もちろん中傷も行われやすいことは当然である」とある人が言った。そのことの真偽のほどは知らないが、前に書いたように、戸田忠利殿は私の出仕のはじめの世話をしてくれた人だから、そのことは忘れてはならない。小出はとくに因縁はないけれども、きまじめな人柄であって、思うところを隠さずに言うと聞いていたが、それが原因になったのだろうか。上様がお世継ぎに立たれたときに、私に言った一言をいまも思い出すのである。

戸田は、いかにも世間のことに通暁していて、また機会をつかむのがじょうずな人であったが、藩邸においでになったころ、朝早く出仕して、ただひとりで詮房殿に進言していた。また、この人を通して請願することがあるのを聞いて、「自分としては了解した。同僚の人にもよく言っておけ」と言うので、事が成功すると、この人のおかげだと思い、成功しないときは、同僚の人びとがじゃまをしたのだと人びとは思ったようである。これらのことは、私自身がはっきり見聞きしたことである。この人はまもなく禄高一万石になり、位も四位になったが、一年ばかりたって、宝永三年（一七〇六）十月十五日に停職となった。どういう理由であるか、それは知らない。

将軍におなりになってから、「御先代（五代、綱吉）のときに、戸田は停職とはなったが、俸禄といい、位といい、ずいぶん幸運でありました。小出については、いまになっては、藩邸にいたころの努力に報いられることがあってほしいものです」と申し上げると、「この連中は、御先代の御恩が浅くはない。ところが、むかし藩邸にいて、二人とも、いつも御先代の政治のことをもっぱら悪《あ》しざまに言っていた。二人とも禍いをうけたのは、不幸とは言えない。この一事でその人物のほどがわかる」と仰せられた。
これらのことは書いておくべきことではないけれども、私の子孫たる者どもが、世のなかのありさまをよく理解するようにと思うので、その一、二をここに書きとめたわけである」

この年八月四日、私たちのことを支配すべき人びとを改めて任命された〔この日、井上からの手紙で、自分および服部父子・土肥ら四人を若年寄衆支配㊿とするようにと仰せがあった。云々〕。

宅地と黄金を下される

翌宝永四年五月十九日、宅地および建築資材、それに建築費として金二百両を下された。

〔永井伊賀守直敬《なおひろ》㊾、大久保長門守教重《のりしげ》の二人から、雉子橋《きじばし》の外側に宅地三五五坪を下されるとの仰せが伝えられた。伝達が終わったら奥に参上せよとの仰せがあったので、参上して、宅地を頂戴したお礼を申し上げると、浜御殿にあった人びとの家をつぶされたときに、蜂屋源八郎の家を残しておいたのは、私に下さろうと思ってのことであった。いまその家を下された。しかし、その家を頂戴した地所に移すことは、私の力ではとうてい不可能だから、移転料として金百両を下される由、詮房殿を通じて仰せがあり、同じ月の三十日になって、家を作る費用がたりないとお聞きおよびになってまた金百両を下された〕

七月二十六日、新宅に移ったとお聞きになられて、八月一日になって出仕すべき門を指定された〔これは出仕の道のりが近くなるようにと考えられて、紅葉山《もみじやま》下および裏御門から出入りせよとのことであった〕。この月の三十日、本丸で能楽が行われた。これは家千代君（家宣の長男）御誕生のお祝いのためである。その若君の御外叔父太田内記《ないき》政資と私の二人が参上するようにとの仰せを受けた。

〔これより前、七月十日の明け方、御誕生のことがあった。この日のことは、永井・大久保が連署して仰せを伝えられた。またかねてから大久保が仰せをうけて、その一族の大久保左京に二人を案内させた。これは二人とも、こうしたことについては未経験だったからである。こののちは、そうしたことがあるたびに回状は、太田と私の二人が名宛人にされた〕

富士山噴火

十一月二十三日、午後、参上せよと仰せがあった。昨夜、地震があり、この日の正午ごろ、雷が鳴った。家を出るとき、雪が降っているように見えるので、よく見ると、白い灰が降っているのである。西南のほうを見ると、黒雲がわき起こり、雷の光がしきりにした。西ノ丸にたどりつくと、白い灰が地をおおい、草木もまたみな白くなった。この日、殿は本丸に出られ、午後二時ごろに帰られ〔この日、柳沢吉保殿の子息二人が位を授かったからである〕、やがて御前に参上すると、空がはなはだしく暗いので、あかりをつけて進講をした。午後八時ごろに、灰の降るのはやんだが、大地が鳴動したり、あるいは震えることがやまなかった。二十五日にまた空が暗くなって、雷の鳴るような音がし、夜になると、灰がまたひどく降った。「この日、富士山が噴火して、焼けたためだ」ということが伝わった。その後、黒い灰の降ることがやまず、十二月の初め、九日の夜になって雪が降った。このころ、世間の人で咳になやまされない者はなかった。

当十の大銭を鋳造すること

このようにして年が明けると、宝永五年正月元日、異常な大雨であった。閏《うるう》の正月七日、去年富士山の噴火によって、この付近の国ぐにの土地をうずめた灰や砂を取り除くための課役《かやく》を、諸国に割り当てられた〔武蔵・相模・駿河の三国の土地のためである。百石の土地につき金二両ずつを献上すべしということである〕。同月二十八日、当十《とうじゅう》（十文に相当）の大銭《たいせん》⑹を鋳造するようにと仰せがあった。三月のころになって、大地に白い草のはえるところがあるという噂があったが、まもなく、私の宅地にもこの不思議があることを見た。このほか、天変地異がやむことなくてこの年も暮れたが、私自身で直接見たのでないことは、ここには書かない。六月のなかばになって、わが家の周囲の家々をよそに移転させ〔飯田町である〕、また「多くの人びとの宅地をあちらこちらに移されるだろう」などと噂された。これは江戸城の北に御殿（綱吉の隠居所）を作られるためだという。

生類憐みの制

八月のなかばには、馬のたてがみを切ることを禁止される由を聞いた。これからあとは、人びとの引いている馬も、乗っている馬も、みな野生の馬を見るようになった。九月の末には、かさねて当十の大銭を通用させるべき命令が出され、十月になって生類憐《しょうるいあわれ》みの法令三ヵ条を制定された。これからのちは、馬に乗るべき身分の人も、馬は引かせるだけで乗ることもできなかった。また商人たちが大銭を通用させることに難色を示していると聞いて、富める者も貧しい者も、老若男女一人残らず大銭使用の証文を差し出せとの命令で、毎日催促があるといううちに年も暮れ、明けて宝永六年の正月元日には、昨年から将軍がご病気のため、世継ぎの君が拝賀を受けられた。

綱吉公薨去

七日には、私は病気だったので、出仕することもできずに、家にとじこもっていると、十日の昼すぎから、なんとなく往来の人の足のせわしさが不思議に思われたが、日が暮れるころになって、将軍薨去《こうきょ》のことが告げられたのは、まことに胸もつぶれる思いであった。

(1) 新井氏族志・過去帳とも祖母の没年を慶長九年五月三日としている。白石の記憶違いか。

(2) 忠直の子。慶長十二年生まれる。十七年、襲封（上総久留里二万石）。元和七年、秀忠の近習となり、従五位下民部少輔に叙任。延宝三年閏四月二十四日没。六十九歳。

(3) 参観交代《さんきんこうたい》の制による。関東の諸大名は、在府在国各半年、二月および八月に交代した。上総久留里藩主である土屋氏は八月に暇《いとま》をたまわり、十二月に参府したのである。

(4) 駿府城の守衛。大名一名、寄合の旗本二名でこれを勤めた。毎年九月に交代。城外に役屋敷が与えられた。『徳川実紀』の正保二年七月二十七日の条に「土屋民部少輔利直、北条久太郎氏宗に駿河加番の暇給ふ」とある。

(5) 六年とあるが、正保は五年二月十五日をもって慶安と改元されたので、これは白石の思い違いであろう。
（6）大名が日光山の火の番を勤めたことについてはまだ明らかにされていない。『徳川実紀』に、正保五年（慶安元）正月二十七日、家光の日光社参に先立ち、西尾丹後守忠昭・新庄越前守直好・堀美作守親昌・秋元越中守富朝が「山中火番」を命ぜられたことが記されている。土屋民部少輔利直もこの前後に火の番を勤めたと推測される。
（7）大阪城の守衛。定番《じょうばん》の加勢として大名がこれを勤めた。定員四名。毎年八月に交代。寛永三年、秀忠・家光上洛の際、大阪城勤番に水谷勝隆、加番に新庄直好が命ぜられたのに始まる。延享三年七月の規定によれば、山里の城門は役高二万七千石、中小屋は一万八千石、青屋口・雁木坂は一万石の大名が勤めることとされた。
（8）江戸初期は池田氏の所領で、池田輝政の没後、慶長十八年六月、播磨国宍粟・佐用《さよ》・赤穂《あこう》の三郡は二男忠継に分与された。忠継は元和元年に没し、四男輝澄に宍粟郡の内三万八千石を給与。輝澄は寛永十七年七月に改易され、九月、松平康映が和泉岸和田より入封した。里見家が亡んだのは元和八年のことであるから高滝某が仕えた宍粟の領主は池田輝澄か。
（9）当時の播磨国林田の領主は建部政長。政長は光重の子。慶長八年生まれる。元和元年、摂津国河辺郡の内において一万石をたまわる。三年、播磨国揖東郡の内に移封、林田を居所とする。寛文元年、従五位下丹波守に叙任。七年、致仕。十二年四月十八日没。七十歳。
（10）文禄・慶長の二度にわたる豊臣秀吉の朝鮮出兵のときのことをいう。
（11）本来は大臣・納言・参議などの娘で宮仕えした者をいうが、ここでは大名の奥女中をさしている。
（12）三三ページの注記には延宝六年五月十日没とあり、一日のずれがある。

(13)上総国久留里二万石の大名であった頼直の改易後、子の達直に遠江国周智郡の内三千石が与えられたことをいう。
(14)原文では利直となっているが、利直は白石誕生以前、寛永九年に没しており、これはその子の重直の誤りである。重直は慶長十一年生まれる。元和四年、従五位下山城守に叙任。寛永九年、襲封(陸奥国盛岡十万石)。寛文四年九月十二日没。五十九歳。重直の子吉松は承応元年に早世し、養子として迎えた勝直(堀田正盛の五男)も万治二年に没していて、白石が「六歳ばかりのとき」寛文二年には嫡子のない状態であった。
(15)『太平記』の中の兵事を評論した書。全四十巻。和田下野守助則入道栄閑の作と伝えられる。
(16)「街に虎がいる」と一人が言っても信じられないが、三人までそろって虎がいると言えば、うそもまことになってしまうという故事(『戦国策』魏策および『淮南子《えなんじ》』説山訓に見える)をふまえた句。「市虎」は繁華街の虎の意。
(17)蔵主は禅寺における特定の役割(経蔵の管理)、もしくは僧の階級で、首席の次、沙弥《しゃみ》の上をあらわすのにも用いられるが、ここでは単に出家した者の称として用いたものか。
(18)『小学』は南宋時代の大儒朱子の弟子である劉子澄の編んだ修身の書。題辞はこの書物に付された韻文の序。朱子の作。日常倫理の根本を簡潔に説く。
(19)程伊川(一〇三三〜一一〇七)は北宋時代の儒者。本名は頤《い》。兄の程明道(本名は顥《こう》)とともに程子または二程子と尊称される。のち南宋時代に朱子が大成した新儒学の先駆的な学者。程子の著述・語録は「二程全書」に収められる。『四箴』は、伊川の作った四つの箴、すなわち韻文による訓戒。視箴・聴箴・言箴・動箴から成り、内心の矛盾を克服せんとする人間の苦悩があらわれている。

(20)『古今韻会挙要』の略。元時代の熊忠《ゆうちゅう》の編。各文字を所属の韻によって分類排列した字書。

(21)明時代の梅膺祚《ばいようそ》の編。二一四の部首を立て、各部の文字は画数によって排列される。画引き字書の元祖。

(22)漢代の学者揚雄《ようゆう》が、自己の著述『太玄経』を嘲った人への反駁《はんばく》として作った文章「解嘲《かいちょう》」が意識されている。

(23)西山順泰。字は健甫《けんぽ》。対馬の人。本姓は阿比留氏。木下順庵の門に学ぶ。元禄元年九月三日没。二十九歳。

(24)大名の支配する小国家を「藩」とよぶのは江戸時代中期以降ひろく形成された漢学的教養のなかで、幕藩体制を中国の封建制になぞらえて、諸大名を幕府の「藩屛」として意識するようになってからのことである。白石が綱豊の江戸桜田の屋敷を「藩邸」と記したのはその早い例である。(注(41)参照)

(25)『中庸』第二十章に「人が一度で出来ることに、自分は百度かかってもよい。人が十度で出来ることに、自分は千度かかってもよい」とあるのにもとづく表現で、人一倍の努力をいとわぬこと。

(26)『孟子』公孫丑《こうそんちゅう》上篇に、孔子・伯夷《はくい》・伊尹《いいん》ら「古《いにしえ》の聖人」たちは「一つでも不義を行い、一人でも罪なき人を殺したうえで天下を取るなどは、だれもみんなやらないのだ」とあるのにもとづく。

(27)黒川道祐の子。道祐は名は玄逸、安芸の人。儒学を林羅山に、医学を堀杏庵《きょうあん》に学ぶ。広島藩医となる。主著『雍州《ようしゅう》府志』『日並記事』『本朝医考』。

(28)貞享元年八月二十八日、若年寄稲葉正休が、大老堀田正俊を江戸城中で刺殺した事件。正休もその場で殺された。

(29)「陳蔡の厄」をさす。陳も蔡も春秋時代の国名で、いまの河南省にあった。孔子と弟子たちがこのあたりで土地の人に迫害され、飢餓に瀕《ひん》するという災厄がふりかかったことがあった。

(30) 一人扶持は一日五合。したがって三十人扶持は一日一斗五升、一ヵ月で四石五斗、一年で五十四石になる。蔵米になおすと、一俵三斗四升二合として一五八俵弱となる。

(31) 甲府藩は家光の二男綱重が、寛文元年、甲斐国府中（三十五万石）に封ぜられたのに始まる。同時に家光の四男綱吉は上野国館林に封ぜられ、「御三家」より将軍家に近い甲府徳川家と館林徳川家が成立したのである。綱重・綱吉はそれぞれ江戸桜田・神田に屋敷を与えられ、その家臣は主に旗本の二男・三男を取り立てた。四代家綱に子がなかったので、綱吉があとを継ぎ館林家は消滅した。甲府家は綱重がすでに延宝六年に没して子の綱豊があとを継いだ。綱吉はあと継ぎの男子に恵まれなかったので、綱豊は当時将軍後継者の第一候補であった。白石の言うとおり、甲府藩は家格の点からいっても他の大名家と同一に考えることはできなかった。

(32) 中国古代の大学の教科内容、教育理念を記した書。朱子はこれを四書の一つとしてとりあげたとき、テキストを大きく改訂したので、『礼記』のなかの大学篇とは内容が一致しない。作者は、朱子の説によれば、孔子の高弟曾子だといわれているが、実は不明である。

(33) 朱子およびかれの友人の学者呂祖謙《りよそけん》の共編。北宋時代の代表的な儒者たる周濂渓《しゆうれんけい》・程明道・程伊川・張横渠《ちようおうきよ》ら四人の学説のダイジェスト版で、朱子学の入門書として有名。

(34) 自己の身を修め進んで民を治めるための方法、すなわち真の政治学をいう。朱子の書いた『大学』の注釈書『大学章句』自序にあることば。

(35) 四子と四書の対応関係のうち、孔子と『論語』、孟子と『孟子』は問題なく、『中庸』も孔子の孫の子思の作とされているが、曾子と『大学』のばあいは疑問がある。

(36) 中国最古の詩歌集。全三〇五篇は、国風（各地の民謡）および小雅・大雅（周王朝の儀式用の歌。六七ページ参照）、頌（周王朝の祭典用の歌）の三つに分けられている。孔子の編といわれ、五経の一つ。

(37) 実は次女の清《キヨ》。長女静《シズ》はすでに貞享四年十月十二日に夭折《ようせつ》している。すでに七歳に達していた次女清の死は白石にとって少なからぬ衝撃であったようで、『白石余稿』に「中秋作四首」としてその時の悲愁をうたったものがある。その詞書に「この年甲戌《こうじゅつ》の春、清娘夭す。今夕、月に対して明を喪《うしな》うがごとし……」の語が見える。

(38) 『資治通鑑』は、北宋時代の司馬光の編著になる大編年史。戦国時代から五代にいたる一三六二年間にわたる叙述は精彩に富み、中国の史書の代表作の一。略称『通鑑』。『通鑑綱目』は、朱子が『通鑑』にもとづき、綱（本文）と目（注釈）に分けた体裁をとって、史実を倫理的に批判したもの。

(39) 『左氏伝』『公羊伝』『穀梁伝』は春秋三伝と称され、いずれも戦国時代に作られた。魯の国の年代記『春秋』の伝すなわち注解で、十三経の中に入れられる。著者は、それぞれ左丘明《さきゅうめい》、穀梁赤《こくりょうせき》、公《く》羊高《ようこう》とされるが、疑問がある。『左氏伝』は事実の叙述に重点がおかれ、後の二者は本文の解釈を主とする。『胡氏伝』は、北宋時代の胡安国《こあんこく》（一〇七四〜一一三八）の著した『春秋伝』をさす。元・明時代の官許公認の注釈書であった。

(40) 『続資治通鑑綱目』をさす。明時代の商輅《しょうろ》らの著。『通鑑綱目』のあとをうけ、宋・元時代について叙述する。

(41) 「藩翰」は王室の守りとなる諸大名のこと。「藩」はかきね。「翰」ははしら。『詩経』大雅、板《ばん》篇にもとづくことば。

(42)『周礼』は周代の官制の書。『儀礼』は周代の冠婚葬祭などの礼の制度を詳細精密に記述した書物。『周礼』『儀礼』『礼記』を三礼とよぶ。

(43)南宋時代の儒者・真徳秀《しんとくしゅう》の著。『大学』の内容に史上の事例を付載して、日常倫理の用に立てようとしたもの。『大学衍義補』は、明時代の丘濬《きゅうしゅん》がさらに全面的に増補し、同時代の史実をも記載した書物。

(44)明時代末期の蔵書家で出版道楽の毛晋《もうしん》の書庫の名称。かれの刊行した版本を汲古閣本または毛本とよび、大部の全集から稀書にいたるまで、さまざまなジャンルにおよんでおり、中国の出版史上最も著名である。

(45)篁洲《こうしゅう》と号する。字は希翊《きよく》、和泉の人。本姓は下山氏。木下順庵に学び、その推薦で紀州藩に仕える。博学多才。宝永三年一月三日没。五十一歳。主著『大明律例訳解』。

(46)朝倉景衡。白石の妻の弟。白石の著『本朝軍器考』の図を集めた。

(47)将軍の理髪・食膳に奉仕し、そのほか庭方・馬方などの雑務を分担した。若年寄の支配、布衣に列する。

(48)間部詮房の弟。甲府藩に仕え小姓を勤める。宝永元年、家宣にしたがい、西ノ丸の小姓となり（三五〇俵）、従五位下隠岐守に叙任。六年、本丸勤務となる。たびたび加増されて計二一五〇石を知行する。享保元年、寄合に列し、九年、作事奉行となる。十三年、辞職し、十五年二月十三日没。五十七歳。

(49)周囲を厚く壁で塗り籠め、明りとりをつけ、妻戸から出入りするようにした部屋。衣服・調度を納める納戸の類。

(50) 名は正勝。甲府藩に仕え、馬役を勤める。宝永元年、家宣にしたがい、二五〇俵をたまわる。二年、小普請となり、同年十月四日没。七十三歳。

(51) 名は久辰。柳生新陰流の門下。甲府藩に仕え、家宣の剣術の相手を勤める。宝永元年、家宣にしたがい、二年、西ノ丸小納戸となり、三百俵をたまわる。正徳元年、柳生家より家号を許される。享保元年、寄合となり、九年九月二十六日没。六十八歳。

(52) 名は元成。十歳のときから学業をもって甲府藩に仕える。宝永元年、家宣にしたがい、儒者となり、扶持米をたまわる。享保十一年、小次郎（田安宗武）付属。二百俵をたまわり、扶持米は収められる。十二年、近習番。延享二年、田安家の用人となり、布衣を許され、番頭となる。宝暦七年八月十六日没。六十五歳。

(53) 西ノ丸御側衆は将軍世子の側近に侍し、交代で殿内に宿直する職、その支配下におかれる意。

(54) 走り使いの下級職員。食禄は十五俵一人半扶持。譜代席の御家人である。

(55) 土圭の間。江戸城の一室。用部屋の北方。廊下を隔てて老中・若年寄の部屋に接し、坊主が詰めて時刻報知の任に当たった部屋。

(56) 寄合は禄高三千石以上の非職の旗本。ただし三千石未満でも、布衣以上の役職にある者がやめたときは寄合に編入された。西ノ丸所属のものに対して本丸寄合衆といった。

(57) 原文では正武とあるが正永の誤りである。本多正永は正直の子。正保二年生まれる。寛文八年、従五位下豊前守に叙任。のち紀伊守また伯耆守に改める。延宝五年、家を継ぐ（七千石）。天和元年、書院番頭。五年、大番頭。元禄元年、寺社奉行となり、一万石を領する。九年、若年寄となる。十六年、上野沼田城をたまわり二万石を領する。宝永元年、老中となり、従四位下侍従に昇進し、西ノ丸付属。二年、さらに加増されて計四万石を領する。六年、本丸の老中を兼ねる。正徳元年、辞職。同年五月十九日没。六十七歳。正武は正永の子で、遠江守。

(58) 白石はこれまで御側衆支配であったのを若年寄支配とされたのである。この若年寄は西ノ丸若年寄である。

(59) 原文では尚平となっているが、尚平が父直敬の遺領を継いだのは正徳元年のことであり、宝永四年当時は、その父伊賀守直敬が西ノ丸若年寄を勤めていた。これは直敬の誤りであろう。直敬は尚庸の子。寛文四年生まれる。延宝五年、遺領（三万石）を継ぎ、従五位下伊賀守に叙任。貞享二年、奏者番となる。四年、下野国烏山に移封。元禄七年、寺社奉行となり、十五年、播磨国赤穂に移封され三千石を加増。宝永元年、若年寄となり、三年、信濃国飯山に転封。西ノ丸に付属。正徳元年、武蔵国岩槻に移封。同年六月三日没。四十八歳。

(60) 表には「宝永通宝」、裏には「永久世用」の四字をきざむ。重さは二・三五匁、京都七条の銭座で鋳造された。銭相場をみだし、一年限りで廃止。

中

意見書を差し上げる

宝永六年（一七〇九）の春一月十日に、将軍綱吉公薨去《こうきょ》のことが知らされて、あすはみな西ノ丸に登城すべき旨を告げてきた。私も翌十一日に参上した。そのとき、意見書を袖に入れて、間部《まなべ》詮房《あきふさ》殿を通して差し上げようと思ったが、会うことができなかったので、その弟中務少輔《なかつかさのしょうゆう》詮衡《あきひら》(1)〔いまの淡路守《あわじのかみ》のことである〕を通して差し上げた。その意見書には、当面の急務三ヵ条を書いておいた。この日は、夜になって雨が降った。これは去年十月二十日以後はじめての雨である。十二日にもまた参上して、意見書を奉った。この夜また雨が降って、明け方までつづいた。これから毎日登城したが、まだ詮房殿に会うことができない。十五日になってはじめて会って、これまで申し上げておいたことなどについて話を聞いた。

大銭廃止を仰せ出されたこと

十七日には、大銭を廃止するとの仰せが出された。この夜また雨が降って、暁までつづいた。人びとの宅地や町々をよそに移転させることがとりやめになったのも、このころのことだったと思う。

〔大銭のことは、この前に書いたように、去年の冬以来、商人たちに使用することを証文として差し出すようにとのことで、その催促は、薨去の日までつづいた。また人びとの宅地や町々の移転のことも、年がもう改まったので、家をつぶし、あるいは家をつくり、資材や道具などをもち運んだ。先例によると、将軍薨去などのときには、七日ほどのあいだは、職人も商人もみなその仕事を休むが、その期間がすぎると、物の売り買い、家屋の建築などもはじまるので、こういう御指示がなくては、世のなかの人は安心できないであろう。そのままに放置しておくわけにはいかないので、きょうこの仰せがあったのである〕

『神祖法意解』一冊を献上

十九日に登城した際、『元和令《げんなれい》』(元和の武家諸法度《ぶけしよはつと》)のことで仰せがあったので、家に帰って、その夜、『神祖法意解』一冊を作ってあす献上しようと思っていたところ、夜が明けて召し出されたので、参上してその本を献上した。午後一時ごろになって帰宅すると、またかさねてのお召しがあったので、参上した。

この日、御先代(五代、綱吉)のときにきめられた生類憐みということを停止されたことを聞いた。

生類憐みの停止と綱吉公の葬儀

二十二日になって、御葬送の儀式があった。これは十七日以来二十日に至るまで雨が降りつづいたので、この日になったのだということである。

〔ある人が言うのには、「御葬送の儀式がきょうまで延びたのは、ほんとうは雨が降りつづいたからではない。それには理由があったのである。いつのころであったか、お世継ぎが参上されたときに、柳沢少将吉保《よしやす》・松平右京大夫《うきようだいぶ》輝貞《てるさだ》、松平伊賀守《いがのかみ》忠栄《ただよし》、黒田豊前守《ぶぜんのかみ》直重《なおしげ》らをはじめ、近習の人びとを呼ばれて、『予が年来、生類をいたわったことは、たとえ筋みちの立たぬことであったとしても、このことにかぎっては、百年ののちも、予が生きていたときのように指示することが孝行というものであろう。ここに控えている者たちも、よく聞いておけ』と仰せられた。しかし、近年、このことで罪をうけた者が何十万人になるか、数えきれぬほどである。そのときに裁決がまだきまらず、獄死して死体を塩づけにしてある者が九人まであった。まだ死なない者もその数が多い。この禁令をなくさなければ、世の中の憂いと苦しみはやむことがない。しかし、あれほどまでに御遺言をされたことを、家宣公の御代になってその禁令を停止されるのも適当でない。ただどうしても御遺言によるという形にしたいと考えられたから、まず柳沢吉保を呼んで、お考えを仰せつけられると、吉保ももとよりこのことをよいと思っていたわけではない。ことに御先代の御寵愛は他の者にまさっていたが、今後のことはどうなるかわからないと考えたので、『仰せつけになりましたことは、まことに孝行なことと存じます』と言ったので、『それなら松平輝貞をはじめ、いままでこのことを扱ってきた者たちにも、このことを伝えよ』と仰せを受けて、吉保殿が人びとに仰せを伝えた。だれひとり異議を申す者はない。吉保殿がそのことを申し上げた。

それならばというので、二十日にお棺の前に進まれて、『さきに仰せつけられましたことは、私個人といたしましては、永久に仰せにそむくことはいたしません。しかし、天下人民のことになりますと、考えるところもありますので、お許しを願いたいと存じます』と言われて、前にあの遺言を承った人びとをお棺の前に召し出され、そのときのことなども話され、そのあとで、この禁令を停止することを仰せ出された。まだ御葬送の儀式も行われていないことであるから、世間では、御先代の御遺言かと思ったのである」

　また、今夜のお供をすべき近習の人びとのうちで、髪をおろしたいと願った者が少なくないが、これも先例によってその人数に定まった形式があるので、その人を選定することは、吉保らに命ぜられた。このときに、吉保自身も髪をおろして、お供をしたいと望み出た。

「前例のない御寵愛に感動して、そのように思うのはもっともであるから、予としても、とめるわけにはいかない。しかし、代々の先例を考えてみるに、あなたがたのような地位の者が、髪をおろしてお供をしたことはない。むかし、厳有院《げんゆういん》殿（四代、家綱）の御代に、殉死は禁止された(2)。いま予の治世の初めに、こうした例を始めることは適当でない。つまりは、御葬儀が終わってから辞職して、子息に家督を譲ったあとで、望みどおりに髪をおろすならば、代々の先例にもかない、また自分の志を通したことにもなるだろう」と仰せられたので、吉保殿はとうとう辞職したという。この二つのことは、私が直接お聞きしたわけではないから、そのことの真偽はわからない。しかし、私に話した人も、根拠のないことを言うような人ではないから、その話をここに書きとめておく」

御石棺の銘のこと

　この日、御石棺の銘文のことを、林大学頭信篤に御下命があったと聞いた。このことについてさる十八日に召し出されたので、参上すると、「御石棺の銘文の形式は、どのようにすべきか」と仰せられたので、日本にも中国にもその形式があることを申し上げた。「文書を作って、差し出すように」と仰せがあったので、十九日に草稿を進上し、ほかに日本・中国の古い形式をもあわせて注記して差し出した。きょう承ると、はじめ、信篤が

「代々の御石棺の銘文は、代々私の家でお作りしてきたので、延宝の御事（延宝八年の将軍家綱の死去のこと）のときも、私が作りました」と言った。その草稿をとりよせられると、官位をつづけて書くところも、すべて形式にかなっておらず、③書き方もまた適当でないとお考えになられたので、私を呼び試問され、草稿を進上させられた。その後、小笠原佐渡守長重殿を召して、日光の准后《じゅごう》④（輪王寺宮公弁法親王）のところへ行って、この二つの書式のうちのどちらがよいかをたずねるようにと仰せられた。准后も、「あとのほうの形式がすぐれている」とお答えになられたので、私の草稿を下げ渡され、「この書式によって銘を作るように」と信篤に命ぜられたと仰せられた。

親王・皇女のお取扱いについての意見書

二十七日に参上した際、また意見書を奉った。その大要は次のとおりである。

「わが神祖（家康）は、天から勇気と知恵を授かり、天下を統一なされた⑤が、これは御先祖代々が徳を積まれたためであり、これによって子孫万世の事業をおはじめになることができたのである。だから、男女の御子たちが多く、そのうち早世された方もあったけれども、大藩に封《ほう》ぜられて、いまもその子孫が栄えておられる方が四人まである（紀伊・尾張・水戸・越前）。二代（秀忠）の御子で、大名となられたのは、駿河殿の事件（忠長の改易・自殺）があったあとは、いまはただ会津殿（保科正之）の子孫のみがおられる。三代（家光）の御子で、大名になられた方も二人おられた（館林の綱吉、甲府の綱重）。四代将軍（家綱）になって、お世継ぎの御子がなかった。なくなられたときには、御兄弟も御先代綱吉公だけであったので、御養子となられてから、お世継ぎとなられた。御先代の治世の初めには、若君（徳松）がおられたけれども、まもなくなくなり、そのあとは御子がおできにならなかったので、御当代（家宣）を御養子とされたのである。だから、三代以降、将軍家のお血筋の絶えることがすでに二度までもあった。

神祖ほどの徳をもっておられてさえ、まだ百年たらずのうちに将軍家のお血筋がこのようになったということは、その理由がないわけではない。ましてただいまは、御先代の御養子となられたのであるから、私としては、ひそかに深く憂えている。このときにあたって、天が下した禍い

六代将軍家宣関係系図

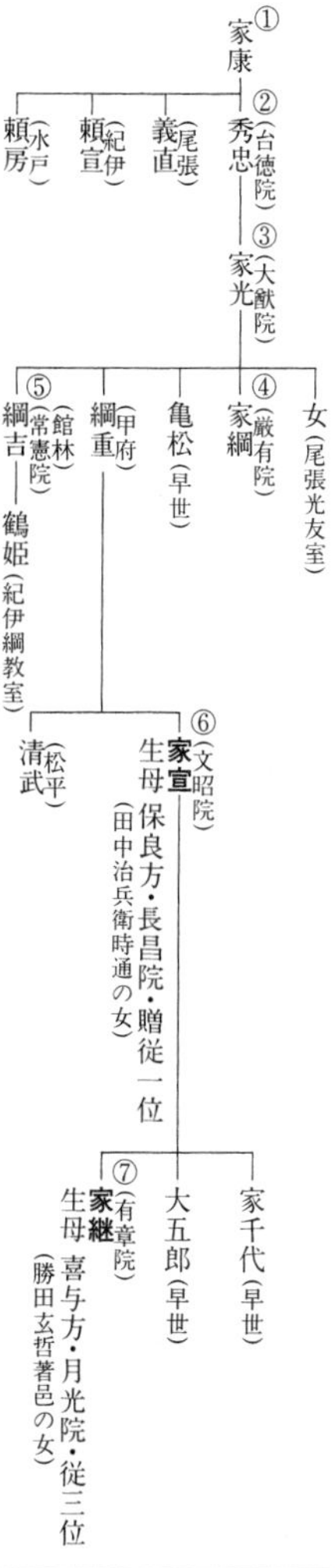

○付き数字を付したのは歴代将軍

を悔い改めて、[6]徳川家に新たな天命が下りる[7]ようになるには神祖の徳を継承する以外にはない。もっともそれらのことは、私が二十年ほどのあいだ進講したところだから、いままたくわしく申す必要はない。

そのなかで申し上げておきたい一つの意見がある。元亨《げんこう》・建武《けんむ》のあいだ（後醍醐天皇の治世）、皇統がすでに南と北に分かれ、南朝はまもなく絶えてしまわれた。北朝はもともと武家のために立てられたものであるから、武家の治世と盛衰をともにされるべきであるが、応仁の乱のあと乱世がつづき、武家がすでに衰えた以上、皇室が衰えたことは言うまでもない。当家の神祖が天下を統一されるに及んで、皇室でも絶えたしきたりを継承し、すたれた諸行事を再興されたのである。[8]

しかしながら、皇室では、皇太子のほかは、皇子・皇女がみな御出家されることは、いまでもなお御衰退の時代と変わっていない。身分の低い男女といえども、子を生めば、必ず家をもちたいと思うのは、およそ世の中のむかしからの人情である。また、いまでは、農・工・商のたぐいの者でも、男にはその財産を分けてやり、女には嫁入り先を求める。まして侍以上の者では、そうでない者は一人もない。こういう世のなかの慣習として長く続いているので、皇室でも、いま改めて申されることはないにせよ、こうした皇族御出家の慣習を希望しておられるとは思われない。たとえ、また皇室からお申し出がないにしても、これらのことについて改善の処置がなされないことは、朝廷にお仕えする義務を果たしたとは言えない。いまは、公家の人びとは領地をもっているのだから、皇子が親王にお立ちになっても、どれほどの土地を差し上げるわけでもない。皇女が御降嫁なさっても、どれほどの国の財産を費やされるわけでもない。この国をひらかれた天照大神《あまてらすおおみかみ》の御子孫がこんなようでいらっしゃるのに、神祖家康公の御子孫がとこしなえに繁栄されることを望むというのは、いかがなことであろうか。

しかし、私が言うようにしたならば、これからのち代々の皇子・皇女が多数おられるようになっては、天下の富もそれぞれお受けになるところが足りなくなるのではないかということもあるかもしれない。むかしから、皇子・皇女が数十人おられた御代も少なくないけれども、それらの御子孫がいまにまで続いておられるのは、いくらもいらっしゃらない。『天地のあいだには、自然の定数というものがある』とむかしの人は言った。これらのことは、人間の知力でおしはかることはできない。ただ道理が合っているかどうかだけを論ずべきである。

また、皇子の御子孫が多くなっては、けっきょくは武家のために不利なこともでてくるのではないかということもあるかもしれない。高倉宮《たかくらのみや》（後白河天皇の第二皇子以仁王《もちひとおう》）の令旨《りょうじ》によって、諸国の源氏が蜂起したけれども、これは平清盛に非道なことが多くて、家が滅亡すべき時期にきていたのである。もしこれらのことを教訓とするなら、北条高時が滅んだときに令旨を出されたのは、梨本《なしもと》の御坊《ごぼう》（大塔宮護良親王《おおとうのみやもりよし》）ではなかったか。だから、たとえ出家された御身分であっても、武家に不利なことがないとは言えない。これらは、ただ武家政治の良否のみに関係することである。すべてこれらのことをよくよくお考えになっていただきたい」

この意見書をごらんになったあとで、二、三回仰せがあったのち、「おまえの意見は道理にかなっている。しかし、これは国家の大計である。じゅうぶんに考えてみよう」と仰せがあったが、やがて、いまの法皇⑨の皇子秀の宮（直仁親王）と申す方に、親王になられる宣旨《せんじ》を下されるようにと仰せ出された。その後また御先代（七代、家継）に皇女（霊元天皇の皇女八十宮吉子内親王）が御降嫁されることも決められた。

これらのことは、私がこの国に生まれて、天皇の御恩にむくいたことの一つである。しかし、私がひそかに憂えていたように、御先代がおなくなりになって、とうとう将軍家のお血筋が絶えたことは、人力のとてもおよぶところではない。しかし、また私がこれらのことを申し上げておいたこともあるので、将来のことも深く考慮しておかれたとおりに、御当代（八代、吉宗）があとをお継ぎになったことは、これまた天下にとって幸いと言うべきであろう。

〔秀の宮のこと、ある高貴な方がむかしから親王家を立てられることは困難なことだという理由でとめられたが、その意見を用いることなく、朝廷に申し出られたと聞いた。まことにありがたいことである。しかし、このことは私が直接お聞きしたことではないので、本文には書かなかった〕

この意見書には、日本や中国の古今のことなどもあわせて論じたので、文章がことさらに長く、またそのことは学問の浅い人が全部わかる必要のないことでもあるから、ここには大要だけを記した〔この意見書は、私が将軍宣下《せんげ》（朝廷から将軍任命の宣旨をうけること）の儀式に関係したことがあったので、そのとき提出したのである〕。

国家財政についての意見書

二月三日、お召しによって登城した。詮房殿を通して、「大喪のあとは、老中のうち一人ずつを本丸に宿直させている。ところで彼らは、こういうときに一日といえども本丸に主君がいないというのはよろしくない、予にすみやかに移るようにと言う。代々の先例をみると、御先代は日常のお居間を改造して移っておられる。こんどは、大御台所《おおみだいどころ》（前将軍綱吉の正室、鷹司房輔《たかつかさふさすけ》の女《むすめ》信子）にお移りいただくべき御殿をお作りすることでもあるから、これらのことを相談させたところ、『国の財政は底をついて、まったく今後のことには使うべきものがない』と言う。御先代では、国家の財政は、大久保加賀守忠増《ただます》[10]が所管していたということだが、実際は荻原近江守《おぎわらおうみのかみ》重秀[11]（勘定奉行）ひとりに任せられていたので、重秀は、柳沢美濃守吉保・稲垣対馬守《つしまのかみ》重富などと相談してやってきた。だから、加賀守はその詳細を知らず、ましてほかの老中たちの関知するところではなかった。

いま重秀が申し上げたところでは、幕府の直轄領はあわせて四百万石、年々納められる金がおよそ七十六、七万両あまり〔このうち、長崎における運上金《うんじょうきん》（商・工業者などに課した営業税）というものが六万両、酒の運上金というもの六千両、これらは近江守が申しつけて実行したものである〕、このうち、夏・冬に賜わる御給金三十万両あまりを除くと、残りは四十六、七万両あまりになる。ところが、去年の国の費用は、およそ金百四十万両におよんでいる。このほかに、内裏《だいり》の造営⑫におよそ七、八十万両つかわれるであろう。だから、いま国の財政の不足分は、およそ百七、八十万両あまりとなる。たとえ大喪の出費がなくても、今後使用しうる国の財源はない。まして、当面の急務である前将軍の四十九日の御法事料、お霊屋《たまや》を作るべき費用、将軍宣下の儀式を行われる費用、本丸に移転される費用、このほか内裏を造営する費用がまだある。ところが、ただいま御金蔵に収まっている金は、わずかに三十七万両にすぎない。このうち二十四万両は、去年の春、武蔵・相模・駿河の三国の灰砂を取り除く夫役《ぶやく》を諸国に課税され、およそ百石の土地から金二両を徴収された金額の合計四十万両のうち、十六万両をその費用にあてられ、その残金は、城北の御殿を作る費用に残しておかれた。このほかに国の費用にあてられるものはない。たとえ、いまこれを当座の費用にあてられるにしても、十分の一にもたりないというのである。

大久保加賀守をはじめ、みな大いに驚き心痛し、もう一度近江守に調べさせたが、御先代のとき、毎年の支出は収入の二倍となり、国の財政がすでにゆきづまったので、元禄八年九月から金銀貨の改鋳をはじめられた。それ以来この方法で年々幕府が得た利益は、総計およそ金五百万両、これでつねにその不足分を補っていたが、同十六年の冬、大地震によって破損したところを修理することになって、あの毎年徴収してきた利益も、たちまち底をついてしまった。そのあとは、また国の財政不足がもとのようになったので、宝永三年（一七〇六）七月、またもや銀貨の改鋳をしたけれども、なお年間の費用に不足があるので、去年（宝永五年）の春、稲垣対馬守重富の発案で、当十の大銭（宝永通宝）を鋳造することが行われた〔この大銭のことは、近江守もよくないことだと言ったと聞く〕。いまとなっては、この急場を救うには、金銀貨の改鋳以外に方法がないというのである。

加賀守は、『私は年来このことに関係しているのに、その詳細はわからない。ましてそのほかの人びとは、こうした話をはじめて耳にするのだから、いまになってなんとも考えようがない。ただ、近江守の言うところに従うほかはない』という意味のことを言った。

『予（家宣）も、近年、国の財政が不足しているとは思っていたけれども、これほどまで悪いとは、思いもよらなかった。しかし、金銀貨の改鋳には、予は賛成できない。これ以外のことをよく相談せよ』と言われた。近江守がさらに言うのには、『はじめて金銀貨を改鋳して以来、世間の者が陰でいろいろなことを言うことはあったにしても、もしこの方法によらなければ、十三年のあいだ、なにによって国の費用をまかなうことができたでしょうか。ことに元禄十六年（一七〇三）の冬のようなこと（大地震・大火災）は、この方法によらずに、どうして急場を救うことができたでしょう。だから、まずこの方法でさしあたりの必要をみたし、その後、豊作で、国の財政に余裕ができたときになって、また金銀貨をむかしに戻されることは、きわめてやさしいことでありましょう』と言う。みなの者が言うこともこれと同じで、『天下の変事は予測することができない。いまのままでいくならば、もしこののちに予期しないことが起きた場合、どうしてその変事に対処することができましょう。ただ、近江守の意見に従うに越したことはございません』と言うのである。

予がこれに答えて、『近江守の言うところも、道理があるようにみえるが、はじめに金銀貨の改鋳をされるようなことがなかったならば、天地の災害が一時に起こることもなかったかもしれない。もし今後予期しないことが起こったとき、その異変に対処すべき方法がなかったならば、予の時代において、徳川家の血統の絶えるときがきたことになる。どうして天下の人民の苦しみをまねくようなことができようか。どのようにしても、それ以外の方法によってとりはからってもらいたい』と答えた〔この仰せを聞いて、小笠原佐渡守《さどのかみ》長重はしきりに涙を流して、ことばもない。しばらくして、秋元但馬守《たじまのかみ》喬朝《たかとも》だけが、「ありがたいおことばを承りました」と言ったので、人びとは御前を退出したという〕。これは天下の大問題である。うまくとりはからうように」と仰せられた。

私はこの仰せを承って、「さしあたり、ここに去年の春諸国から集められた金の余分があるはずです。大阪の御金蔵にある金はどうなっておりましょうか」と申し上げた。その事情も問われると、「それもことごとく使いつくしたと申している」と答えられた。神祖のとき、金千枚ずつで大分銅《おおぶんどう》⒀を作って、「行軍守城ノ用、他ノ費《ついえ》トナスコト勿《なか》レ」と刻みこまれたものがあると聞いている。「これらのものはどうなっておりますか」と言うと、そのことも問わせられたが、「それもただ一つ二つ残っているだけで、そのほかはみな、新しい金貨を作る材料とされたという」と答えられた。

「窮すれば通ず[14]、と『易経』にもあります。まして当節は国の財政が窮乏したといっても、なんといっても天下の富を掌握しておられる。どうして困難を打開する道がないわけがありましょう。これほどのことにお心を悩まされるべきではありません。『私がよいようにおはからいいたしましょう』と上様に申し上げていただきたい」と言って退出した。

四日には言上《ごんじょう》しようと思ったことがあったが、またこのことのお尋ねをうけたので、一晩をかけてこの問題についての意見を書き記し、夜が明けて意見書二通を袖に入れ、詮房殿を通して差し上げた。このことについて申し上げたことのおおよそは、次のとおりである。

「『事を行うにはつつしみぶかく、信用され、費用を節約して人びとを愛し、時節を見て人民を使うように』というのは、『論語』（学而篇）において孔子が政治の心得を説かれた第一義であって、『大学』には、『生産者が多くて消費者が少なく、生産の速度が早くて消費の速度がゆっくりしておれば、財貨は豊かである』とも書かれております。すべてこれらのことは、年来御研究なさったところですから、いま改めて議論するにはおよびません。今後この教えの道にさえよられたならば、国の財政が豊かになることは数年をまたないでしょう。だから、金銀貨をかさねて改鋳するとの意見を却下されたことは、まことに天下にとってこれ以上ない幸いと言うべきであります。

人びとの議論しているところは、つまり前将軍の四十九日のことからはじまって、お霊屋を作ること、また将軍宣下のことなどは、たとえ国の財政に不足があろうとも、中止されるべきことではありません。ただ、急いで御先代のお居間をとりつぶして、新しくお居間を作って移られるということだけは、たとえ国の財政が豊かであったとしても、なお家臣であり子である者の感情からすれば、しのびがたいところです。すべて現在の大きな儀式は、みな大広間や御書院などで行われることでありますから、どんな大きな儀式といっても、いままでどおりそこへお出ましになって、儀式を行われ、国の財政にやや余裕ができたときになって、お居間を改造してお移りくださるのが、適当なことであります。

またさしあたって国の財政が窮迫していることについても、荻原近江守の言うことは合点がいきません。なぜなら、彼の言うところによると、今年の国の費用にあてるべき金は、わずか三十七万両だと言います。これはそうではありません。彼の言うところの去年使われた国の費用は、つまり一昨年の収納金です。してみれば、今年の国の費用とされるべきものは、たとえ彼の言うとおりであるとしても、去年収納した金七十六、七万両と、現在あるところの金三十七万両とを合計して、総計百十余万両となるはずです。また当座の急に使われるものも、それぞれの品物にまず支払いをすませなければ、事がはかどらないというわけでもありません。事の急ぎぐあいに応じて百十余万両の金をわけ、ある者には全額を支払い、ある者には半額を支払って、来年になってからその代価をすっかり支払われるならば、事を処理しえないということはないはずです。また御先代（五代、綱吉）のときに、国の財政が不足していたために、まだ支払いをすませていない者には、今後、あるいは六、七年、あるいは十数年のあいだにその全額を返済してやったならば、なんでもないではありませんか。これらのことで、上様のお心を苦しめられるべきではありません。

むかし後漢《ごかん》の馮異《ふうい》⑮が『どうか河北の難をお忘れにならないようにお願いいたします』と光武帝に申し上げたことがある。私もまたお願いしたいことは、こんにちの窮乏した財政のことをお忘れになることなく、天下のために節約をされたならば、ほんとうに天下に恩恵をほどこされるようになられることでしょう」

この意見書をごらんになったあとで、上様はこのうえなくお喜びになった。

同月六日に参上すると、「御先代の日常のお居間をすぐにとり壊すことは適当でない。また金銀貨を改鋳することは、もう再議すべきでない」ということを仰せつけになったと聞いた。これが政治問題を私に御下問になった最初のことである。

〔去年の年貢を今年の費用にあてることを近江守が知らないはずはない。それなのに、そのことを申し上げず、今年の費用はわずか三十七万両にすぎないと申し上げたのは、上様を驚かせて、自分の計画を遂行しようとするためである。その下心は、あとでくわしくわかる。そののち、また去年の年貢が予想以上に集まったといって、支障もなく支払いがすんだので、また本丸のお居間を作るべきだとおすすめして、やがて新築し、この年十一月二日に転居された。しかし、そのことも、私が考えたとおりではなくて、この造営の費用も、金七十余万両を使いはたし、またお霊屋を作られたときも、二十万両になったと聞いた。御先代のときの悪い慣習がまだ改まらなかったときのことなので、ひとたび土木工事があれば、その事業をひきうけた連中が、幕府の高官も下僚の者も、それぞれわが身わが家のことばかりを考えて、職人や商人と心をあわせ、国の財産を分け取りたからである。それからのちは、年がたつにしたがって、そうしたことが行われにくくなったけれども、またこのごろはむかしにもどったのであろうか」

大赦についての意見書

これより前、二月二日に、大赦のことについて意見書を奉った。その大要は次のとおりである。

「むかしのいわゆる赦《しゃ》とは、その犯罪が、あやまち、あるいは不運にもとづく者を許したのである。後世のように、罪のすでにはっきりした者、罪のまだはっきりしていない者、判決のすでに決まった者、判決のまだ決まっていない者など、罪の大小を問わず、すべてこれを許すというのではない。

近ごろの例をみると、大法会《だいほうえ》(幕府の法事)が行われるごとに、罪人の親戚などが嘆願するのを、その式場で記帳させて捧呈する。これを赦帳《しゃちょう》という。その帳簿を奉行所に下され、許すべきか、許すべからざるかを相談させ、許すべき者を法会の場所によび集めて、大赦されたのである。だから、たとえ大赦にあって許されるはずの者であっても、親戚のうちに嘆願する者がなければ、死ぬまで恩をうけることはできない。それもなお奉行所で判決を下された者だけであって、そのほかに、天下の諸大名や旗本の家々において処理したところの者は、この恩典に浴さない。そうであるのに、大赦が行われるなどというのは、ただむかしの先例があげられるだけのことであって、じつはその恩恵はひろく天下の人びとにおよぶわけではない。どうしてこれがむかしの人の言った欽恤《きんじゅつ》（あわれみ、めぐむ）の趣旨にそうことになろう。

私が近き御先代の時代のことをよく考えると、法を扱う人びとがもっぱら厳格にすることを貴んだため、一羽の鳥、一匹の獣のために死刑に処せられ、一族まで殺され、そのほか流罪・追放など、人びとは安心した生活をすることができない。父母・兄弟・妻子が家や村を離れて流浪の身となり、ちりぢりになり、その数が幾十万人あるかわからない。いまにおいて天下に大赦をされることがなければ、どうして人民が生きかえった思いをすることができよう。

また日本・中国の故事を考えてみると、大赦は、必ず国家に大変革があり、めでたいことがあったときに行われる。近ごろのように国に凶事があったために行われるものではない。もしいまの例がつづくとすれば、およそ天下の犯罪人たちは、ひそかに国家に凶事があることを望むようになるのではないか。むかしのことわざにも、『一人のいのりは、万人ののろいにかなわない⑯』

ということがある。こういうことは絶対にあってはならない。しかしながら、先例をにわかに改めることはできない。まず前将軍の四十九日の御法事において、例のとおり常赦《じょうしゃ》（重罪以外の犯罪者の恩赦）を行い、将軍宣下の儀式の行われたときに、天下に大赦を行い、旧来の弊風をしだいに改めるはじめとされてはどうであろうか。管仲《かんちゅう》（春秋時代の斉の宰相）は『赦は利益が少なくて、弊害が多い[17]』と言い、孔明《こうめい》（三国時代の蜀《しょく》の宰相）は『世を治めるには大きな徳をもってし、小さな恵みにはよらない[18]』と言った。私はこれらの意見を知らないわけではない。荀悦《じゅんえつ》（後漢の思想家）も『赦は時宜をよく考えてなすべきもので、常例ではない。天下が乱れて人民が不安であるようなときにこそ、赦をなすべきである[19]』と言った。私の意見もひそかにこれにならったものである」

同月四日、また意見書を奉って大赦のことを論じた。これは、くわしく御下問があったからである。同月七日から、長女が天然痘にかかったので、家にこもっていた。

大御台所の御他界

二月十日に、大御台所（綱吉の正妻）がなくなられたので、近臣にこのことを通知され、同月二十日に、大赦のことを御下命になったとまた知らされた。

〔去年の冬から天然痘が江戸に流行し、将軍もこのためにおなくなりになったのであるから、子供は言うまでもなく、老人も青年も、このために死を免れた者は少なかった。そこで今年の五月、高い所にのぼって家々の菖蒲旗《しょうぶき》（端午の節句の幟《のぼり》）を見ると、二、三町のあいだに幟を立てたところはわずか一、二ヵ所しかなかった。ところで、わが家の一男二女もこの病にかかって、それぞれ危篤におちいり、なおりそうもなかった。そのうちにみな無事になおってしまった。「これは天のお助けがあったようなものだ」とある医者が言った。大赦を行われることを告げてきたのは、長女がこの病気にかかったばかりのときにあたっていた。しかしながら、これは草木の芽吹きをうながす春の雷雨のように罪人を許した応報のためであろうか⑳、それならば、ありがたい国の恩によると言うべきである」

罪人を許されたこと

このとき、将軍家宣公は、御先代のときの裁判記録をとりよせて、毎夜御自身ごらんになって、明け方におよび、その罪を許された者全部で九五六人である。そののち、まもなく大御台所がなくなったために、前のようにされて、御自身で罪を許された者が全部で九十二人、天下の大名以下の家々で罪を許された者が全部で三七三七人におよんでいる。五月一日、将軍宣下の儀式が行われ、同月二十三日、また天下に大赦が行われるとのことを仰せ出された。このときもまた前のように御自身その罪を許された者が全部で二九〇一人、天下の大名以下の家々で罪を許された者全部で一八六二人。この年、罪を許された者は総計八八三一人である。そのうち、大名以下の家々で許した者が五五九九人であることは、徳川家の治世はじまって以来のことで、これほどの恩赦が行われたことは、かつて前例のないところである。

〔はじめ、天下の大名以下に仰せつけがあったが、このことは前例がなかったので、仰せに従う旨を申し出た者もなかった。そこでかさねて「それぞれの理由を書き記して、差し出すように」と仰せつけられたので、このときにいたって、おのおの仰せに従い、そのことの理由も書き記して差し出した。すべてこれらのことは、くわしく書き記され、詮房を通じて私に下された。このことについては、あらかじめ意見を具申したことがあったためであろう。これ以後、断罪のことを奉行所で審議した記録をとりよせて、上様御自身ごらんになり、その後、私のもとに下げ渡され、それぞれの罪人の下に、私の考えを記して差し出すようにと仰せつけられ、私の考えを記したところが、かねて考えられたところとちがう場合は、かさねて私の意見をくわしくお尋ねになったあとで、その罪科を決定された。むかしから、これほどまでに人を憐れまれた例は、かつて聞いたことがない。また将軍宣下について大赦が行われたときには、町々にいる博徒・火消などという無頼の徒、踊り子・棉《わた》つみなどという遊女の類を禁止する条規を出された。これらのことも、私が申し上げたことだから、そのことを命令された草案の写しを、詮房を通じて下された〕

一万石以上の人びとがみな叙爵される

二月二十一日、御先代の近習の人びとのことについて仰せつけられるところがあった〔あるいは寄合衆にされ、あるいは御番衆《ごばんしゅう》㉑にかえされた〕。三月七日、今後は一万石以上の人びとには、みな位を賜わる（従五位下に叙せられる）ことの仰せがあった〔これは将軍宣下の儀式を行われる日に、参列するために仰せつけられたのである〕。この日、御先代のときに柳沢美濃守吉保・松平右京大夫輝貞などの家々にあずけおかれた者どもを返され、おのおのに宅地を与えられた。

旗本の子息を召し出されたこと

四月二日、御治世のはじめの拝賀があった。同じく六日、旗本の人びとの子息全部で七三一人を召し抱えられた。詮房殿に書面を差し上げて、お祝いを申し上げた。

〔世にいう御番入《ごばんいり》㉒というのがこれである。これは、長いあいだ絶えていたのを再開されたのである。先例では、十六、七歳以上がお召しにあずかった。こんどは、「年は十六、七であると申し上げているけれども、実際は十三、四ばかりの者が多い」というのをお聞きになって、お喜びになり、「人の親として自分の子の年がたりないため、この幸せからもれるのは、いかにも残念なことであろう」と笑われたという〕

明卿お目見得のこと

これより前、三月十八日に長男明卿《あきのり》が初御目見得《はつおめみえ》を願い出たとき、詮房を通じておっしゃったのには、「お目見得のことばかりを言わずに、召し出されることを願い出るがよい」と言われた。それを聞いて私がお答えした。

「前例によると、幕臣の子息が召し出される場合は、職務をもっている人びとか御番衆の子息である。寄合衆の子が召し出された前例はありません。私はいまありがたくも寄合衆に加えられておりますが、ところが、いま仰せのとおりにいたしますことは、特別の御恩寵ではありましょうが、代々の先例に違反することを私からはじめることになり、それは、希望いたすところではございません」

その後、人びとの子息が召し出され、四月十八日に、明卿がはじめてお目見得した。

儀式の日に陪観を許されること

五月一日、将軍宣下の儀式が行われることになり、それについて、四月二十八日に参上した際、詮房殿を通じて言われたのには、「このたびの儀式を見せてやりたいから、きのう老中にも話しておいた。その日になったら、近習の人びとと同じように参上するがよい。装束などのことは、詮衡、正直らに命じてある」とのことであった。その日になって、まず西ノ丸に参上し、布衣《ほい》（無紋の狩衣《かりぎぬ》）を貸していただいた。近習の人びとと同じように本丸に参上する。私は将軍の御座のとばりのなかに祗候《しこう》させられた。三日・四日も、前と同様にその儀式を拝観した。

この年十二月十日に御先代の一周忌の御法要を行なったときも、因幡守正邦《いなばのかみまさくに》が御沓《おんくつ》の役をつとめた。私はその控えを命ぜられた〔正邦は、いまの村上能登守のことである。このときも、私には布衣をお貸しくださった〕。

その翌年（宝永七年＝一七一〇）正月、一日から三日までの年の始めの儀式を拝観させられたことは、将軍宣下のときと同じである。そのうちで三日の夜には、詮房殿は将軍のうしろに祗候し、私は御座の右に控えた〔衝立障子《ついたてしょうじ》の北である〕。二人のほかに、近くに控える者はなかった。すべてこれらのことは、もしその儀式のことで意見を申し上げることがあった場合には、お聞きになるためということであった。

兵器庫の武器についての意見書

六月二十三日、お召しによって参上した際、意見書を呈上した。これは御先代のとき、人びとは天下太平のことのみをお祝いして、少しでも軍事に関することを口にするのを遠慮していた。元禄十六年の大地震に兵器庫がこわれて、武器がすっかり破損したが、それらを修繕したことも聞いていないので、夏になってそれらのものを虫干しするときに、ごらんになったうえ、なんらかの御沙汰があるようにと申し上げておいたのである。内々で人びとの意見を試問されたのであろうか、この年の夏は、私が申し上げたようにはならなかった。

天下の軍備がゆるんだなどということは、世間の人に聞こえても、国の体面を汚す最大のことであるから、「なにかのおりにふれて御沙汰があるはずだ」などと聞いていたが、まず本丸へ御移転のときに、御馬印などのことを仰せつけられ、そののち、朝鮮の使者が来るに際して、武器のことについて御沙汰をされたことがあった。家康公の百年忌に、日光に参詣される際、御沙汰があるだろうと聞いていたが、まもなくおなくなりになり、実現しなかったのは、遺憾なことの一つである。

〔御先代が世を継がれたはじめに、安宅丸《あたけまる》㉓という軍船をこわされて以来、江戸にあった軍船は年とともに毀損した。大阪にあったものも同様である。ことに、むかしは、長崎奉行が往来する場合には、大阪の軍船をもって送迎するのが例であったのを、先代から西国の大名に命じて送迎させられたから、大阪の船頭・梶取りなどが海上のことを練習する必要もなくなった。私がお使者の役を承って、京・大阪などをめぐり歩いて帰ったのち、これらのことを建議したので、朝鮮使節のことと関係させて、大阪と江戸の軍船を修理させられた。

また朝鮮使節のとき、儀式の護衛のために「虎の皮の槍を立てるように」と仰せつけられたが、「御先代の御代に、鳥の羽や獣の毛のたぐいはすべて禁止されていたので、いまはその製法すら知っている者もない。黄色の羅紗《らしゃ》で虎の皮に似せたものを作るべきか」と人びとが相談されたので、私は「これは代々用いられた儀式用の武器である。廃止すべきではない」と言って、お蔵にあった虎の皮をとりよせられたところ、「御先代のころに狐つきがあったとき、毎夜とり出して人びとに着せられ、夜が明けると、またもとに返された。それだけが残っております」と言って、御納戸《おなんど》から二、三枚出してごらんに入れたが、それは毛が半分も脱《ぬ》けてしまって、使用にたえないものであった。皮細工人に虎の皮の模造品を作って奉らせた。これらのことでも、その他のことはおしはかることができよう」

家継誕生

七月三日、前代（七代、家継）御誕生のことがあった。世良田《せらた》という名を称号とした。これはいわゆる物忌みによって、御称号を改められたのである〔世間の物忌みでは丑年《うしどし》の人は、他人の姓を名のることがある〕。

世良田長楽寺所蔵の新田氏系図

上野国新田郡世良田庄《にったごおりせらたのしょう》の長楽寺の住職広海《こうかい》僧正は、私が年来親しかった人である。その寺の宝蔵に、鎌倉時代の代々の古文書と、古い新田氏の系図一巻があった。世間で知られている系図と同じものではない。私の家の姓のことなども書かれているので、希望したところ、写しをとってくださった。それらのものを調べると、「世間で知られている徳川家の御系図というものには、合点のいかぬところがある」と思っていたが、家宣公がお世継ぎになられたのち、御系図のことに言及されたので、世上に通用している御系図には、十の疑問点があることを記して差し上げた。

その後、また近衛の竜山公《りょうざんこう》㉔（近衛前久《さきひさ》）が、その子三藐院殿《さんみゃくいん》㉕（近衛信尹《のぶただ》）へ差し出されたお手紙を、あるわけがあって、いまの太閤㉖（近衛基熙《もとひろ》）から上様にごらんに入れたところ、そのお手紙のなかに徳川家の御系図のことにふれられたところが、私が申し上げたところと合致することがあったので、感心されたとの仰せがあった。

こんど若君が御誕生になって、世良田とお呼びしたことによって、あの広海僧正がやがて日光の准后（輪王寺宮公弁法親王）を通してその系図を献上したいと言われたので、同月二十九日、准后がその旨を伝えられ、僧正のおられる寺から、けっきょく〔八月二日のことである〕御系図を献上せられた。

〔私の家にある新田系図一巻は、その僧正のおられた寺の斎藤という者に模写させて贈られたものである。また竜山公の書と題して、小さい奉書紙を二つに切ってついだものに書いたのは、あの太閤がごらんに入れたものを私に写させられたときに、「お許しをいただいて、私も一本写しとうございます」とお願いしたところ、「好きなようにしてよい」と仰せられて写しとったものである〕

御台所従三位をさずかる

これより前、六月十八日に呼ばれて参上すると、去る十二日に御台所（家宣の夫人、近衛基熙の女熙子）が従三位に叙せられたことを仰せられ、同十九日に人びとがお祝いに参上した。

五百石の土地を賜わる

同月三十日に、あす召されて仰せられることがある旨、久世《くぜ》大和守《やまとのかみ》重之《しげゆき》が仰せを伝えた。病気のために参上しなかった。七月六日になって出仕すると、この日、御加増の仰せ[27]があって、武蔵国埼玉〔野牛《のうし》村〕と比企《ひき》〔奈良梨《ならなし》村・越畑《こしはた》村など〕の二郡において五百石の土地を賜わった。十一月一日、本丸に移られたので、中ノ口（玄関と台所口の中間にある入口）の部屋を下さることを仰せつけられ、また蓮池《はすいけ》御門（坂下門の内）から出入りするようにと仰せつけられた〔同じく三日に、小普請奉行[28]竹田丹波守がその部屋をひき渡した〕。

同月九日、ローマ人（ヨハン・シドッチ）に来朝の理由を尋問せよとの命令をうけた。このことのくわしいことは、別に書いたもの（『西洋紀聞』）があるから、ここには書かない。またこの年の三月二十九日に、長崎貿易のことでお尋ねがあり、このことも別に記録したものがある。また以下にもふれることもあるので、ここには記録しない。こうしてこの年はすでに暮れた。

芝口御門のこと

宝永七年正月三日間の儀式のことは前に記した（一一六ページ参照）。十一日には、この日飾られた御具足を拝観させられ、そののち御連歌の儀式をも見せられた。十五日には、この日西郭門《にしくるわもん》を建てられることを仰せつけられたと聞いた〔いまの芝口御門のことである」。これは、去年六月二十三日に召されて、「朝鮮の使者が来るときのことについて、意見があれば、書いて差し出せ」と仰せになったのである。十月十日になって、そのことを提議した書物を奉った。そのなかに、西郭にだけまだ城門のないことを言った一ヵ条がある。これによって、この日、このことを命ぜられたので、私にも西郭門を建てることについて仰せがあった。

『聘事後議』『応接事議』を奉る

この月二十二日にまた『聘事後議《へいじこうぎ》』を差し上げ、二月一日にもまたその『応接事議』二巻を献上した。すべてこれらのことについては別に記録したものがあるから、特別のこと以外は、ここには書かない。

〔はじめ、「朝鮮使節については、わが家がつかさどる前例です」と林大学頭が申し上げたというが、将軍から御下問があって、大学頭は二冊の書物を奉った。疑問の点をふたたびお聞きになると、答えが明瞭でない。そこで私を呼んでお尋ねになることがあって、建議すべきことがあれば申し出よ、という仰せをうけることになったのだという〕

新令の頒布と、『新令句解』のこと

四月十五日には新しい法令（宝永の武家諸法度）が頒布された。前に記したとおり（九五ページ参照）、去年前将軍綱吉公の薨去のあとで、正月十九日に『元和令』のことをお尋ねになったことがある。その後、代々の先例によって法令を頒布するようにと人びとが建議したので、土屋相模守政直殿がそのことを承った。

また「先代からの前例である」と言って、林大学頭信篤もこのことについて仰せをうけた。今年二月十八日になって、私の草案も求められ、同月二十四日にお召しになって、お尋ねになることがあった。また別の仰せによって、同月二十六日、『新令句解《しんれいくげ》』（宝永の武家諸法度の注釈書）草案を作って差し上げた。四月十五日に、私の草案による新しい法令を頒布し、政直殿・信篤などに物を賜わり、新しい法令のわかりにくい者には、写して与えるようにということで、『新令句解』を大学頭にも下賜された。

〔『元和令』を頒布されたときは、金地院《こんちいん》の長老崇伝《すうでん》に草案を作らせた。その書き方は、『貞永式目《じょうえいしきもく》』や『建武式目《けんむしきもく》』を模倣したものである。当時は戦国のあとで、世間の人が軍事のみに追われて、まだ文字を知る人は多くなかったが、その書き方はまだむかしのままであった。これはこの後、文によって天下を治めるべきことを示されたのだと聞いている。ところが、その後、代々頒布された法令は、みなかな文字で書かれている。これまた日本の文学の教養が日々に衰えることの一つの現われである。しかし、いま頒布する法令が『元和令』のように漢文体で書かれるならば、世間の人は必ず非難するであろう。そこで、「漢字の使い方は『元和令』のようにして、助辞などはかな文字を混ぜて使い、これから以後、世間の人が漢字をも理解する時期になって、そのかな文字を削り取って、なおその文体が成り立つように考えて起草せよ」と仰せられて、私の草案を求められたのである。その草案を政直殿に見せると、はたして「こんな書き方では、現代には通用しない」と言う。「それならば、句解を作って、いっしょに通用させればよい」と言って、ふたたび私の草案を求められたので、句解をも作ったのである。

この法令が頒布されたあとで、政直殿の家に仕えている吉田という医者が、私のところにやってきて尋ねた。「新しい法令に出ている『上裁《じょうさい》』という字は、どういう意味で、どの本に出ておりますか」

「新しい法令に使われた文字は、日本の律令《りつりょう》格式《きゃくしき》などの字を使ったとはみえない。式目や『庭訓往来《ていきんおうらい》』などというもののたぐいから出たのでしょう。『上裁』という字なども、私が幼いころに読み習ったことを覚えていますが、『庭訓往来』の七月のところ㉙にあったと思います。どうしてそんなことをお尋ねになるのですか」と私が笑って言うと、

「このあいだ大学頭が私の主人に『新しい法令にある上裁という字は合点がいかない。上とは天皇のことをさす。そのほか新しい法令に書かれたことは、すべて合点のいかぬことばかりだ』と話されたと承りました」

「上という字を天皇のことに使うのはもちろんである。しかし、将軍のことを上様《うえさま》といったことは、鎌倉・室町の時代から聞こえている。公方《くぼう》というのは、京都の鹿苑院殿《ろくおんいんでん》（足利義満）からはじまったと聞いている。あなたの主君でいらっしゃる方の奉書にも、上聴《じょうちょう》・上聞《じょうぶん》などということばも見えておりますが」と言って笑ったことである」

荻原近江守の譴責

四月十八日の朝、召し出されて参上すると、この日、近衛の大相国《だいしょうこく》（太政大臣近衛基熙）と御対面の儀式があった。同月二十五日に召し出されると、

「相国にお話ししておいたことがある。対面するように」と仰せがあった〔五月四日にはじめて対面した〕。

この日、荻原近江守が譴責処分にされたことを聞いた。これは、家臣に支給される夏・冬の禄

はそのときの米の値段の高低にしたがって、金で支給される先例になっている。この金で支給される額を、勘定所㉚から草案を差し上げ、右筆《ゆうひつ》㉛に筆写させて、出仕の人びとが出入りする場所に掲示させられる。今回は、市中の売り米の上・中・下の価格を聞かせられたところ、「上米は百俵〔三斗五升を一俵とする〕の価が金三十七両である」という。「それならば、金三十八両ずつを与えよ」と仰せつけられたのを、金二十八両と書いて出したことが、お耳に入り、驚いてその理由を尋ねられると、近江守は、草案を書き誤ったと陳弁したためである。

〔いわゆる御給米《おきゆうまい》の張紙《はりがみ》㉜といって、中ノ口の壁の上にはり出されるものを、このように誤ったのである。これより前、平常支給されるところの金が市中の米価におよばないことをご承知になったので、こんどこのように仰せ出されたことは、上米の価格で支給される金で中米・下米を買いもとめて食糧とするならば、薄給の連中のために好都合であろうとお考えになったからだという〕

瑞兆ということ

これより前三月十八日に、村上市正正直《いちのかみまさなお》を通して、「京都から来たものである」と言って、周囲一尺あまりもあったであろう木がまんなかから裂けて、その裂けたところに、おのずと「天下」という字が現われているのを見せられたことがある。「これは柿の木ではないでしょうか」と言うと、正直が驚いて、「どうして柿の木とわかったのか。これは、ある寺にあった渋柿の木を切って、薪にしようとして割ったところ、この文字が現われたから、めでたいものとして、京都から送ってきたものである」と言う。

「柿の木にはこうしたことがあることは、むかしの本にものっております。柿の木の若いときに、竹のようなもので字を書いておくと、木が大きくなるにしたがって、樹脂がなかで固まって、こういうことになるのでありましょう。これらのことは、瑞兆《ずいちょう》というにはあたりません」と言った。

五月九日、また正直を通して、「これを見るがよい」と言って、杉原の紙に「天下泰平」の四字を題したものを出された。私はつくづくと見て言った。

「中国には、箕仙《きせん》[33]などという者が字を書くことがあると聞いていますが、この字が書いてある紙は国産です。箕仙のものとも思われません。しかし、人間の書いたものとも見えません」

「それなら、箕仙の書などというものを見られたことがあるのか」

「私はまだそうしたものを見たことはございません」

「それなら、いかなる理由で人間の書いたものではないとごらんになったのか」

「たとえば、空中にある雲がたちまち変わって、ものの形に似てくるのを見るようなもので、そう推量しただけです」

「それなら、どういうものが書いたと考えればよいのか」

「むかしから聞いている鬼神の書いた書などというたぐいでしょうか。しかし、『太平の世のなかでは、鬼《き》も神《しん》ならず』㉞と申しますから、めでたいものとも考えられません」と答えた。

正直が御前に出て、やがて戻ってきて、「あなたの言われることをお聞きになって驚かれ、『神のことにも通暁していると言うことができる。これは狐が少女に乗りうつって書いたものだと言って、ある人が進上したものである』と仰せられた」と言った〔御台所のそばに使っておられた身分の低い者の縁故の娘に、最近狐がついて、こういうことがあったのであろうか〕。

あとで聞くと、このころのことであったろうか、城中の庭にある池の石に、芝草《しそう》（霊芝、マンネンタケ）が生えたことがあるという。私にはそのことを知らせてくださらなかった〔吹上の御苑のことである〕。

俳優考を奉ったこと

またこのことについて思い出したことがある。まだお世継ぎであられたころのことである。宝永三年三月十二日に、『通鑑綱目《つがんこうもく》』の後唐《こうとう》の荘宗《そうそう》（音楽・演劇を愛し、みずから扮装して演技した皇帝）について進講したあと、間部詮房殿を通して意見書を差し上げた。その内容は、「中国の伝奇・雑劇㉟などと申すものは、つまりいまの能楽でございます。上様はこのうえなく好まれますが、いまの程度ならともかく、あの荘宗のことは、後の君主たる者の戒めとされるべきことだと存じます」と言ったのである。

その後、いまの能楽が中国の雑戯㊱と同じであるところを問われたので、同月十六日に、そのことを書き記して差し上げた。その後、また「中国の雑劇のことを書いたものがあるか」と仰せられたので、「それらのもので日本に渡来したものもあります」と言った。「それならば、差し出すがよい」と仰せつけられたので、『元曲選《げんきょくせん》』五十六巻(37)をその九月六日に正直を通して差し上げた。将軍職につかれてから能楽をごらんになったことは聞いたが、私を招待されたことはついになかった。

〔能楽は、上様の愛好されたものである。ところが、私が意見を申し上げたあと、ある人が「むかし、家康公も秀忠公も能楽をなさった。上様御自身なさることに、なんのはばかりがありましょう」と言って、林大学頭信篤などの作った家康公の御事績を記したもの（『武徳大成記』）のなかに、太閤秀吉の時代に、家康公も能楽をなさり、秀忠公も、家康公の御前で能をなさったことを記したところをごらんに入れた。正直が考えついたことのようにして、その本をもち出して、「これらのところをごらんください」と言って見せたので、私は言った。

「これらは見るまでもない。むかし孔子が魯の国の史書にもとづいて『春秋』を編集するとき、書くべきでないことは削除したことを、どのように考えておられるのでしょうか。また、君主のされることは、故事となるとも申し伝えられています。だから、歴史の筆をとる者は、その心得がなくてはいけません。これらのことは、後代に伝えたならば、どうして国家の美事ということができましょうか。秀吉の時代のごときは、秀吉が家康公を愚弄したことは、世間に誇るためだから、こうした無礼は論外です。秀忠公のことは、たとえば、いまも上様の御前でこの能楽をなさるようでありますが、老萊《ろうらい》（春秋時代の楚《そ》の人）がはでな衣服を着て演技した故事(38)に似ていると言えば言えましょう。家康公・秀忠公の御時に、御当代のようにいつも能楽ばかりをなされたとか、また将軍職につかれてから能楽をなさったとか、記してありますでしょうか。じゅうぶんお調べください」こうしたことのためか、私には御治世のあいだ能楽をお見せになったことはなかった」

家康公の実録のこと

これもお世継ぎでおられたころのことである。御先代（五代、綱吉）のときに、林大学頭信篤などに命じて編纂させられた御先祖の御事績を記したもの（『武徳大成記』）のことを話されたので、お借りになったのをごらんになったことがある。あるとき、進講が終わったあとで間部詮房殿を介して、「神祖の父上（松平広忠）のとき、近習の者が刀を抜いて、広忠を刺して逃げだしたのを、人びとが誅《ちゅう》した」と書いた箇所を示しておっしゃった。

「さきに新井が作った『藩翰譜《はんかんふ》』の植村出羽守《でわのかみ》家政の伝のところにこのことが書いてある。それには股《もも》に傷を負われたということが書かれているが、この本にはそのことが書いてない。刺されて即死されるほどの傷ではないのに、御自身追いかけることがなかったというのでは、後世の人びとがどう思うであろう。刀が股を切ったことは、書いておくべきである。これらのことは、歴史を書いた者が武道の心得が不十分だったためであると思う。それとも、別に考えるところがあるのか」

その後、将軍におなりになったはじめから、家康公の御実録のことを心にかけられ、お尋ねになることもあって、なくなられる年には、このことについて仰せがあるだろうとのことであったが、まもなく御病気のため、このことはついに実現されることなく、おなくなりになったのであった。

〔事のついでだから、ここに書き記しておく。将軍になられてから、林大学頭信篤が辞職を申し出た。私にそのことをおっしゃったので、「この人は、御先代綱吉公の御師範として、世人の尊敬した方であります。年もまだ七十にもならないでしょう。いまその願いを許されたならば、世間の人はなんと評判することでございましょう」と申し上げると、「御先代が柳沢美濃守に甲斐の国を賜わったときに、その御判物《ごはんもつ》（書判《かきはん》のある文書）は、大学頭が起草したと聞いているので、『どういう理由で、先例のないようなことを書き記して、差し上げたのか』と聞くと、『あのときにはどうしてあの柳沢殿の希望のままにしないことができましょう』と答えた。これらのことで、彼の心だてのほどはよくわかる。こういう人間を、人を教え導くべき職においておくことは、最も不適当なことだ。しかし、いま世人がどう思うかは、おまえの言ったとおりであろうと予も考える」と仰せられ、大学頭の願いは、許されなかった〕

奈良の両門主が争われたこと

六月二十日、進講が終わったあとで、詮房殿を通して仰せられた。御先代のとき、南都（興福寺）の両門主〔一乗院殿と大乗院殿〕の争いのことは、すでに御裁断があって、調印されるときになって、おなくなりになった。このことについて、一乗院門主の使者、およびその院家《いんげ》（別院）である花蔵院《けぞういん》・発心院《ほっしんいん》などが江戸に下って、申し入れた。ところが、この事のいきさつを近衛の大相国（太政大臣近衛基熙）がよく知っていると言って、おっしゃるのには、「東求院《とうぐいん》入道、前《さきの》関白前久《さきひさ》〔竜山のことである〕には、二人の息子があった。長男は、一乗院の門主尊敬《たかたか》で、大往院《だいおういん》といい、次男は三藐院《さんみゃくいん》前関白信尹《のぶただ》である。家康公は、東求院殿と年来親しくしておられたので、伏見の御殿から京都に上られるたびごとに、近衛殿に立ち寄られ、たがいに枕をならべて、寝ながら、話をされることなどもあった。そのころ、尊敬は太郎君《たろうぎみ》、信尹は次郎君《じろうぎみ》と呼ばれていた。その太郎君が十一のときに、家康公が、『いつもここへやってくるが、ちゃんとしたものをあげたことがない。なんでもよいから言ってごらん。その望みをかなえてあげよう』とおっしゃったのに対し、『私は物など欲しいとは思いません。ただ、わが藤原氏の氏寺《うじでら》だから、興福寺の寺務執行者となって、その衰えたのを再興したいと思うだけです』と言われたので、『不思議なことを言われるものだ』とおっしゃったが、尊敬はやがて一乗院に入られ、けっきょくは興福寺の寺務となり、絶えていたのを継ぎ、廃れていたのを興されたのであった。

　家康公は、天下を支配されたはじめに、むかしのお約束を守って、学問料などを寄進され、『この門流では、たとえ寺務執行の職につかなくても、末ながく学問僧のことを沙汰するように』という御朱印状を下された。そこで、厳有院公方《げんゆういんくぼう》〔四代、家綱〕のとき、もとの門主三菩提《みぼた》院《いん》殿〔真敬法親王〕にかさねて御朱印状を下され、御先代のときになっても、一乗院の門主は、維摩会《ゆいまえ》（興福寺で維摩経を講ずる法会）の第六日に寺務職に任ぜられ、大乗院の門主は、進講のあとで寺務職に任命されるという御沙汰があった。ところが、いまの大乗院の門主は、御台所の御兄弟だから内々話されたこともあったために、このことは中途から話が変わり、けっきょくは、家康公から一乗院に寄進された学問料のことも、大乗院の希望するとおりに決定されることになった。しかし、まだ調印もなさらないうちに御代が変わったので、今後のことは、なんとかして家康公の決めておかれたことが空文化せず、それから以後の代々の慣習になっていることに、違背しないようにすることが望ましい」とのことであった。

その詳細な点は、奉行所から差し上げた文書に見えている。このたび、決定すべきことを記して下げ渡すが、その趣旨によって、判決文の草稿を差し出すようにと仰せられて、御決定の内容を記されたものに、奉行所から差し上げたものを添えて、下げ渡された。

家に帰ってから、いただいた文書類を比べあわせてみて、翌日〔二十一日〕の朝、意見書を差し上げた。その大要は次のとおりだ。

「南都の両門の争いについては、理屈の当否はしばらくおき、近衛の大相国のおっしゃったことは、ことごとく信じるわけにはまいりません。家康公が伏見城から、近衛殿に行かれ、その太郎君十一歳のときに、お約束があったため、その方が御出家の後に、学問料を寄進されたということをうかがいました。家康公が伏見城におられたときといえば、東西の講和（小牧《こまき》・長久手《ながくて》の戦いの講和）が成立して、天正十四年（一五八六）十月、上洛された以後のことと考えられます。『公《く》卿補任《ぎょうぶにん》』㊴を参考にしますと、三藐院前関白は五十歳で、慶長十九年（一六一四）十一月二十五日になくなっておられます。してみれば、天正十四年のころは、この方が二十二歳のときにあたります。大往院殿（一乗院門主）は、その兄上と聞いておりますから、そのお年は推測できます。どうして、家康公が伏見城におられたころ、十一歳であられましょうか。

　もしまた大往院殿が十一歳のときに、家康公が上洛されたとすれば、たとえ大往院殿が、その弟君よりも一つ二つ先にお生まれになったとしてみても、十一歳のころといえば、天正の初めにあたります。そのころ、家康公が上洛されたという話は聞いておりません。まして、そのころは、甲斐の武田父子と遠江《とおとうみ》の国を争って、日夜戦争のやむことのなかった時代です。どうして家康公が自分の国の戦争を見すてて、多くの国々を通過して、上洛されるはずがありましょうか。これまたけっしてありえぬことです。あれこれ考えあわせると、大相国のおことばの信用しがたいことは、すでに明らかです。

　まして、奉行所から差し出された文書を見ると、御先代が決定された内容は、すべて道理にかなっているように思われます。もしこの事件をお示しくださった御趣旨のように決定されるならば、南都の両門の争いは、終止することがありえないばかりでなく、きっと比叡山《ひえいざん》や三井寺《みいでら》の争い㊵が続いて起こってくると思われます。また大相国のおっしゃるところによると、御先代の御沙汰は、鷹司《たかつかさ》殿との関係と言われます。してみれば、御先代の御沙汰がすでに終わっているのに、今回改めて御決定がなされるならば、世間の人は、これを近衛様の関係だと噂することがないとも思われません。もしお許しを得て、この問題を論じますならば、どうしても意を尽くすようにしないわけにはいきません。そのようなわけで、きのう下さった諸文書を、いまお返しすることはいたしません。仰せつけられた御趣旨によって、草案をお作りすることについては、お許しをこうむりたいと存じます」

この意見書をごらんになったあと、二十四日に召されたので、参上すると、「言うことはよくわかった。その考えを提出するがよい。また御先代のとき、日光の准后が希望された比叡山の結界《けっかい》（霊地を限って一般の立入りを禁止する）のために、

八瀬の叡山結界のこと

八瀬《やせ》の村民が、その産業を失うといって嘆き訴えてきたが、それが解決をみないうちに、自分の代になった。これらの難民を江戸に長逗留《とうりゅう》させるのもあわれである。まずこのことを考えて意見を出せ」と仰せられた。

二十五日の朝、まず八瀬のことについて意見を申し上げた。やがて召されて、奉行所から差し出した文書などを下付され、二十六日の朝、申し上げるべきことを記して差し出した。二十八日に参上すると、

「八瀬の村民の訴えは、道理がないわけではないが、比叡山への立入りを禁止することをいま廃止するわけにはいかない。だから、その立入り禁止の土地のかわりに、別の土地・田畑を与えて、

産業を行わせるほうが適当であろう。その判決文の草稿を差し出すように」と仰せられ、二十九日に、その草案を差し出した。なおまた仰せつけられることがあって、七月五日になって、最後に御自身で書かれたものを示された。

〔このことは、「むかし比叡山には立入り禁止の地域があったが、そののち、八瀬の村民がかってに山のなかに入って、木を切り取り、国家鎮護を目的とする清浄な地域が、婦女・牛馬のために汚されている。この上なくけしからんことである」と、日光の准后が御先代に申し入れられたので、宝永五年（一七〇八）十二月に、京都の町奉行がその地に出むき、立入りを禁止したという事情がある。このため、村民たちが、薪を切って、生産をあげていた土地を失ったので、多くの古文書などをあげて証拠とし、そうした結界を廃止するように訴えて以来、年数をへて、いまにいたったのである。この決定によって、その土地にあった私領や寺領をよそに移しかえられ、その土地を八瀬の村民に下付され、年貢・諸役などいっさい免除された。この判決文は、はじめ私が差し上げたときは漢文であったが、上様御自身かなまじり文に改め作られたのである。だから、これは御自身作られたものであるので、ありがたいことである。

この年の冬、京都へのお使いを命ぜられたとき、比叡山にのぼっての帰途、八瀬の里を過ぎると、供の者どもが昼の弁当を食べるために、道ばたの家に入って縁側に腰かけていた。あるじは老女で、「子供は京都に行っております」と言った。訴訟のことを尋ねると、「立入り禁止の地域が作られたあとは、この土地の人々は生計をたてる道を失ったが、今回のおめぐみによって、また生きかえる心持がしたので、人びとは、この御代が万々歳まで続くようにと祈っております。しかしまだ、田畑を作ることは不慣れな仕事なので、うまくいくかどうか、などと申していますが、けっきょくは、ありがたいことだと申しており

ます」と言った〕

奈良の両門の争いについての意見書

七月十日、南都両門の争いについての意見書二冊を差し上げた。それによって、一乗院殿門下の院家に御質問があり〔花蔵院・発心院〕、また大乗院殿門下の院家をも江戸に呼びよせて、質問されるなどのことがあったが〔松林院・普門院〕、一乗院殿門下の者たちは、お答えのことばに窮した。そのあと、両門が和解し、興福寺が無事であるように、その意見を提出せよと仰せつけられているうちに、一乗院殿の院家が二人とも病死し、門主の使い〔内侍《ないし》原刑部《はらぎょうぶ》・喜多《きた》坊駿河《ぼうするが》〕がおいとまをいただいて帰りたいと望んだので、九月二十五日に、両門の長老に仰せられるべきおことばの草稿を作って差し上げた。両門の者たちは、その仰せを承って、それぞれ帰った。そのことの詳細は、別に記録したものがあるから、(41)ここでは、ただその大要だけを記したのである。

〔この訴訟の大要は「はじめ慶長五年（一六〇〇）九月、関ヶ原の戦いの終わったあとで、家康公が大阪城に入られたとき、興福寺領のことについて、僧徒の争いのあったのを裁断されて、十一月十六日、五師（寺務をあずかる五人の役僧）中に御朱印状を下された。そのときの寺務執行代表者一乗院の門主にも、そのことを記した文書を渡された。すなわち大往院尊敬僧正が寺務だったときのことである。

その後、厳有院殿（四代、家綱）の御在世のころに、一乗院の門主三菩提院殿といわれた方は、後水尾《ごみずのお》法皇の皇子真敬法親王のことである。このときになって、むかし家康公が一乗院の門主に渡された特別の御朱印状は、一門の重宝であるから、法皇の御文庫に収蔵しておかれたところ、前の皇居火災のときに焼け失せてしまった。その御朱印状によって、その時の将軍の御朱印状を下されるようにと希望して、あの、慶長五年十一月に大往院殿へ渡された御書状の写しを差し出した。寛文五年（一六六五）十一月三日にその希望にしたがって、御朱印状を与えられた。

御先代（五代、綱吉）の初めになって、朝廷からの仰せとして、興福寺は藤原氏の氏寺で、代々の天皇の外戚の寺であるから、朝廷の処置にまかされたいという御希望があったので、その仰せのとおりにされた。貞享《じょうきょう》年間になって、一乗院の門主が、維摩会の第六日に、寺務職に任ぜられ、大乗院の門主は、維摩経の講義が終わってから、任命するだろうと、天皇から仰せがあった。その後、新たに門下の僧に黄衣《こうい》を許可するなどということもはじめて行われ、その寺の学問料のことは、家康公が一乗院の門室に寄進されたところだから、たとえそのときの寺務当職でなくても、知行を与えられ、学僧のことについても、門室の処理にまかせるなどということが起こってきて、ついに大乗院殿が訴えることになったのである。その使者は、松井兵部《ひょうぶ》とかいった坊官（門跡《もんぜき》家の家司《けいし》）の優秀な者で、事件の由来を説明したので、三菩提院殿は不安に思われながら、なくなられ、松井は、このことについての御判物をいただきたいと希望して、年がたったが、この人も江戸で病死してしまった。

一乗院殿の門下からは、家康公の特別の御朱印状なるものがすでに焼失し、その写しを差し出したのだから、確実性がない。ことにその写しには、御書判《おんかきはん》と記されている以上、御朱印状とはいえない㊷。まして、朝廷からその寺務を任命される日を別々に決められたが、むかし（鎌倉時代の初期）から、両門が交代でその職につくようになっていたのであるから、両門に差別があるということにはならない。また家康公の文書にしても、学問料のことは、いつまでも一乗院の門室へ寄進するとも書いてない。寺務の当職でなくても、これらのことをはじめ、学僧のことなどを処理するようにとは書かれていない。これはただ、その当時の寺務に下されたもので、大往院殿がそのときの寺務であったから、一乗院殿に下されたのである。たとえば、三井寺のことを決められたときも、照高院《しょうこういん》殿㊸が当時三井寺の長吏であったから、下されたのである。もし一乗院殿の言われるとおりならば、たとえそのときの長吏でなくても、三井寺のことは、いつまでも聖護院《しょうごいん》殿の門室で決めるべきであろうか。もし一乗院殿のおっしゃるとおりお決めになったならば、聖護院殿からも、三井寺のことについて申し入れがあって、円満院・実相院《じっそういん》などの門主の訴えも起こることであろう。

すべてこれらのことは、私の申し上げた意見によって、問いただされたのだが、門下の院家は、すっかりことばに窮して、まず家康公の特別の御朱印状と言っていたものを、自分の方から、家康公のお手紙などと言いあらためてしまい、申し立てることも、古い文書に記載しているところと一致しない。こうしたことを不安に思ったのであろうか、二人とも続いて病死し、その使者も帰ってしまったので、これらのことを御裁断なさるにはいたらなかった。

この年の冬、私が奈良へ行ったときに、その地の奉行三好備前守が私に、このたび御決定の次第は、「大乗院殿がありがたく思われたことは、言うまでもないが、一乗院殿門下の僧侶たちも、感心しない者はない」と言った。しばらくのあいだ、奈良にとどまって、心静かに名所旧跡なども見ようと思っていたのに、一乗院殿の門下で、成身院《じょうしんいん》という老僧が、近衛摂政殿（家熙）の仰せをつたえて、多喜宮《たきのみや》（一乗院尊昭法親王）との御面会のことを申し入れてきた。この宮にお目にかかるのなら、大乗院へも行かずにはすむまい。そうしたことによって、ああだ、こうだというぐあいになってくると思われたので、急いで帰ることがあって、今回は御面会いたしかねますと言って、奈良にとどまることわずか三日で、京都に帰ってしまった。

あとで聞くと、三菩提院殿は近衛殿御父子（基熙・家熙）と親しくしておられた。ところが、あの老僧は近衛太閤（基熙）の姫君の御母侍従殿とかいう人の親類で、しかも三菩提院殿に親しくしておられた。そんな恐ろしい人物であったから、太閤に主張することがあって、まずその御下向《げこう》にさきだって、一乗院の宮からのお使いや御門下の院家を江戸に下向させ、今回はてっきりその訴訟に勝ったと思っていたところ、予想外の結果となったので、太閤に訴状を差し上げていろいろ申したことがあるのを、私も見ることができた。だから太閤は、これらのことは私のはからいで決まったのだと、ことごとに私のことを悪口されたが、上様は聞いて聞かぬふりをしてお過ごしになったのである」

大成殿参拝の次第を考えること

七月二十五日に参上した際、来月上旬の丁《ひのと》の日に大成殿《たいせいでん》（湯島聖堂）に参拝される儀式のことなどをお尋ねになり、同二十九日に召されて、大成殿御参拝の次第を作るようにと仰せつけられ、翌三十日、これを作って差し上げた。

また前から仰せられたことがあって、八月一日、日本における神拝の儀式について御進講した。

同じく四日、御参拝のことが行われた。

「これは、「はじめ、林大学頭信篤が、御先代の御参拝の次第を書いて差し出した。それらはすべて最近の作法によって定めたことと思われ、古代の礼法にはかなっていない。聖人を祭った聖堂に参拝するのに、正しい形式どおりに礼法を行わないのは、よろしくない。釈奠《せきてん》の儀式（聖人をまつる典礼）によって、その次第を差し出せ」と仰せつけられた。御束帯《そくたい》を用いられるべきかどうかなど、内々に相談があったが、

「いまの冠は、後世の幞頭《ぼくとう》（頭巾から変化した冠）の作りで、日本の烏帽子《えぼし》というのは、周弁《しゅうべん》（周朝の冠）の名残りである。また古代の王者の礼服は、みな直垂《ひたたれ》の領《えり》（方形の襟）である。いまの円領《まるえり》は胡服《こふく》から出たものである」と言って、烏帽子・直垂を用いられた。また九つの拝礼の方式㊹のうちで、振動拝《しんどうはい》については、「日本にその礼式が残っている」と鄭大夫《ていたいふ》の説㊺にもあるからというので、「神拝の儀式を教えるように」と言われたので、その儀式をお教えした」

京都へのお使いを命ぜられ、出立のこと

同月二十三日に、お使いとして、京都に遣わされるというので、あらかじめその旅費として金百両を頂戴した。その時期は、九月に琉球使節が来た後に、江戸をたち、十一月には帰るようにとの御内命があった〔これは、十一月十一日に御即位の儀式（中御門天皇《なかみかど》）を拝観することを許されるとのことで、御内命をこうむったのである〕。この日、また中務少輔詮衡を通して、私は今後、夜中にも自由に御門を出入りしてよい旨を仰せられた〔このことを老中に相談されたのに、「こうしたことはほかに例がございません。いかがなものでしょうか」と答えられたのに対して、ほかの例に準ずることはないと仰せられたので、大手御門・内桜田御門・百人組御門・中の御門・御玄関御門・蓮池御門・坂下御門・紅葉山下御門など八ヵ所、昼夜にかぎらず出入りしてよいと指示されたのである〕。

閏《うるう》八月十六日に、信濃の国善光寺の訴訟の件を仰せられ、それを勘案し、判決文の草案を差し上げた。九月十四日、清揚院《せいよういん》殿（家宣の父、綱重《つなしげ》）の御遠忌《おんき》（この場合は三十三回忌）の御法事に参

拝された。お供に従った〔その儀式は、さきに寛永寺にお供したときと同じである〕。同月二十八日、白書院にお出ましになって、京都のお使いのことを仰せられ、その後、大久保加賀守忠増《ただます》殿が仰せをうけて、黄金五枚を頂戴し、さらにまたいつもの御座に私をお召しになって、時服と御道服〔羽織の一種〕を頂戴し〔時服二枚、御道服一枚〕、この日、道中人馬の御朱印状(46)を下された〔これより前に、供の者の人数、引いていく馬などのことについて仰せがあった〕。十月五日には、妻子に与えるべきさまざまの色の絹と、八丈島紬《つむぎ》を賜わった〔染めた小袖の表三反、紬の織物二反〕。同月十一日、あす京都へ出発するために参上した。御前に召されて、仰せがあったあとで、御自身から頂戴物があった〔印籠《いんろう》と巾着《きんちゃく》〕。

御即位式の拝観

こうして、同月十二日に出発した。最初は、琉球使節が江戸に来たあとで出発する予定であったが、季節風のぐあいが悪くて、来るべき時期がくるってしまったので、その来着を待たずに、同月二十四日に京都に到着した。この日、琉球使節は大津の宿についいた。十一月十一日、御即位の儀式〔中御門天皇の即位式〕を拝観することができた。同月十五日、詮房殿を通して仰せがあり、「摂政殿〔近衛家熙〕からの申し入れがあった。来年正月、天皇の御元服の儀式が終わったあとで江戸に帰るがよい。滞在の日が長くなったから、その費用として下さる」と言って、金百両を賜わった。このことが日のたたぬうちに京都に伝わったので、同月二十五日に、大阪におもむき、十二月二日、そこから奈良に向かい、同月五日に京都に帰ろうとして、まず宇治に到着して滞在し、翌六日に、京都に帰着した。これらのことはすべて、別に記録したものがあるから、ここには詳細なことは省略した。

天皇元服の儀式拝観、琉球使節に伏見で会見

宝永八年（一七一一）正月元日、天皇御元服の儀式を拝観した。この日、まぢかに天皇のお顔を拝見したのは、ありがたいことである。

そののち、琉球使節が用務を終えて帰る途中、伏見に来て滞在していると聞いたので、同月八日に、伏見の島津薩摩守吉貴《よしたか》の屋敷に行き、美里《みさと》・豊見城《とよみぐすく》両王子に会うことができた。これは、かねてから仰せつけられていたことだからである。同月二十一日に京都をたって、二月三日に江戸に帰った。十五日に、白書院にお出ましのとき、御前に召され、労をねぎらわれるおことばをいただいた。三月一日に、田安・清水・竹橋などの御門を、昼間に出入りしてよい許可が与えられた。同月二十三日に、今回修繕されたお船をごらんになるお供をした。六月十一日に布衣《ほい》の侍（無紋の狩衣を許された上級武士）に加えられた。

朝鮮使節進見などの次第を奉る

同月二十三日、朝鮮使節の進見・賜宴・辞見などの儀式の次第[47]を差し上げた。これは江戸へ戻ってから仰せつけられたのである。八月二十五日、御内命があって、「使節が来るとき、途中まで出迎えよ。その費用とせよ」と言って、金百両を賜わり、九月二十三日になって、土屋相模守政直殿が仰せを伝えて、朝鮮の使者が川崎の宿に来たときに、出迎えるべきことを仰せられ、黄金二枚を賜わり、また道中人馬の御朱印状

を下された。

叙爵され、筑後守に任ぜられる

十月十一日に、叙爵（従五位下に叙せられること）のことを仰せつけられ、筑後守に任ぜられ、御前に召され、時服を賜わり〔三枚〕、退出すると、詮房殿に仰せつけられて、末次《すえつぐ》の御太刀〔糸巻、黄金《こがね》づくり〕、五位の定めの色（薄紅）の衣・狩衣などの衣服をそろえてみな頂戴した。これは、このたびこれらのものを御用命なされ、きのう出来上がったので、きょう叙爵を仰せつけられたのだと聞いた。

川崎に行って使節を迎えること

同月十七日、江戸をたって、正午ごろ川崎の宿に到着して、その夕方、朝鮮の使節に対面した。十八日の明け方、川崎をたって、午後二時ごろ、浅草の客舎（東本願寺）に行き、人びとに命令すべきことなどを言い終わってから帰参したことを報告した。十九日に、叙爵拝賀の儀式があった。十一月一日には、朝鮮使節進見、三日に賜宴、四日に朝鮮の馬術をごらんになった。十一日に使節の辞見が終わって、十九日になって、西に向かって帰った。

加恩の土地を賜わる

同月二十二日、このたび外国使節のことで功労があったといって、相模の国鎌倉郡〔植木村・城廻《しろめぐり》村〕、高座《こうざ》郡〔上大谷村〕など五百石の土地を加増された〔さきにいただいた武蔵の国比企《ひき》郡の土地をお返しし、その代わりの土地を、埼玉郡野牛村でいただきたいとお願いしたところ、許されたため、ここにいたって野牛一村の土地は、ことごとく私の領地となった。武蔵・相模の土地合計一千石を領有することとなった〕。

すべて朝鮮使節のときのことは、別に書いた著書（『聘事後議』『応接事議』『殊号事略』『国書復号紀事』など）があるから、ここでくわしくは述べない。

朝鮮書復号のこと

しかし、世間の人が私のことを問題にするようになったのは、このことがあってからだから、そのことの大要だけを記しておこう。はじめ、太閤秀吉が朝鮮に出兵（文禄・慶長の役）したあと、家康公が天下を統一された当初に、むかしの足利将軍時代のように、隣国と友好を結ぼうと仰せられたことがあったけれども、朝鮮の君臣がともにわが国を深く恨んで、異論を申し立てたので、十年あまりをへてから、はじめて使者をよこした。[49] そのころは、幕府創業の際のことだから、使節をもてなす儀式を考えるなどということもなかった。

〔この年、家康公が駿府に居所を移されたころ、朝鮮使節が来朝した。「いまは将軍職をすでに譲った。関東に行くがよい」と仰せられたので、使節は江戸に行って、友好の儀式をすませた。その帰路、駿府を通るときに、家康公にも召されたが、献上すべきものもなく、わずかにその儀礼をととのえたという程度のことであるから、当時のことは想像がつく。これらのことは、『創業記』[50]などの本に見られる〕

天和の時代（綱吉のころ）に行われたのは、寛永の時代（家光のころ）の例によられたものと思われる。わが国のむかしに、外国の使者が来たときの例や、あるいはわが国の使者が外国に行ったときなどの例なども、あわせて考えられた結果とは思えない。ただその時々にあたってやったことであるから、国体として、適当でないことも多かったのである。

「百年にして礼楽が興起する」[51]ということもある。いまこそ、これらのことを考慮して決定されるべきであって、そのことを御下問されることなどがあったが、答えが不明確なので、私に試問されることもあって、ついにその礼式を考えるようにという仰せをうけたのである。そのうちで、復号[52]のことこそ、第一の困難なことであった。両国が友好を結んだはじめから、朝鮮の文書には、「日本国王」と記してあった。これは、鎌倉・室町の時代から、外国人は、わが国の天子のことを「日本天皇」といい、将軍のことを「日本国王」といった例によったのである。ところが、寛永のころになって、「日本国大君」と書くようにという仰せがなされたので、これがその後の例となった〔これは対馬藩主（宗《そう》義成）とその家臣との争論によることである[53]〕。しかし、大君というのは、朝鮮では、臣下に授ける職号である。その職号を称号とするようにと仰せつけられたことは、朝鮮の官職を受けたようなきらいがあり、また大君というのは、天子の異称であるという説が中国の書物に出ている。[54]だから、わが国の天子のこととまぎらわしいので、もとどおりに日本国王と記すべきであると、先方に伝えることを宗対馬守《そうつしまのかみ》に仰せつけられた。

この事件のはじめに、私は宗対馬守義方《よしかた》の家臣平直賢《なおかた》〔平田直右衛門という、国家老である〕という者と話したことがあるが、「これは難しいことはありますまい」と言った。朝廷は関係するところ、天であるから、日本天皇とお呼びし、将軍は関係することが国であるから、日本国王とお呼びするのは、天と地とはおのずとその位置を変えることができないところがあるように、またともに日本という字をつけてお呼びすることも、周王・周公(55)が君臣ともに周という字をつけられたのと同じである。こうしたことが、対馬の国にいるなまくら学者(56)にわかるはずもなく、ああだ、こうだなどと言ったために、対馬の人たちが反対していることばも聞こえてきたので、私はまたさきの直贇のところへ手紙を出したところ、はじめ直贇が言ったとおり、朝鮮国では異論もなくて(57)、その国の文書には、日本国王と書き改めてきた。

また天和のときに、寛永の例にならって、使節は若君(綱吉の嗣子徳松)にも接見させられた。しかし、若君は、まだ御幼少であるから、堀田筑前守正俊殿(大老)が御名代《みようだい》となり、その礼を受けられたところ、外国使節らは、「国から命令を受けた日、お世継ぎに拝謁することは聞いてきた。老中に拝謁することは聞いていない」と言って、拝謁することとなしに退出してしまった。その当時も、「若君は御幼少のことである。またそれらの儀礼のことを論争してもめんどうなことであろう」という議定《ぎじよう》があって、「若君はまだ御幼少で、公式の礼を行うにはおよばない」と対馬守に仰せつけられた。

また近例では、朝鮮の礼曹《れいそう》(六曹の一つ)から、わが国の老中に手紙と贈りものを送る例がある。「むかし室町時代には、九州の探題《たんだい》に対しても、朝鮮の議政府から手紙をよこしたものである。しかし、いまその先例によることは朝鮮も希望してはいない。また最近の例はわが国も希望するところではない。このことも中止せよ」と対馬の国に御命令になった。この二つのことに関しては、あの東萊府使《トクネギフウス》とかいう者が、宗対馬守に手紙を送って異論を申したてたが、これもまた仰せのとおりになった。

また近ごろの例では、朝鮮使節が通過するそれぞれの場所で、朝夕の食膳は七・五・三（献立の数）、昼の食膳は五・五・三を供した。こうしたことは、わが国の勅使を待遇されるときにもその例はない。ことに道すじの国々の労費ははかりしれない。「これからは、朝鮮でわが国の使者を待遇する例と同じく、途中での饗宴は四ヵ所（京都・大阪・駿府・江戸）以外は、ただ食事を与えるにとどめるべきだ」と対馬の国に命令された。このことは、朝鮮使節ももちろん礼式の煩わしさにたえず、食事をいただくほうが便利であったから、異論はなかった。

また近ごろの例では、朝鮮使節は、輿《こし》に乗ったまま客舎に入り、こちらの使者が客舎に来ても、送迎の儀式もなかった。これらのことは、古来の礼法にひどくそむいている。また、むかしわが国の使者が朝鮮に行ったときの例にも反している。「今後は使節が客舎に入るときは、輿からおり、また当方の使者が客舎に来たときは、階下までおりて、送迎する儀式は、むかし日本の使者が朝鮮に行ったときの例のとおりにするがよい」と対馬の国に仰せつけられた。

この二つのことについて、朝鮮使節は近ごろの例によってその儀礼を言い争い、すでに大阪に到着していたが、このため賜宴が行われないという噂で、世間ではやかましく評判したが、これもついに仰せのとおりに行われた。

また近ごろの例では、使節が江戸到着の日、老中の人びとが使者として客舎に行って、旅のつかれを慰めることになっている。わが国で老中というのは、ちょうどあちらの国の議政府の議政（議政府の高官）のようなものである。ところが、日本の使節が朝鮮に行ったとき、その議政府の議政が、わが使節の客舎に使者として来た例はない。どうしてわが国の老中をして朝鮮使節を慰労させる必要があろうか。このため、今回は高家《こうけ》の人びとを使者とされた。しかし、使節たちがなんら異論も言わなかったのは、大阪・京都および郊外での慰労の使者などが、みな老中の人びとでなかったから、いまさら江戸でこのことに異議をとなえる理由がなかったからである。

朝鮮使節進見の儀式の改定

使節が江戸に到着したはじめに、宗対馬守に仰せつけられて、このたびの改定事例六条を記して示された。そのうち、近ごろの例では、朝鮮使節が進見する際その国書を上上官という者に奉らせた。この儀礼は適当ではない。正使がささげて奉るべきである。また近ごろの例では、使節が将軍に拝謁する席次は、わが国の御三家の席と同じであった。これも適当でないというので、改められた。また近ごろの例では、使節に饗応する際、御三家が相伴されるという儀礼がある。わが国の勅使を饗応される場合にも、こうしたことがない。また古来の礼法にもかなっていない。朝鮮でわが国の使者を饗応したときの儀礼も、そうなっていない。このため、この儀礼を改められた。ただ、御三家が相伴されることについては、使節から異論が出て、すでに賜饗の日になり、使節たちが城中の席についたあとで、私とこの儀礼のことを争って時間を費やしたが、けっきょく先方はことばに窮して、仰せつけられたとおりに儀礼が終わった。

諱を避ける議論

辞見の儀式が終わったあとになって、将軍[59]の御返書のなかに、朝鮮の七代前の国王（中宗）の諱《いみな》を犯したところがあるので改めていただきたいと私に申し入れたことがある。

「五代たてば名をいむことのないのが、古代の礼法[60]である。また子としては父の諱を避け、臣下としては君主の諱を避ける。これは、臣であり子である者の情として忍びがたいからである。どうして隣国の君主をして、自分の国の臣であり子である者と同じように、過去の国王の諱を避けさせねばならぬ理由があろうか。たとえまた両国の君主が、それぞれ過去の国王の諱を避けることがあるにしても、七代も前の国王の諱を避けるということは、古代にも先例がない。まして『自分がいやなことは他人におしつけてはいけない』（『論語』顔淵篇・衛霊公篇）ということもある。朝鮮からの国書を見ると、まさしく御当代の御祖父（家光）の諱を犯している。七代以前の国王の諱を避けてほしいという者が、どうしてわが国の御当代の御祖父の諱を犯したものを持ってきたのか。言うところが一々無礼である。私としては、こうした申し出を取り次ぐことはいたしかねる」と答えた。

彼らはやむなく宗対馬守を通してこのことを申し出た。まだ上様からの仰せもないうちに、世間では、「彼らはこの申し入れがかなえられなければ、おそらく生きて帰国すまいと決意をしている様子だ。近く両国の戦争がある」などと噂して騒いだのである。このときになって、要職にある人びとが私を戒められることもあった。しかし、朝鮮使節の言うことは、はじめに論争した点は、みな儀礼上の末端のこまかしいことで、論ずるにはあたらない。国王の諱を避けるという問題は、関係するところ最も大きいと、つねづね考えていたことでもあるから、私もまた死を誓って、最初のことばを改めなかった。そこで「まず朝鮮から来る国書に、わが国の諱を避けたならば、わが国の返書にもまた朝鮮国王の諱を避けるであろう」と仰せつけられたので、けっきょくこれも仰せのとおりに、朝鮮の国書を改めてから、わが国書も改めて渡されることになったのである。

すべてこのときのことは、朝鮮の人びとよりも、わが国の人びとが騒ぎたてたほうが多かった。しかし、さすがに上様のことを申し上げるわけにはいかないので、もっぱら私のことが批判された。孔子が夾谷《きょうこく》の会を助けた[61]ことは、もちろん聖人のことであるから、例にすべくもない。魯《ろ》の勇将曹沫《そうまつ》、趙《ちょう》の外交家毛遂《もうすい》などという者のたぐいに似たところがあったとしたならば、これらの点になんの批判すべきところがあろうか。どうしてこれほどまでに国辱ということを知る人のない世の中となったのであろうか。古い時代には、世を避けて隠遁した人もあったことである。

また「君子は一日もぐずぐずしない」[62]ということもあると思ったので、きょうからは出仕の道を断念する旨書き記して、朝鮮使節が江戸を出立した日の正午すぎ、間部詮房殿を通じて奉った。

詮房殿は、それには答えず、「急いで仰せられることがあるので、すぐ参上せよ」と言ってきた。なにが起こったのかと不安になったので、すぐ登城すると、上様が仰せられた。

「ただいま申し出たことを聞いて、驚いているところだ。世間の人たちの批判があったからであろう。はじめからそうしたことを聞きおよんでおり、またそうした説の出てくるところ（林大学頭らの一派）もよく知っている。両国の国交は、それぞれの国の軽重・強弱の関係するところで、最も重要なことだから、はじめからよく検討させるようにしたのだが、おまえの言うところが、予の考えるところに合致したので、そのように決定を下したのである。だから、外国使節たちの異論も多かったが、すべて当方で決定したとおりに行われないということはなかったが、事がいま終わろうとするときになって、思いがけないこと（諱の問題）が起こって、世間の人の批判もあったので、予は間部越前守に、

『予ははじめ試すところがあって、今回のことを筑後守に命じたのである。彼ならば、けっして仕損ずることはあるまい。およそ百あることのうち、最後の一つができなければ、その成功は完全とは言えない。いまこの一つのことによって、これほどまでに成功したことがむだになるのは、惜しいことではないか。仏教の教えで、一体分身というのは、予と彼とのことである。彼に誤り

があれば、すなわち予の誤りである。予がまた誤りをすれば、彼の誤りともなるだろう。だから、予はいま何も言うことはない。おまえも必ず注意をして、世間からの批評にまどわされて、いろんなことを言ってはならない。ただ、彼の考えにまかせるがよい』

そう言ったのだ。はたしてその最後のことも、予の思うとおりになった。ところが、いまおまえの申し出たようにしたならば、いまになって、『将軍も後悔する点があったればこそ、新井も出仕をやめたのであろう』などと世間の人が言えば、これまでの成功がくずれる点では、前に言ったところと同じことである。すべて今回のことは、おまえひとりのことと思ってはならない。みな予自身に関することである。どんなに考えるところがあろうとも、予のためであると思って、思いとどまってほしい」と仰せられた。

私のことを御自身と一心同体と仰せられたが、あまりのありがたさに、思わず涙にむせび、それ以上申し上げることもなく、「つつしんで承りました」とだけお答え申し上げた。

同じく二十一日に、久世大和守重之のところから、あす仰せつけられることがある旨を伝えてきた。二十二日に参上すると、まず詮房殿を通じて、「きょう老中どもを通じて仰せつけられることがある。このあいだ仰せられたことと同様、どんなことがあっても、異議を申し立ててはならない」と仰せつけられた。こうして大久保加賀守忠増殿が仰せを伝えて、今回の恩賞として、領地を加増された。その後また詮房殿を通して、

「このたびの功績に見合うほどの賞を与えたいが、きっと辞退すると思ったので、わずかに労に報いるだけのことをしたのだ」と仰せられた。

「すべて今回のことは、上様の御威光によることです。私などになんの功労がありましょうか。とは言っても、どうして仰せにそむくわけがございましょう」と言って退出した。

〔家康公が天下を統一されたはじめは、外国から書を奉ることが多かった。そのころは、三要長老（足利《あしかが》学校第九代住持の閑室和尚）という人がそのことを取り扱っていた。これは秀吉の時代に関東に移られたとき（天正十八年＝一五九〇）、上野の国足利学校の住持であったので、これらのことの仰せを受けることがあったからである。のちに円光寺《えんこうじ》と言われた方がこれである。この長老のなくなったあとは、崇伝《すうでん》長老がこの事務を扱った。これはのちに僧録《そうろく》（禅宗で寺院の人事をつかさどる僧職）になられ、金地院《こんちいん》と言われた方である。この僧録がなくなられたあとになって、林道春《どうしゅん》法印[63]（羅山）がこれらのことを扱った。林大学頭信篤は、御当代になってからは、万事むかしのようにいかないので、「なんとかしてふたたび世に出たい」と思って、「朝鮮のことは、むかしからわが林家のつかさどるところである」と言ったのを、このことを管理する土屋政直殿が、もとから信篤と親交があったので、とりもたれ、「それなら、そのことを書き記して差し出すように」と仰せつけられて、二冊の本を作って将軍に奉った。

そのなかのことについて彼に御下問があったが、もちろんそのはじめのことを知るはずもなく、答えが不明確であったので、私に試問されることがあったあと、けっきょく、この事務を私に命ぜられたわけである。

政直殿は、はじめこのことを管理して以来、むかしの例なども信篤について質問し、宗対馬守の家来で江戸に来ている者を召し出して尋ねられたが、その後、改定されることなども出てきた。学問をしたことのない人だから、こうしたことの本末はわからないのである。まるで早瀬を渡る船が梶をなくしたような気持がしたのも当然である。

その問題のうちで、寛永期に「日本国王」と呼ぶことをやめたとき、「大君」という称号を考えついて提案したのは、信篤の祖父だとも聞いた。またこの称号が朝鮮の職号であることを、対馬の国でもわからないはずはない。ただ、どのようにしても、このこと（復号）が実現されたくないという気持は、期せずして一致していた。しかし、「このことだけを破棄することもできない。それでは朝鮮使節に対して仰せつけられたことはなにも実行できなくなってしまう」と言ったので、政直殿もそうした説に心まどいし、ああでもない、こうでもないと言ったのを、上様のお心一つで決定され、御命令になったので、なにごとも、けっきょく仰せつけられたようになったのである。

そうした説の出所もご存じであったというのは、上様もこれらの事情をよく知っておられたからであろう。「あの大君という号のことについては、いまもなお異議がある」などと言う人があるのも聞いた。自分の過ちをとりつくろおうとして、わが国の恥であることも気にしないのは、よくよく人間の道を知らない輩だと思われる。そのころには、むやみに私の悪口を言おうとして、対馬の国から賄賂をたくさん貰ったなどという噂もあった。対馬守義方の家来の滝六郎右衛門というのが来て、言った。

「平田直右衛門（対馬藩家老）が帰国のときに、このように申しました。『こんどお引き受けになったことについて、なにごとにもせよ、お力のおよばないようなことがあったならば、承ってこい』とのことです。ところで、使節らが帰るときに、ここを通るだろうと聞いております。いまは、あなたさまのお名前は、朝鮮まで鳴りひびいておりますのに、お屋敷の造りが小さく見えることは、わが国のためにもよろしくありません。このたび主君の屋敷を造営しましたが、その材木がまだ余っておりますので、改築してさしあげましょう」

「上様は、『こんど使節が通りすぎるところの家々を改築するなどのことがあってはならない。ただ、見苦しいようなところは、もちろん修理するがよい』と仰せつけられた。私の家は小さいけれども、見苦しいほどのこともない。それを改築するならば、『改築してはならないと仰せつけられたけれど、このことに関係している者が改築したのであれば、ほんとうは改築したほうがよいのではないか』などということもでてきて、たいへん困ったことになる。お志のほどは忘れはいたしません」と答えた。その後、また「使節が来たとき、川崎の宿に出迎えよ」と仰せつけられたとき、さきの人がまたやってきた。

「お国のためです。道中の服装を整えられないのは、よろしくございません。その御用命を承るために馳せ参じてきました」

「昨年、お使いの役目を承って京都に上ったので、道中の服装に不足はありません。江戸から川崎まではわずか一日の旅程です。それらの旅費はたいしたことではありません。それでも万一不足なところがあったら、申し上げましょう」

しかし、なお夜ふけまでいろいろ申し入れることがあったが、けっきょく私の心が変わらないのがわかったのか、「もしおっしゃることがあったならば、なにごとでもさせていただきます」と言って帰っていった。

こんどの仰せを承らなかったならば、どうしてこんなことを耳にすることがあったであろう。これらのことは、みな上様にもかかわることである。私事と思うべきではないと考えて、くわしく上様に御報告したので、世上の噂によって私を疑われるようなことはなかった。また、世間の恥ということを知らない人たちは、私が身をなげうって国につくしていることを理解しないで、ただ自分一身の幸福ばかりはかっているると思ったらしい。

遠く日本や中国の故事を引用するまでもない。近いころでは、山本道鬼《どうき》（勘助）という者が甲斐の武田氏の軍師であった。武田と越後の上杉とが信濃の国の川中島というところで戦ったときに、味方の軍勢が負けたと見えると、その山本がまっ先に討ち死にしてしまった。少しでも恥ということを知っている者は、このようにするものである。もし私がこのたび申し上げた意見で、一つでも仰せどおりにならなかったならば、たとえお咎めのおことばがなかったにしても、私はなんの面目があって、ふたたび上様にお目にかかることができたであろう。だから、この仰せを受けたはじめから、わが身はないものと思い定めていた。そう思い定めたのは、「日本国内のことなら、いかようにも考えられる。しかし、このことにもし過ちがあったならば、わが国の恥を残すことになる」と思ったからである。

あの、「大君」を「日本国王」と復号することに、対馬の人びとが反対するということが伝わったときに、私が送った手紙は、私がこのことを論争した始めである。その文書の草案はいまもあるはずだ。その後また大阪で、使節などが儀礼のことを争うというのを聞いて、宗対馬守に送るための文書の草案を奉ったところ、「よろしい」と仰せられたが、その儀式はすでに行われたと聞いて、手紙を出すにおよばなかった。しかし、この草案は将軍もごらんになったものであるから、わが家の子孫に伝えなさい。

その後また使節らが城中の座で、私と御三家相伴の儀礼について言い争ったときのことは、いまの大和守重之殿もごらんになったはずだ。そのほか実際に見られた人は、いまなおおられるだろう。上様もすでに席におつきになったと言って人びとが色めきたったのに、私は動ずることなく、とうとう彼ら三人を説きふせた。これらのとき、私が心のなかでどのように決意していたか、推量してほしい。

その後また国王の諱の問題が起こったとき、世間の人で、だれひとりとして心の動揺しない者はなかった。ただ私ひとり動揺することがなかったのは、はじめから決意するところがあったからである。上様には、これらのことをよく知っておられたからであろう、「おまえの言うところは、そのとおりである」とだけ仰せられて、それ以外に仰せられることもなかったので、これもまた、けっきょく私の申し上げたとおりになった。

すべてこれらのことは、わが日本の霊の作用である。人力のおよぶべきことではない。それを私自身の功績であったなどと言うことは適当でない。ましてや、その功を誇るなどのことがあったならば、最もよろしくないことである。もし申し上げた意見のうち、一つでも実現しないようなことがあったならば、その功績はどこにあると言えるだろうか」

世のなかのことは、なにごとにせよ、見聞したことは、ただそのままに捨てておいてはならない。よくよくその事の由来を明らかにすべきである。これもまた古人の言う「格物《かくぶつ》」[64]の一端であろう。そのことは小さいことではあるが、前に書いた朝鮮使節のことについても、私がむかしから見聞したことで役に立ったことが少なくない。その一、二をここに記しておく。

たとえば、私は幼いとき、『庭訓往来』を読み習ったが、その三月のところに出ている建物[65]のことには、いまは見聞しないことがあって納得しがたかったが、分別がついて以来、むかしの物語や古い日記などというもののたぐいを見るにつれて、思いあたることもいろいろあった。また鎌倉に「鎌倉殿（将軍）の御所の図がある」と聞いて、「その図にこそ、あの『庭訓往来』に書かれていたことものっているだろう」と思って、長年さがし求め、ついにその図を写すことができたが、見ると、鎌倉時代のものとは思われない。室町時代になってから、鎌倉殿⑯といったときのものとも思われない。これはただ後の世の人の屋形の図が、鎌倉に住んだ大工の棟梁《とうりよう》の家に伝わったものと思われた。また九条家には、「室町殿大臣大饗《だいきよう》（足利将軍が大臣任官のとき、殿上《てんじよう》人《びと》を招く饗宴）の図がある」とも聞いたことがある。京都に上ったときにお願いしたところ、貸してくださった。また近衛家の槐門《かいもん》の図というものを見ることができて、古い本に書かれている家作りのことを理解したこともあった。

中門改造のこと

その後、使節を迎えるにあたって「中門を改造せよ」と仰せつけられたところ、「鎌倉右大将家（源頼朝）以来、武士の家には門に屋根をつけないのがしきたりである。その証拠として、右大将家のときの図を差し上げます」と言った者がある。このことについて、私にお尋ねがあったので、お答えした。

「私は、むかしから見聞したことを写しておき、この図は、私の手もとにも写して伝えてきたものです。しかし、鎌倉殿の時代のものではありません。その証拠には、多くのことばを費やすにおよびません。いま槍といっているもののはじめは『太平記』に見えております。⑰したがって、この図に槍の間というものが見えておりますことから、その時代を推量することができるのです。また遠いむかしのことを言うまでもありません。二条城には、寛永のころの御門などの礎《いしずえ》がいまも残っております〔このときの棟門《むなかど》・唐門《からもん》は、のちに仙洞《せんとう》（太上天皇の御所）に進上して、いまはその礎だけが残っている〕。また南禅寺のなかの金地院の宮門は、むかし家康公が聚楽第《じゅらくだい》の門を移されたものです。してみれば、御当家も代々棟門・唐門などを用いられたことは明らかです。ただ、江戸城には、まだそうした御門は建てられませんでした。どうしてそのようなことを言ったのでしょうか。ともかく、そうした説には従われることはございません」

こうしたことを書いて差し出したので、このことを申し出た連中も、ことばに窮したと聞いている。

〔大学頭信篤も「槍の間というところがあるから、鎌倉殿の時代の図ではないというのは、近ごろの証明である」と言われたなどと聞いた。「武士の家には、屋根をつけた門を使わないというしきたりは、御旗などの出入のためである」と言われている。「その主張のように、御旗を出し入れするということがあった場合、ここの門からだけ出入りするわけではない。どこの御門にも屋根がつけてあるではないか」と申し上げたところ、「これらのことは、もとより議論するには足りない」と仰せられた。すべて彼らがこうしたことを申し立てたのは、前にも記したように、こんど改定したことに、反対しようという意図があったからだと聞いている〕

御書箱と兀子

またわが国から朝鮮国王に出される書簡の箱は、銀でつくり、金の輪に紅の紐を用いられたのが慣例である〔これは秀忠将軍のときからの例である。『国師日記』（崇伝の著）に書かれている〕。「このことはどうしようか」と仰せがあったので、京都で拝見した上表文を入れる箱、それをのせる机などの形式を差し上げたので、今回はその形式を用いられた。

また今回は、使節たちが客舎の門の外で輿《こし》からおりるようになったため、宗対馬守が門外の幕のことを申し出たので、「大阪では、幕のなかに榻《しじ》（車の轅《ながえ》をすえ、昇降にも使う踏み台）を並べて置いた（毛氈《もうせん》で包んだという）」。そのことを聞き伝えて、京都では、幔幕のなかに唐の椅子を設けたと聞いた。緊急のことに応じたのだから、それでよろしい。しかし、それらの儀礼は適当ではない」と言って、急使を出して、京都から斑幔《はんまん》と兀子《ごし》[68]をとりよせて、江戸では、斑幔のなかに兀子を置いた。前摂政殿下（近衛基熙）がこれを聞かれて、おほめになったと聞いている。

草野の会に水干を用いる

また私が川崎の宿に行って、使節たちを出迎えるようにと仰せられたので、そのとき着用すべきもののことを考慮して、「これはむかしのいわゆる草野《そうや》の会（非公式な会）である。だから、公式の場合に用いるものは適当でない。一般に、武事には水干《すいかん》（狩衣の一種）を用いることが武家の古いしきたりである。これを用いよう」と思ったから、内々にそのことをお願いしておいて川崎へ出向くと、使節たちが宗対馬守のところへ使いを出して、「今夜の客はどんな衣冠を用いられるのか。その次第でこちらもまた考慮しなければならない」と言ってきたので、対馬守からまた私のところへもそのことを言い伝えてきた。

「きょうのことは、旅宿での儀礼である。私はただ武士の日常の服装で入ることにしよう。客使も又日常の服装を着用されたい」と答えた。

その夜の私のしたくは、縁をつけた塗烏帽子《ぬりえぼし》に、木蘭地《もくらんじ》⑹⑼の水干、袴に括《くく》りの紐をしめ、銀作りの野太刀（野行に帯びた鞘巻《さやまき》の太刀）をおびた。むこうの官人らが出迎えることもあろうかと思ったので、輿のなかに沓《くつ》を入れておいた。案の定、旅宿の門につくと、上上官などという者が出迎えるように見えたので、すぐその沓を出し、それを履いて門に入った。すべてこれらのことは、国体というものがあること、また武家には、古くからのしきたりというものがあるということをわきまえぬ人びとには、話してもしかたのないことである。

外国使節関係のこといろいろ

外国使節のことを書き記すにつけて、思い出したことがまだ一つ二つある。はじめて、京都に上ろうとして、美濃の国大垣を過ぎたとき、町の家々すべてに、立札が立ててあるのをよく見ると、「ここを一丈切れ、あそこを一尺切れ」などと尺寸を分けて示してある。「これはどうしたことか」と尋ねると、朝鮮使節のことについて、この管掌を命ぜられた人びと〔大目付、勘定奉行などの人びと〕がここを通過した際に、召しつれた宗対馬守の家来が、「ここのところは道が狭く、大旗が通るときのじゃまになるだろう」と言ったので、こういう命令が下されたのだという。

「朝鮮使節がここを通るのは、今回がはじめてであるか」

「使節の来られるたびに、必ずここをお通りになりました」

京都到着をお知らせした手紙のなかにこのことを論じ、「こうしたことは、沿路の諸国にとって迷惑であろう。使節が日本へ来るようになって以来、こうしためんどうなことがなかったのに、今回これらの命令をされることは、はなはだ不適当である」と言った。あとで聞くと、これらのことはことごとくとりやめになったという。

また、外国の使節が京都から江戸に往来する道中、その一行の人びとの乗る馬などは、諸大名に割り当てられるのが先例となっている。この課役の先例を書き記して差し出したものを見ると、たとえば、西国の大名のうちで、遠江の国より東が課せられ、また東国の大名のうちで、三河の国より西が課せられるものがあり、およそその仕事は、一日行程を限度とし、来るときに一日、帰るときに一日、合わせて二日を越してはならないと書かれている。私はこれを見て言った。「この規定は、適当とは思われない。西国の大名たちには、三河の国から西、東国の大名たちには、遠江の国より東を課せられてはどうか。そうすれば、西国の大名の家来たちは、使節が来たのを送ったあとは、それぞれ大阪の屋敷に帰っており、外国使節の帰る時期に先だって、出迎えの場所まで出向き、また東国の大名の家来たちは、外国使節を迎えたあとは、江戸に集まってきて、使節が帰るときに、これを送ればよい。そうすれば、それぞれ便利がよく、おのずと旅費も半減できよう。またその仕事を、一日に限るのも適当ではない。諸国の大名がこうした課役を引き受けるときに、わずか一日、二日をとやかく言うべきではなかろう。およそ送迎は二日間を限度として、道が遠く、あるいは禄高の少ない大名を免除するならば、この課役を引き受ける大名も、その数が少なく、そのうえ、馬の数も半分で用を弁じるであろう」

「おまえの言うことはもっともである。もう一度これらのことを命令しようとしても、意味がわかっていなくては、できるはずがない。そのことを書いて差し出すように」と上様が仰せられた。「承知いたしました」と言って、翌朝そのことを書いて差し上げた。「どうしてそんなに早くできたのか」とお尋ねになったので、お答えした。

「諸国の大名の課役が、それぞれの居城から行程百里以上にならないように割り当てましたので、なんら煩わしいことなく処理することができました」

〔はじめに差し出されたのは、荻原近江守重秀の立案で、鞍具《あんぐ》・馬などを商人の請負にして、大名からはその費用を出させようとのことであった。「こうしたことは国の体面上適当でない」と言って中止させたのである〕

また、駿府で路宴の催された日、「上上官以上の者は、御番衆に給仕の役をさせ、それ以下の人びとの給仕のことは、内藤豊前守弌信《ぶぜんのかみかずお》⑺に仰せつけられる」ということがあった〔駿河の国田中の城主であったからである〕。

「これはいかがなことでしょうか。およそ今回のことに関しては、諸国の大名には二つ以上の役は課せられません。東海道筋に所領のある大名に、みな外国使節送迎の役がある。そのうえ、またこのことを仰せつけられるならば、この大名だけが二つの役を命ぜられたことになる。私はお使いとして駿府を通ったことがありますが、さすが家康公のお住まいになった名残りがあって、土地の風俗に卑しいところがありません。商人たちの子を選び出し、給仕の役にあたらせたならば、武骨ないなか侍より、はるかにまさることでしょう」

と申し上げると、このことも私の意見どおりに仰せられた。

越後の国村上領の百姓濫訴

この年、七月四日に召されると、「越後の国村上の領地八十五ヵ村の百姓四一一六人が濫訴《らんそ》した事件は、尋常のことではない。『こうなったうえは、領主に命じて、厳刑を行うべきである』と言われている。奉行所〔勘定奉行〕から差し出した報告書を下げ渡すから、意見を申し上げよ」と仰せつけられた。奉行所からの報告書には、

「昨年、松平右京大夫輝貞が村上城をいただいたとき（高崎から転封）、三島《みしま》・蒲原《かんばら》などの郡、四万石領にあたる土地の百姓どもが、それらの土地を天領にしてほしいと訴えてきた。その希望はかなえられないと答えたので、彼らはそれぞれ居住地に帰った。ところが、その村民どもは代官の命令に従わず、また去年の年貢も納めない。そこで、今回その張本人五十余人を評定所《ひょうじょうしょ》(71)に召し出して、その理由を尋ねると、天領の百姓にしていただきたいという希望を申し述べた。それは許されないとたびたび申し聞かせたところ、返答すらしない。こうなったうえは、別にお使い

の者を出されて取り調べられるか、それともあの張本人五十余人を獄中につなぎ、お使いの者二、三人を村上領に下向させ〔代官をお使いとすべきであるという〕、その残党どもは早く領主に引き渡し、命令に従わない者は、領主の処分として、罪の軽重にしたがって、あるいは死罪、あるいは追放、あるいは投獄し、その田畑・屋敷などは、領主の処断にまかせられるべきであろうか」と記してあり、その国の代官所からの五月二十一日付の調査報告書を添えてある〔代官所は黒川（越後の国北蒲原郡黒川村）というところにあり、代官は河原清兵衛という〕。

その報告書を見ると、噂のことを次のように記している。

「このたび、張本人五十八人を呼び出されたことについて、その残党どもがことのほかに興奮し、数通の起請文《きしょうもん》（誓約書）を書いて、それぞれその盟約を堅くし、召し出された者に同行して出頭する者が百余人あり、『もし五十八人が断罪されたならば、百余人の者が訴え出よう。百余人の者また断罪されたならば、四千余人の者が上訴しよう』と議決し、代官所を見ること仇敵のごとく、去年の年貢米をかってに売り米として船にのせて積みだし、庄屋などがこれを押さえても、いっこうに従わない」などのことが記されている〔一説では、「一向宗の僧を大将として、すでに戦闘の用意をしているという噂がある」などとも言われている。もっとも、このことは、報告書には書かれていない〕。

その翌日、意見書を差し上げた。その大要は、次のとおりである。

「きのう下げ渡された報告書は拝見いたしました。そもそも、当節、苦しみを訴える道をもたない天下の人民は、いったいどこへ訴え出ればよいのでしょうか。ところが、奉行所の役人たちは、はじめに命令したところに従わないで、こうした訴えをしたことを違法行為とみなし、さらにまた代官所からの報告書に見えている噂などによって、ついに反逆罪と断定してしまったのです。これはおよそ民の父母たるべき者が、その心とすべきところではありません。もし噂のように、ほんとうに反乱の計画があったとするならば、去年の年貢米を売り米にして、自分たちの兵糧をなくしてしまうわけがありません。また、たとえそうした反逆があったとしても、こうした準備のしかたも知らないようでは、深く心配するにはあたりません。まして天領の百姓にしていただきたいことを望む連中が、どうしてお上にそむく心がありましょうか。ただ、辛抱のできないことがあるからこそ訴えてきたのであります。私は彼らのために彼らが他意のないことを保証いたします。いまになって、これらの事情について、奉行所の役人たちに仰せつけられ、もう一度尋問されても、訴える者も、聞く者も、相互に恨み憎む心が改まらないかぎり、その気持をつかみ、その心を納得させることはできません。幸いに奉行所の役人たちは、別のお使いを出して尋問されてはどうかと申しております。特別にお使いを出して、訴え出た理由を問いただしていただきたい。ただし、このお使いの任務をうける人は、あくまで穏和で憐れみぶかい人を選ばれるべきであります」

やがて、横田備中守《びっちゅうのかみ》由松（大目付）、鈴木飛驒守《ひだのかみ》利雄（目付）、堀田源右衛門通右（目付）の三人が特別の仰せをうけて、このたび奉行所に呼び出された者たちを尋問してみると〔七月十一日からのことである〕、はたして訴え出たことは道理のないことではなかった。またこの訴えは、松平右京大夫輝貞の所領となってから起こったのでもない。六十年前、松平大和守直基《なおもと》が村上城を賜わったとき、(72)三島・蒲原などの郡で四万石の領地を加増された。これ以来、土地の者がその土地を「四万石領」と呼んでいる。一昨年、本多中務大輔《なかつかさたいふ》忠良《ただよし》がこの城を賜わったとき(73)〔ときに五万石〕、いわゆる「四万石領」の土地のここかしこを分割して、二万石の土地を天領とされ、その残りを村上領とされた。

ところが、本多領とされたところは、村上城をさることあるいは二十里、あるいは三十里におよんで、また信濃川をはじめ三つの大河（信濃川・阿賀野川・荒川）で隔てられている。また十五、六里あまりの堤があって、毎年春秋の出水のために破壊され、これを修理する労力や費用が莫大である。そのうえ、あの「四万石領」の土地には、もともと大庄屋(74)という者が十人いて、年来これらの者たちに苦しめられていることが多かったが、こんど十人のうち八人を村上領につけられた。こうしたことによって村上城の近くにある土地と交換してもらうようにと、黒川の代官所に嘆願したけれども、聞き入れられなかったのである。

〔これらのこと、八十五ヵ村の百姓が訴え出たことは、すべて理由のあることである。御先代のとき以来、諸大名・旗本の人びとが所領替えをされるとき、田圃《でんぼ》のよく肥えた土地、あるいは山林や河川などの利益の多いところをすべて天領とし、その残りを私領につけられることとなったので、単に百姓どもが困るだけではなく、領主たちもまたこのために苦しむことは、すべて以上のとおりである」

去年正月、百姓たちのうちで三人が選ばれて、奉行所に訴えてきた〔三五兵衛・新五右衛門・市兵衛という三人の者である。勘定奉行の中山出雲守《いずものかみ》時春・大久保大隅守《おおすみのかみ》忠香などのところに来て訴えたと聞く〕。

このこともまた聞き届けられなかったので、四月になって、井上河内守正岑《かわちのかみまさみね》（老中）が出仕する路上で直訴した。奉行の役人たちは、越訴《おっそ》（所定の官をとびこえて上官に訴えること）の罪を理由として、彼ら三人を捕えた。五月の末、三人の者を奉行所に召し出して、「このたび、松平右京大夫が村上城をいただいた。おまえたちとしては、もはや訴え出る理由はないであろう。ただちに引きとれ」と言ったので、希望がかなえられたものと思って、国に馳せ帰った。村の百姓たちの喜ぶことは、このうえなく大きかった。しかし、二万石の領地が村上領につけられたことは、なおもとどおりであったので、三人の者たちは合点のいかぬことと思って、九月の初めにまた訴えてきたので、ただちに投獄した。それらの者の父子・兄弟も召し出して投獄したので、二人が獄死した〔三五兵衛の父と弟〕。村々の百姓たちがいよいよ合点のいかぬことに思い、嘆願したがまだ御裁断がおりていない。それで、「今年の年貢は代官に差し出すのか、それとも村上の領主に差し出すのか、決めかねます」と言って催促に従わない。この年の二月、奉行所の役人たちが「あの土地の百姓たちを呼び出して尋問しよう」と言って、その張本人と噂された者五十八人を召し出したのである。こんど特別の任務を受けたお使いの人びとは、彼らの申し分を聞いて言った。

「おまえたちの言うことがたとえ理由があったにしても、いまもし希望をいれられたならば、これが今後の先例となってはよろしくない。どういうことがあろうとも、奉行所の命令に従え」

「このうえは、どうして仰せにそむきましょう。しかし、いままでのとおりでございますと、けっきょくは大庄屋・小庄屋などという者のために、父母が寒さや飢えで死に、兄弟・妻子が離散することになりますので、国にいる者どもがどのように考えましょうか、お願いでございますから、ここにおります者のうちの二、三十人ばかりに、おひまをいただけたならば、国に帰って仰せを伝え、彼らの意見を聞いてからお答えいたしましょう」

それを聞いて、「彼らをゆるして帰らせることは、はなはだよろしくない」などという人も多かったので、ふたたびこのことについて私に御下問があった。

「虎を野に放つなどというのは、事によりけりです。彼らを国に帰したところで、なんの心配がありましょう。また彼らが帰って、今回のありがたいおぼしめしを伝えなければ、国にいる者たちが、だれからこうしたことを聞くことができましょうか。また彼らが訴え出た大庄屋などのことは、取り調べることなしにはすみますまい」

そう申し上げたので、彼らの願いをいれられて、三十二人を国に帰された。それらの大庄屋・小庄屋などという者を召し出され、八月のなかばに、さきの横田・鈴木・堀田らが、取り調べに当たった。

九月の初め、奉行所の役人たちがまた代官所の報告書を提出した。それには、「はじめに召し出された者のうち一部を帰国させられてから、村々の百姓たちが集まって談合しております」と記されていた。またこの年の農作物をかってに刈り取って、もはや残りはないなどとも記してあった。まもなくあの八組の百姓たち十二人がやってきて、ありがたきおぼしめしであると申しのべた〔八組というのは、「四万石領」の土地が大庄屋十人のもとに属しておったので十組と言ったが、前に言ったように、大庄屋二人を天領の庄屋にされたので、残りの八人に属した者を八組というのである〕。その後、彼らをはじめとして、はじめ奉行所で投獄した三人の者たちを召し出して、庄屋たちのことを尋ねられ、さらにまた庄屋たちにも尋問されたが、庄屋たちは申し開きをすることばがなかった。

〔たとえば、一昨年十月の末から正月のなかごろに至るまで八十日のあいだ、御代官二人が黒川に来て滞在したおりに、大庄屋などがその出費として金九百五十両を村々の百姓たちに出させたなどというたぐいのことがいくらもあったので、まったく弁明することばもなかったのである〕

十月十二日になって、この事件についての御裁断があって、今後、庄屋たちが不法なことをすることを禁止され、あの二万石の土地八十五ヵ村の百姓四一一六人を村上の領主に引き渡された〔このとき領主へも命令されたことがある〕。この年の十二月二十六日になって、宝永八、九年両年の年貢をすっかり領主に納めたということである。

〔だから、はじめ年貢米を売ってしまったなどと噂されたのは、事実無根であったのだ。その後また、あの八十五ヵ村のうち、坂井村というところの百姓や、その村にいた一向宗福浄寺《ふくじょうじ》の僧侶が、法にそむくことがあるという噂があって、翌年正月の末に尋問されたが、これもまた根拠のない噂で、釈放された〕

すべてその詳細なことは、別に記録したものもあるから（現存せず）、ここにはただそのおよそを記したのである。

防火についての十五ヵ条の意見

この年十二月二十二日、不忍池《しのばずのいけ》のほとりから出火した。西北の風が強く、延焼数万戸におよんだ。最初は明暦三年（一六五七）の大火で、それ以来、火災がしばしば起こり、十数度も焼けた町々があって人びとは不安が去らない。それに加えて、そのたびごとに諸物価が騰貴して、その災いのおよぶところが広いので、「なんとしても火災をなくする方法を考案せよ」と仰せつけられた。ほかの人びとにも、御下問があったことはもちろんである。

まず私の考えを差し出すようにと言われたので、当節、火災の起こる理由のうち、天の道に関するもの四つ、地の勢いによるもの二つ、人事に関するもの四つ、防火の方法が適当ではないもの五つ、あわせて十五ヵ条を考えて、差し上げた〔この草案はいまもある（現存せず）、あわせ見られたい〕。町奉行および火消の人びと（定《じょう》火消）にも意見を求められ、それぞれ進言したが、道理をつくしているとは思えなかった。ただ「白銀《しろがね》町（現在の室町四丁目・本町四丁目のあたり）の堤を増築すべし」という点は、みなの意見が一致した。私の意見にも、それに似たことがあるが、人びとの意見とは同じではない。しかし、人びとの意見に従われて、その堤を増築せよと仰せつけられて、私が建議したことは、まだお取り上げにならないうちに、おなくなりになった。

御朱印をわかち与えること

明けて正徳二年、諸大名に御朱印状をわかち与える[75]ということで、私に草案を求められた。御趣旨をうかがって、二月二十三日から二十五日にかけて草案を作り、差し上げた。その後また「神社などにわかち与えるべき草案を差し出せ」と仰せつけられた〔公家や寺社の御朱印状である。このことも終わらぬうちにおなくなりになった〕。

オランダ人に外国事情を聞く

またこの春、江戸にやってくるオランダ人（江戸参府のオランダ商館長の一行）に会って、西南の外国のことなどを問いただすようにとの仰せをうけて、二月二十五日から三月九日にいたるまで、その旅館に出向いて問答したことがある。このことは別に記したもの（『西洋紀聞』『采覧異言』など）があるから、ここには書かない。

そのころ、また意見を申し上げたことがある。その大要は、

「御先代のとき以来、諸大名に課せられるところの役務[76]が重く、そのうえに献上物も多くなっております。天下の武士や民が困窮するのは、主としてこのためです。およそ大名や旗本の人びとがおおやけの役務に従う場合は、軍役《ぐんやく》（石高に比例して一定数の兵馬を常備させる制度）を基準とせらるべきであります。はじめは元和二年（一六一六）に軍役のことが定められてから、それを行う場合には、本役《ほんやく》・半役《はんやく》・三分一役《さんぶいち》[77]などの区別があります。寛永十年（一六三三）になって、軍役の規定を改定されました。その後は、元和のときに比較すると軽くなっております（慶安二年さらに改定）。これは太平の日が長く続くにしたがって、冗費が年々増大して軍役に従いかねるところができたので、時宜に応ずるように斟酌《しんしゃく》されたものとみえます。寛永の時代から時をへたこんにちにおいては、なおさらのことであります。軍役すらそうであります。世の中の通常のことで、理由なくして課せられる役務が重いことは、もっとも適当ではありません。

門番の数を定め、参覲交代の従者を減らす

遠く外国のことを論ずるにはおよびません。わが国の乱れた時代のことを考えますと、その乱の起こった原因は、天下の人民が財産を失い、力がつきたためでないことはありません。むかしのことばに「人民を富ませてのち、教化しよう」（『論語』子路篇）ともあり、また「暮しが楽になったら礼儀正しくなる」（『管子《かんし》』牧民篇）とも書かれておりますから、どんな善政であっても、

現状では、世間に実施されることは困難でありましょう。だから、現在の急務は、なんとしてでも天下の武士や民の負担を軽減してやるに越したことはありません。そこで、まず諸大名が江戸に参観するとき、召し連れてくる人馬の数を減らすことを定め、城門をはじめ外郭の門に至るまで、その守備兵の数を減らす[78]ことを定め、なにごとによらず臨時に公役《くやく》を勤める場合には、あるいは半役、あるいは三分一役を用いるぐらいの斟酌をして仰せつけられたい。

〔これより前、宝永七年四月十六日に、御先代のとき、諸大名が火の番を命ぜられた場所のうち、十五ヵ所を廃止されたが、急火消・増《まし》火消などといって、臨時に命令されたときの人数については、まだその決定がなかったからである〕

献上物についても、回数がふえたならばそれを減じ、物の量が多くなった場合はそれを減ずるようにし、すでに将軍への献上物がこのようであるから、老中以下の人びとへの贈物も、その回数や量を減らすように仰せつけられたならば、こびへつらいの悪習も改まり、賄賂も行われないようになることは、また同じでありましょう。これらのことをよくよくお考えくださいますように」

このことによって、所々の御門の番人の数などを調べさせられ、その数を規定され、また諸大名の参観交代に召し連れる人馬の数などを多くしないように、などとの御沙汰があった。ただし、「献上物については、意見を申し上げる人たちもあった」と聞いたが、私の意見は実行されなかった。
〔「献上ということは、上様を敬いまつる心を表わすことである。またむかしから、頻繁に献上することがその家々の名誉だとも考えられたのである。そうなっているのにこうした御沙汰があるのは、もっともよろしくない」と反対する人があった。そういう理屈も成り立つかもしれない〕

東海道宿場の人馬についての意見具申

この年の三月、道中のことについて御沙汰があった。これは去年二月、私が京都から帰ったあとで、東海道のことを申し上げたために、その三月、朝鮮使節のことに関連させて、道中奉行[79]〔松平石見守乗邦《いわみのかみのりくに》・大久保大隅守忠香〕に仰せつけられたことがあって以来、その人びとがいろいろ考えることが多かったが、その大要は次のとおりである。

「道中の宿場は、みな年々貧しくなって苦しんでいる。その理由は数々あるが、なかでも、近年、公家・武家の人びとが召し連れる者の数が多くなってきて、宿場の人馬は数が不足する。その不足を助ける助郷役《すけごうやく》を課せられた村々はいたるところで、みな困窮している。それだけではなく、荒居《あらい》の渡《わたし》が改められてのちは、東海道往来の貴賤の者の多くが中山道《なかせんどう》を通ることになったので、東海道の宿場は産業を失い、中山道の宿場は人馬の供給が不足する。だから、諸国に必要な経費を負担させてそれぞれの街道宿場の人馬の必要な数をふやし、街道に近いあたりから、助郷役を免除されたならば、宿場の者はいうまでもなく、助郷の者も、ともに苦しみを免れるであろう。

次に、近年、中山道を通って往復する人びとを禁止したならば、東海道・中山道の宿場は、それぞれ生計が立つであろう。これらのことをはじめとして、すべて道中の者どもが悩み苦しむことは、自分自身で現地に行ってみなければ、まだ詳細な点がわからない。ときどき現地調査を行わしめる者を奉行所に所属せしめられんことをお願い申し上げます」などのことが数十条にわたっていた。

その後、私にも意見を求められたので、書いて差し出したことも多いが、そのなかで次のように言った。

「私は、お使いを命ぜられて東海道を通過して、私自身で事情を視察しました。往復する人びとが召し連れる者の数が多いというようなことは、宿場の者たちの憂えるところではありません。ただ、助郷に出る近郷の者たちの憂いとなっております。

その理由は、御先代のときに宿役人《しゅくやくにん》（宿場で人馬の差し立てを扱う役人）というものをはじめて置かれ、天領の宿場には、代官所の手代《てだい》という者があって、その宿場の事務を担当しました。公用で通過する人があるとき、宿場の者たちがその役人としめし合わせ、実際に用いられるべき人馬の何倍かの数を、助郷をすべき村々に催促し、その仕事に従事する人馬をもって公用に応じ、宿場の持っている人馬は、往復する旅人の送迎にあてて、その賃金をわがものにし、またその助郷の人馬の数が少しでも不足すると、任務怠慢の罪を負わせ、その代わりに、金銭をとり立てて、わがものにしております。だから、往来の人びとの召し連れる者の数が多くなければ、収入が少なくなるので、宿場の者たちは、その人数の少なくなることのみを心配しております。助郷の者たちは、ただ人馬が疲れ苦しむだけではありません。怠慢の罪を償うために賄賂をつかい、財力がすでにつきはてたので、宿場を離れること五里・十里ほどの所に土地をもつ人びとは、租税が年々減少して、もはやいかんともすることができません。また公用で往来する人びとの供の者たちは、自分たちを送迎するために人馬がたくさん集まっているのを見ては、なにを苦しんで自分自身重い荷物を負い、遠い道を歩くことがありましょう。彼らが自分の労力のかわりにそれぞれその人馬を利用するのは、下賤の者の気持として当然のことであります。

すべてこれらの旧弊を取り除くには、まず宿役人というものを廃止されるのが第一であります。次に近来、荒居の難所を避けるために、東海道も中山道も、両方とも生計が困難であるというのは、ただ一つのことを知って、その他のことを知らないことになります。御先代のとき、東海道の宿場が希望するので、駄馬の運賃などの増額をゆるされたことがあります。これ以来、往来する貴賤の者で旅費を節約するために中山道に向かう者が多くなりました。

私がお使いを命ぜられて、東海道を上下したとき、本坂《ほんざか》の道（見付から浜名湖の北を通り、御油に出る道）を通るように勧められたことがある。それに従わずに、荒居を渡ってみると、恐ろしい道ではありません。道中奉行の人びとが、東海道を往来する人を多くしたいと思うならば、宿場の人馬の駄賃の規定をむかしにかえすことを考えることが第一です。往来の人びとが中山道を通過することを止めようとするのは、適当ではありません。

また道中の宿場に置く人馬の経費をいつまでも諸大名に負担させている問題は、御先代のとき、東大寺大仏殿建立のためと、富士山の噴火の灰をとり除くために、諸大名に経費を負担させられたことがありました。これは臨時の負担ではありましたが、世間ではとやかく申すこともありました。まして、諸大名が毎年の出費として、道中の宿場に置く人馬の経費を負担させられることは、もっとも適当ではありません。東海道の宿場の人夫は百人、駄馬百頭、中山道の宿場は、人夫五十人、駄馬五十頭というのがむかしからの定まった数です。

およそ往来の人びとが召し連れる者は、この人馬の数によって斟酌するように仰せつけられ、また宿場においても、定められたもののほか一人一頭といえども、人馬の催促に応ずる必要はない旨を仰せ出されたならば、助郷の負担も、おのずとその数が減るでしょう。ただし現在は、宿場の人馬が定数に達しているところは多くありません。これはもと戦時のために備えられたものですから、関係するところもっとも重大です。早く御沙汰になって、実際に力の不足するところには、その費用を貸してやられるのがいちばんよろしいかと存じます」

こうしたことを七ヵ条に書いて差し上げた〔この議案は、いまも残っている（現存せず）〕。

正徳二年二月、まず宿役人の制度を停止され、その後、道中のことについて御沙汰があり、道中奉行の人びとの希望したように、与力・同心などの者を奉行所につけられた。八月になって、奉行所から差し出した報告書を私に渡されたので見ると、昨年、御朱印状をいただいて、東海道を通過した人びとのために、五十三宿のあいだでその役をつとめた人夫二三万〇五五〇人、駄馬四万一二三四頭、今年道中のことについて御沙汰があって以来、人夫一〇万七九六一人、駄馬三万六四一一頭となって、人夫一二万二五八九人、駄馬四八二三頭が減ったという。

〔私が差し上げた七ヵ条のうち、その細目が数十項あったなかで、はじめ奉行の人びとが、「道中を上下する者たちの不法行為は、どうにも防ぎようがない」と言ったことを論じたのは、江戸でも、京都・大阪でも、「上下の者」と言って、東西を往来する人が道中で雇って従者とする者のことである。彼らの不法のことというのは、たとえば、疲れたといって、馬を出させ、駕籠《かご》を出させ、それに乗って、自分が持つべきものを人夫に持たせて行きながら、「おまえたち、早く家に帰りたいと思うならば、帰らせてやろう」と言って、金銭をまきあげて帰らせたり、また宿場の者に憎しみをもつことがあれば、仲間の者たちと相談して、その恨みをはらすようなことをするので、これについては、宿場の人びともどうにも手がつけられない。もちろん、そうしたことをやった者がなに者ともわからないので、奉行もまた取り締まることができないのである。私はこのことを聞いて言った。

「これを取り締まることはきわめて容易なことである。江戸でも、京都・大阪でも、彼らのことをとりしきる者があって、これを日雇の者の宿とも、上下の者の宿（請負人）とも言っている。彼らを雇おうと思う人は、その宿の者に言ってやると、すぐ彼らをさしむけてくれる。だから、彼らも宿の者の意向にそむくと、たちどころに渡世の道を失い、妻子を養うこともできないので、これを畏敬《いけい》することは主人と同じである。もし彼らに不法行為があった際に、その宿の者が処罰されるという法を厳重に行なったならば、弊害は改まるであろう」

この法が決められたので、予想したとおりこれらのことは解決した。また奉行の人びとが与力《よりき》・同心を希望したことに対し、不賛成な旨を三ヵ条記して論争したけれども、「奉行たちの希望にまかせるのが適当である」と言った人びともあったので、けっきょくその希望がいれられた。

上様がおなくなりになったあとで日光山御法会のときに、宿場の助郷の人馬のことについて、あの宿役人の二の舞のようなことも起こった。また中山道の宿の者のことについて奉行所から沙汰したことで、その地の領主は納得できぬことと思ったこともあった。これらは、はたして私が反対したとおりであった。このほか、私が建議したことで、そのときに実行されなかったことがあり、まもなく上様がおなくなりになって、いまもなおそのままになっていることが多い。家を道ばたに建てるたとえ⑳のことも、思い合わせたことである」

このときのことは、別に記したものがあるから（現存せず）、ここにはただその一、二だけを記した。

病気ひきこもりのこと

三月二十日ごろから、病気が堪えがたくなって、ついにひきこもっていた。四月になって、間部詮衡《あきひら》と村上正直などの人びとが仰せを伝えて、「病気はどうか。近いうちに召されたら、参上することができるか。お話しになることがある」と言ってきた。「出仕はまだできかねます」と申し上げると、四日に正直をお使いとして病状を御下問になった。あとで聞くと、私の病気のことを尋ねられたので、正直が「医師の申すところを承りますと、脾臓《ひぞう》をいためて元気も少し衰えております。四花《しか》（背の下部にある四つのつぼ）に灸を一万以上もすえましたが、まだその効きめがあらわれないと申しております」と申し上げるのを聞かれて、「白石は世を憂うる心がじつに深い。そのため病気になったのであろう。その気迫はわが国に満ちあふれて、さらに外国にまでおよんでいる。おまえの言うとおりであろうが、わずかのあいだに一万の灸ではたして治すことができようか」と仰せられたという〔このおことばこそ、忘れがたくありがたいことである〕。これからあと、詮衡・正直らの人びとをして病気を見舞わせられること五回、その月の二十六日、病をおして出仕し、詮房を通じてありがたい御配慮にお礼を申し上げた。

この折に舞妓追放

そのときに、「こんどひきこもっているときに承ったことですが、舞妓のたぐいがたくさん城中で召し使われていると世間では申しております。これらの者のことは、将軍職におつきになったはじめに禁止されたことですから、さようなことがあろうとは思われません。しかし、また太閤（近衛基熙）の御滞在中、おもてなしのために、御台所《みだいどころ》（家宣の夫人熙子）がそれらの者を召されたのかもしれません。総じて世間の人の言うことは、信用できぬことが多いのではございますが、噂を聞きましたので申し上げます」〔五月四日のことであった〕

そう言い残して退出したが、その後、日がたってまた参上したときにか、日取りは正確に覚えていない」、詮房殿が上様の仰せを伝えた。

「御先代のとき、一位の御方（桂昌院《けいしょういん》、綱吉の母）のところへ御台所が参上されたとき、舞妓の遊びがあって、『退屈しのぎにこれほどのことをして、なんの差しつかえがあろう』と仰せられたので、その後、一位の御方、あるいは大御台所（綱吉の夫人）がこちらの御殿にお見えになったときにも、舞妓を呼ぶ先例となった。自分の代になってからも、子供たちの母（側室）が御台所をおもてなしするにも、また御台所が彼らをもてなされるにも、この催しがあり、おまえの言うとおり、太閤をもてなされたときもまたこの催しがあったのである。自分の治世のはじめに禁止した以上、止めるべきであったのだが、自分もまたそのしきたりにしたがって、禁止することもなくいままできたのは、大きな過ちだった。おまえが詮房殿に言ったことを聞いたので、すぐさま舞妓どもを追放するよう、すでに指示をした」

〔私がこのことを聞いたのは、この春ごろからのことである。これらのことは、きっと太閤が御台所に申されたこともあるのであろう。私から申し上げたならば、上様もきっと困られることであろうと思っていたが、四月十一日に太閤が京都にお帰りになった後もこのことがあると聞いたので、ついに言上したのである。このことを書き記すにつけても思い出すことがある。

その後、対馬の国の儒者雨森《あめのもり》東《とう》五郎《ごろう》俊良《としよし》[81]（芳洲《ほうしゅう》）という者が来て、

「新しい御代になって以来（吉宗の時代）、それより以前の代々の御政治について、世人があなたのことをとやかく言うこともありますが、一つとして過失と言うべきものもありません。ただ一つ世間で言って

いるようなことがあったのではないかと疑わしい点があります」と言う。

「それを聞かせていただきたい」と言うと、

「前々の御代（家宣の時代）に、『中国に花軍《はないくさ》ということがあるというのは、ほんとうか』と御下問があったとき、あなたは、『唐の玄宗《げんそう》の時代に風流陣《ふうりゅうじん》㉜ということがあったのを、そのように申します』と答えられて、やがて絵かきにその絵を描かせて奉られたところ、興味あることと思われ、その後この催しをなさったという話があるのです」

私は態度をあらためて、

「私は堯《ぎょう》や舜《しゅん》のことばをそらんじながら、わが主君を堯・舜のような主君にする㉝ことができないのは、まことに遺憾である。しかし、いまうかがったようなことは、私はまったく知らないことです。あなたが十七、八ばかり、私が三十のころに、はじめて木下錦里《きんり》（順庵）先生のところで学んで以来のおつきあいは三十年におよんでいる。それを、いまこうしたことで私を疑われるのは、頭が白くなるまでつきあっても、心が通わなければ、初対面の人と同じことだということば（『史記』鄒陽伝《すうようでん》）がありますが、自分をよく知ってくれる者には、出会いがたいものです。もちろん自分のことをわかっていない人の言うようなことなどは、問題にするにはあたらない」と言うと、相手もまた顔色を変えて、

「本当に、そういうことがあると信じていたならば、どうして前のようなことを申しましょうか。それをいまのようにおっしゃるのは、あなたという人も、私という人間をご存じないのだ」と言う。

この人は口さきだけで人につきあうのを私もよく知っている。それ以上言うこともなく、ただ笑ってすませてしまった。このことをまた同学の人に話したところ、「あの人の人柄をご存じないわけでもありますまい。深く気にかけるにもおよばないでしょう」と言う。あとで聞くと、法印養朴《ほういんようぼく》（狩野派の画家、常

信）が古画の風流陣の図を模写して、差し上げたことがあったのを、やがてだれかに下されたと言ぅ者があり、このことで、この絵は私の描かせたものと世間で噂したらしい。納得のいかぬことである」

宅地をいただき移転する

五月八日の御法会（家綱の三十三回忌）に参列したことは、先例のとおりである。同じく十九日に召されて、「いままでの宅地は狭いのではないか」とお聞きになって、一ッ橋の外側に宅地を改めて下さる旨、鳥居《とりい》伊賀守《いがのかみ》忠英《ただひで》を通して仰せがあり、二十二日に新居に移り、もとの宅地を二十九日にお返し申し上げた。六月十九日になって、「このたび与えた屋敷は、破損しているところがあると聞く。修繕費として金百両を与える」旨を詮房殿を通して仰せられた。

〔今回いただいた地所は八百坪だが、当時は六百余坪であった。この後、御春屋《おつきや》（精米所）を移転されたあとで、「土地を加える」と仰せつけられたが、おなくなりになったあとで、土地を加えられて、いまは八百坪となった〕

松平左門の事件

六月二十三日、松平和泉守《いずみのかみ》乗邑《のりむら》（伊勢亀山城主）をはじめとして、その一族十六人が、親族の松平左門乗包《のりかね》（寄合衆）を自分たちの戒めに従わないために義絶したという事件があった。これは左門の譜代の侍たちが、主君がよからぬ人物を登用したことに不満をもつことが知れて、今年四月に和泉守が諫言《かんげん》したけれども、けっきょく諫言を採用しないので、この月十九日に一族がみな義絶したのである。その譜代の侍たちは、この決定を聞いて、その日のうちに家を去った者が十一人、翌日、髪を切って出家した者が一人、その後登用された者も、いとまを願って職を退き、その一族二人もこれに従ったということである。私がこのことを聞いて申し上げた。

「お話によりますと、左門のふるまいは適当とは思われません。しかし、譜代の連中がどう言おうとも、登用された者が、必ずしも不適当な人物とも見えません。ただ、どちらの場合でも、主従ともに召し出して、尋問し、そのことの決着をつけられるべきでありましょう」

そこで、まず左門を溝口伯耆守重元《ほうきのかみしげもと》（新発田城主）にあずけられ、その後、主従ともに評定所に召し出されて事件の内容を尋問され、また一族どものなかにも尋問されることもあり〔松平石見守・松平壱岐守《いきのかみ》〕、その家来たちが召し出されて対決させられた結果、譜代の連中が最初申し上げたところとちがって、そのころ登用された前田〔貞右衛門〕という者の申すことに、一人も弁解のことばがなかった。また一族たちも、かの譜代の家老高木〔八兵衛〕という一人の者の言うことだけを信じて、もっぱら「前田を追放せよ」と言ったので、左門もその戒めに従わなかったのである。これらのことをよくよく取り調べられたうえ、あの譜代の者のうち、ある者は流罪、ある者は追放となり、前田は呼び返され、左門は本領安堵《ほんりょうあんど》となり(84)、その一族たちは軽率であることのお咎めをうけた。そのくわしいことは、このときのことを書き記して下されたものがあるから、ここには大要を書いておく。

御勘定吟味役をおく

私は思うところがあったので、意見書を差し上げた。

「現在、御勘定所というのは、中国古代では大禹《たいう》（夏朝の始祖）・伯益《はくえき》（舜《しゅん》の臣）などがつかさどったところで、三代（夏・殷《いん》・周）のときの大司空《だいしくう》（民政をつかさどる官の長）の職掌であり、漢・唐・宋・明の各王朝が設けた重要な官職を兼ねており、わが国の官制とくらべても、民部《みんぶ》・大蔵《おおくら》・刑部《ぎょうぶ》の三つの省、および勘解由使《かげゆし》など、四つの官をかね合わせ、その下に属した役人も、六つも七つもの仕事をつかさどり、天下の財源を生じ、その出入もこの役所のあずかるところであるから、日本六十余州の人民の楽しみも苦しみも、この職をあずかる人に人材を得るか得ないかによって決まることであります。これらの激務を一人で処理することは無理であります。だから、むかし（綱吉の時代）のように、勘定吟味役《かんじょうぎんみやく》という職を置かれなければ、適切とは申せません」

「その職には、どういうことをつかさどらせるのか」と仰せがあったので、お答えした。

「第一には、天領の年貢および代官たちの適不適、第二には、年貢米の運送、第三には、堤防をはじめとする土木事業のことなど、第四には道中宿場のこと、第五には諸国金銀銅山のこと、これらのことを調べ考えさせるべきものであります」

七月一日になって、その職を復活され、私の申し上げたとおりに仰せが出された。

〔杉岡弥太郎・萩原源左衛門(85)がこの職に任ぜられた。この二人は、勘定組頭《くみがしら》から選び出されたのである。御先代のときに、諸国の天領の年貢が年々減少して、わずかに二割八分九厘ということになってしまった。天領の百姓どもが納めるところがむかしと変わったとも聞かないから、代官所の手代などという者が私腹を肥やしたところがあったからであろう。また堤防など修理の費用も、年々増大した。これもあの手代どもが、それぞれ私利をはかったためだという。勘定吟味役を置かれた翌年、天領の年貢米は、あわせて四三万三四〇〇俵も増加して、百姓どもの喜ぶことはひととおりでなかった。堤防の修理費用も、三万八〇〇〇両が減少して、洪水・旱魃《かんばつ》の憂いもなくなった。運送のことも、いままでは年ごとに海に沈んだ米が数万俵あったが、これ以後は沈没の心配があることを聞いていない。そのほか、私の申し上げたことはみな着手された」

また意見書を差し上げた。

評定所のこと

「私の師匠でありました者（木下順庵）が申しておりました。評定所は天下の正邪を定めるべきところで、その関係するところはもっとも大きいと申します。近世以来、評定衆がその職務を怠って、その権限が下に移りました。もっとも適切さをかくことであります。また大名以下の人びとが借用した金銀のことで評定所の裁可を受けるのは、国の体面として適切なことではありません」

そうしたことを論じたので、七月五日、(86)評定衆に仰せつけられることがあり、また身分のある者の借用した金銀の処理について、評定衆の人びとの意見を申し述べよと仰せつけられ、私の意見をも求められたが、このことは決裁なさらぬうちにおなくなりになった。すべてこれらのことを考えて申し上げた草案は、いまも残っているはずだから、ここにはただその大要だけを記しておく。

荻原近江守罷免される

九月十一日、荻原近江守重秀が罷免されて、監禁された。世間の人はたいへん喜びあったけれども、その理由を知らない。じつは今年の春三月からきのう十日まで、私が三回まで意見書を奉ったためである。その理由を述べると長くなるが、一、二をここに記しておく。前代（綱吉）のときに、重秀が国家財政をつかさどって以来、家康公以来の良法がみな破壊され、武士や庶民の恨みと苦しみがしきりに起こったことは、世人のみな知っているところだから、いまあらためて言うまでもない。御当代になったはじめに、また銀貨を改鋳しようとされたが、上様の英断によって実行されなかった。そののち、日常のお居間を改築されるべきことを申し上げて実行したことも、前に記した。そこで世人が噂した。

「こんどの造営には、巨万の国の富を費やされる。たとえば一つの東屋《あずまや》を作るにしても、その材料はすべて沈香《じんこう》が用いられている。このこと一つを見ても、その他は類推できよう」

私はこのことを聞いて、詮房殿を通して申し上げた。

「万事、このごろ人の言うことは、信用のできないことが多いけれども、この噂は唐の沈香亭《じんこうてい》(87)のことであろう。こうしたことは、天宝の乱（安禄山《あんろくざん》の反乱）の原因となったことですから、今回の御移転はおめでたいとは申し上げかねます」

しばらくたってから、村上市正正直を通して、

「今回作ったところを見せよう。正直に案内させなさい」と仰せられて、普通の人びとの行けぬところまで、残りなく見せられ、かの噂の立った沈香で作ったというところまで行った。

これは南庭の池の向こうの山かげにある。奥行一丈ばかり、間口二丈にも達するかと見える東屋の、床柱には周囲一尺ばかりの丸い木に、蔓《つた》がところどころに巻きついているのを指さして、

「これこそ噂の沈木です」と正直が言うのを見ると、日本の材木ではない。これは今年の夏、城北の糒倉《ほしいぐら》にある糒を計量させてごらんになったときに、そこに一丈ばかりの沈香と言い伝えられた木があるのを、取り出して差し上げた。それは沈香とも見えるけれども、年月がたったせいであろうか、焚《た》いてみても、沈香らしい匂いはしなかった。この東屋を作られるころのことであったから「その材料に使用せよ」と仰せがあったのだった。

ここから見おろすと、今回改築されたところはすっかり見える。すべて見渡したところ世間の噂のようではない。また人の言うように、国の富を使いはたしたなどとも思われない。納得できないことだと思ったが、重秀が造営の計画を説明したはじめに、「お蔵にある材木はみな役に立たない」と言って、商人たちのところにあった材木を使用した。これは年来の慣習であるから、材木一本の価が百両もするほどであったが、重秀は、「こういうときにその価格を一々議論して決めていては、時間がかかってしまう。ただ商人たちが言うとおりの値段で買い入れるように」

と言ったので、その工事費を合算すると総計七十余万両の金を使ったなどという話である。〔前代のときに土木工事がたびたび行われたので、材木の価格がこれほど騰貴したことは前代未聞であった。むかしから伽羅《きやら》・沈木のたぐいは、その重さをはかって、その価格は銀の何倍などということはあったが、このごろは、「檜《ひのき》の一寸四方の重さを金の重さと比べて、その価格は金の幾倍にもなる」などと言われた。そのため、材木商たちはたちまち家を興し、あの人は幾十万を貯め、この人は幾百万を貯めたという者が数知れない。「彼らだけがこうした幸運をつかんだのではない。国財を濫用して、商人たちと分配し、自分の家を富ました輩もまた多い」と噂された〕

翌宝永七年（一七一〇）の春から、金貨を改鋳する意見が起こった。これは、「その春の俸禄として与えられた金貨のうちに裂けたり折れたりしたものが多くて、薄給の連中がことに困惑した」ということを上様が聞かれて、そのことを御下問になったのに対し、荻原重秀が意見を申し上げた。

「前代に改鋳されたものは、すべて金貨一両の重さは、慶長金のとおりですが、銀を加えたので、金の割合が少なく銀が多くなり、金属として硬質になったので、ものにさわると、折れたり裂けたりいたします。折れたり裂けたりすることのないようにするためには、金と銀との割合を、むかしの制度のとおりにするのがいちばんです。

しかし、いまになって、またむかしの製法のとおりに改鋳されたならば、こんにち世間で通用している金貨の数が半減してしまいます。だから、まず先に加えたところの銀の分量を取り除き、たとえ、一両の金貨の重さはむかしに及ばなくても、その品位はむかしどおりに作っておき、これからのち諸国の鉱山から出てくる金を使って、その重さもむかしに戻すことは、なんの困難なことがありましょう」

〔この春の御給金の金貨に、折れたり裂けたりしたものの多いことは、御台所にお仕えする女房たち、または御近習の人びとの召し使う坊主⑱・六尺⑲などという者の話すことが上様のお耳に入ったのである。これは合点がいかない。すべて上様に差し上げる金貨・銀貨は、みなそれぞれ金座・銀座というもののもとで、少しでも折れたり裂けたりしたところのないものを選んで進上するのである。それを下されたはずなのに、こんなものがあるはずがない。それなのに、こういうことがあったのには、必ずなにかわけがあるにちがいない〕

「みんなの意見がこれに一致している」と聞いたので、私の意見として、

「元禄のころ、金貨には銀を加え、銀貨には銅を加えて、改鋳されて以来、世間の人が貨幣の品位の高さ低さを論じて、そのため物価が安定いたしません。今回の改鋳で、たとえ品位はむかしの制度のとおりになったとしても、その重さはむかしの半分です。きっと世間の人の信用を失って、通用しにくくなることがあるでしょう。だから、今回、近江守重秀が御命令を受けて改鋳するところの金貨の品位が、少しでも法で定めたところと違うようならば、これを糾弾すべき役目

の人を選ぶべきです」
と申し上げたので、大目付衆一人・目付衆二人がその役を命じられたうえ、金貨改鋳のことが仰せつけられた。

〔この仰せは、四月十五日のことである。大目付は横田備中守、目付衆は長崎半左衛門・永井三郎右衛門。長崎は、いまの伊予守のことである。このときに、荻原重秀が金座に命じて金貨の見本を差し上げた。金の品位がむかしどおりになったものは、いままでの時代の金貨に比べると、薄く小さくなっている。また元禄の製品とはちがうけれども、むかしのものより銀を加えた分量の多いものは、そんなに薄く小さくはなっていない。私を召し出されて、詮房殿を通してその見本をお見せくださった。私はこれを拝見して申し上げた。

「むかし、私の知人のところへ酒の大樽二つを贈物した者があります。日がたつと、その酒がすっかり酢になってしまった。これは水を混ぜてあったからです。その男が深く恨んで、『たとえ小さい壺一つでも、水の混じらない酒がほしいものだ』と言いました。卑俗ながら、いまのことにたとえることができます。金貨が折れたり裂けたりしないように、銀を除き、そのために金貨が薄く小さくなっても、品位の高いものをこしらえるのに越したことはありません」

上様は「おまえの言うとおりに考えていた」と言われ、「薄く小さくなっても、品位はむかしの製品のように作れ」と仰せつけられた。さらにその見本を作って差し出したのを、「こうしたものを鋳造して、世間を欺いてよいものであろうか」とおっしゃって、私に見せてくださったのを拝見すると、その貨幣はむかしの製品のようで、さきに見たものよりは、やや厚く大きくなっているのをよく見ると、そのまんなかにあたるところは薄紙のように打ち、外側を厚く作ったものである。そのとき、私がまた申し上げた。「金貨を改鋳される費用も少なくないと思われますのに、不可解なことが一つあります。いままでの金貨から除き去ったところの銀をどうしたのでしょうか。これを利用すれば、費用は大いに省けるはずですが」上様は、きっとこのことを御下問になったであろうが、重秀がどのように答えたかは聞いていない。あとになって聞くと、このとき、すでに秘密に銀貨も改鋳したので、その材料に用いたのであろう。このときに重秀が奉行として製造させたのは、世間で乾字金《けんじきん》と言うが、これもなお金の品位はむかしにおよばないということを、いまになって金座の連中が言っているということである」

そうしているうちに、品位がなお劣っている銀貨が多く鋳造されるという噂が聞こえた。納得できないことと思って、「去年の春のように、国の経済が危機にのぞんでいてさえゆるされなかったことが、どうしてこのようなことになるのか。世間の人がみな言っておりますので申し上げます」と言った。日がたってから、「これを見るがよい」と言って、詮房殿を通して示されたものを見ると、荻原近江守が仰せをうけて、勘定衆のなかで銀貨の鋳造に従事する連中を詰問したところ、答弁の書状では、いま作っている銀貨は宝永三年七月に改定された法に反していないということが記してあった。私は、「そのことを管掌し、それに関与した者たちの言うことがこのとおりであってみれば、私としてまたなんの論争することがございましょう」とお答えして退出した。

「これは五、六月のあいだのことである。しかし、その月日は忘れてしまった。このとき、重秀が差し出した書状は、保木弥右衛門・小宮山友右衛門という勘定組頭で、銀座御用係といった二人が署名したものである。あとで聞くと、この年の三月六日に、重秀・保木・小宮山らの三人が命令して、ひそかに品位の低い銀貨を作らせたのである。これが、世間でいう二宝字銀《ふたつほうじぎん》である。まもなくまた四月二日に、いっそう品位の低いものを作らせた。これが世間で三宝字銀《みつつほうじぎん》というものである」

この年の冬、私は京都にいて、摂政殿（近衛家熙）のところへ参上すると、

「近江守が新たに恩賞を賜わったと聞いたが、どうか」とおっしゃった。

「これは昼夜苦心しているのをおほめにあずかったと聞いております。一般に、人の俸禄とか官位とかが、実際の功績をうわまわる場合はよいとは申せません。重秀がもしこの新しい恩賞に感激して、いままでのやり方を改めることでもあったならば、ひとり彼自身のためではなく、世のなかのためにも結構なことと思います」とお答えした。

〔重秀が新たに恩賞を賜わったこと（五百石の加増）は、上様の御治世の初めに、国の財源がすでにつきはて、代始めの行事を挙行することすらできなかったのを、彼の処置によって、そうしたことの停止や廃止などがなかっただけでなく、日常の御殿をもめでたく造営して差し上げたからである。これらの費用は巨万に及んだが、また彼の処置によって、とどこおりなく竣工した。当時、「この人以外に、こうしたことを容易に成功させうる者はいない」などとほめそやす人も多くて、そのために恩賞を行われたのである。

しかし、これらはみな悪だくみによって、秘密裡に、あるいは公然と人をだます術によってできたことである。たとえば、御先代の晩年に北ノ丸（田安門・清水門）に御隠居所を作るということで、このこと

を奉行する人びとが材木を探し求めたが得られなかったので、重秀に仰せつけられると、いく日もたたぬうちに、多くの良材を探し求めてきて進上した。驚き感心しない者はなかった。

これは重秀が年来天下の利権を掌中に握っていたから、天下の富商らは、重秀の心に反対する者がなかったからである。ましてその当時入手しがたいものは、その価格も高く、商人どものもうけも多かったから、重秀もまたその利益の分けまえにあずかるところが少なくなかったのだ。今回のことも、「国の財政がすっかり行きづまった」と言って、上様をはじめ世間の人びとを驚かしておいて、自分の処置によって無事に終わったことを、世間に披露させたことが二度までもある。

しかし、ほかに才知があったわけでもなく、ひそかに金貨や銀貨を改鋳して、自分自身もそのあまった利益を分け取り、国費を濫費させたのである。今回、金貨改鋳にあたって分配で得たものはどれほどであったであろうか。銀貨を改鋳したために、重秀が取った分けまえは、およそ金二十六万両以上で、その家来の長井半六という者も、金六万両をせしめた。そのほか古画・骨董《こっとう》のたぐいは、一々書き記すひまがない。このことは、銀座といって、代々銀貨を作ることを職業とした者たちが罰せられたとき、深江庄左衛門という者が自身で書いた帳簿が押収されたが、ここに詳細に書かれていた。これはただ世間でいう二宝字・三宝字・四宝字《よつほうじ》などという銀貨を鋳造した期間のことである。元禄・宝永以来、三十余年の期間のことは、くわしくはわからない」

朝鮮使節のことも、荻原重秀が仰せをうけてそのことに当たった。そのときの言動は、国の体面上適当とは思われない。外国使節送迎のための鞍馬のことは、私が意見を申し上げたために前例によって、諸国の大名の役として仰せつけられた。

〔近世以来、なにか造営事業があるごとに商人に入札させて、落札した者に請け負わせるということがある。たとえば、今回の客館造営のことなども、そのことをつかさどる奉行が造営すべき点を書き出して、その完成までの経費をいくらか賜わったうえ、修造すべきところを商人たちに尋ねると、それぞれその費用を計算して札に書き、封をして差し出す。これを入札という。奉行は、関係者を集めて、開いてみて、金銀の使用高が最少のものを落札と名づけて、それを入れた者に造営させる。これを「札を落とした」などというのである。竣工《しゅんこう》の後に、その価格をお上から支払われる。すべてみなこのとおりにする。

これは公正な考え方から出たようにみえるが、実際はそうではない。近ごろでは、商人たちは「たてもの」と名づけて、仕事の大小にしたがって、あるいは百両、あるいは千両をまず奉行に差し上げて、「この事業をもし私に仰せつけられるならば、お上からお支払いをうけたときに、また若干のお金を差し上げます」などと言う。これを礼物《れいもつ》という。そのたてもの・礼物の少ない者は、入札することを許されない。ましで、それらのことをしない者は言うまでもない。だから、入札があるたびにそれを行う奉行で、千両という金を手に入れない者はない。世間ふつうの人がしたならば、百両もかからないだろうことが、おおやけの仕事となると、万両を費やさなければ完成しない。御先代のときに、国の財源がつきはてたのは、主としてこのためである。だから今回朝鮮使節のことについても、一つとして商人たちの請負でなかったものはないというのも、そのよって来たるところから推量することができるであろう〕

そののち、月がたつにしたがって、改鋳された銀貨のことについて、世間の人びとに異論が絶えず、また物価も安定しなかった。「これは前に行われた御殿の造営と、朝鮮使節のためである」と言われた。古い時代では、「三年ごとに官僚の功績を調査する」(『書経』舜典《しゅんてん》)などと言われたが、上様が御代を継がれてからすでに三年たったけれども、天下の体制ははじめのときと変わったところは見られない。この年三月、こうしたことを論じた意見書を差し上げたときに、お答えがあった。

「才のある者は徳がなく、徳のある者は才がない。真の人材は、ほんとうに得がたい。目下のところ、国家の財政をつかさどらせる適当な人がいない。荻原重秀の人柄については、前から知らないわけではない」

むかしからいまにいたるまで、真の人材の得がたいことは言うまでもないが、重秀などは、才も徳も二つともとるところがない。それを、徳はないが、才があるように思われることは、このうえもないお間違いであるといったことを論じた意見書をふたたび差し上げた。勘定吟味役という職を置くようにお願いしたことは、前に書いたとおりである。最近、天領と私領の者たちの争いについて、評定所に呼んで対決させられることがあった。そのとき、重秀ひとりが、「私領の者はみな罪がある」と言ったので、評定衆の人びともあえて抗弁しなかったから、事件は決着しなかった。また、このたび、評定所に仰せつけられたことについても、重秀は評定所の人びとに向かって、「上様の仰せられたことは適当でない。議論すべき点がある」と言った。こうしたことにつけても、このような邪悪な小人物を使っておかれることが大きな誤りである理由を十ヵ条に記して、九月十日に意見書を差し上げた。私のことばの激烈なのに驚かれて、翌十一日の朝、詮房殿が上様の仰せをうけて、荻原重秀が罷免されたことを私に告げられたのであった。

〔これより前、近江の国滋賀郡鵜川《うかわ》村・打下《うちした》村の百姓と、北小松村の百姓とのあいだに、境界の争いが起こった。京都の町奉行所でそのことを裁決したのに対して、鵜川の者たちが訴えて出たので、代官に現地を調査させて再決した。しかし、なおも鵜川の者たちが異論を申し立てるので、入牢《じゅろう》させると言ったが訴えをやめない。こうなったうえは、評定所に召し出して対決させるべきであると言われた。

この年の春、私にこのことを仰せつけられた。「事の起こりは、一朝一夕のこととは思われません。事の内容はたいへんむずかしいと思われます」とお答えした。なぜかとお尋ねになったので、「北小松の者たちは、地中から木石のたぐいを掘り出して証拠としております。これによってその土地を北小松村につけたものと思われます。これらのことは、年来こまかく計画したことと噂されますから、前のようにお答えしたのです」と申し上げた。やがて評定所に召し出して対決させたところ、荻原近江守も、北小松の証拠は十分であると言った。

また紀伊の国船津《ふなつ》というところの商船が風に流されて、遠江の国篠原《しのはら》の浦に漂着したのを、天領の百姓がより集まってその船を破壊し、積み荷をかすめとったことがある。この事件も近江守は、天領の百姓に過ちはないと主張し、その船頭たちを処罰しようとした。

また陸奥の国二本松の近くの天領の百姓たちが、丹羽左京大夫尹重《にわさきょうだいぶただしげ》の家臣たちを侮蔑して、そのために傷つけられた。これも近江守は、「天領の百姓を傷つけたことは有罪」として丹羽の家臣たちを処罰しようとした。ここ数年来、評定所のことは、荻原重秀と本多弾正少弼忠晴《ほんだだんじょうしょうひつただはる》の二人の意見ですべてのことが決着したので、そのほかの評定衆たちは主張することができなかった。

また過日、評定所に上様から仰せつけられたことをも、「そのようには考えません。私は意見を申し上げたあとなら、仰せに従いましょう」などと放言したのである」

重秀が罷免される四十日ほど前、八月二日に、銀貨をまた改鋳させた。今回は内々の仰せをうけたものだといって命令した。これは不可解だと思っていたが、あとで聞くと、去る七月の末、重秀に仰せつけられたのは、「一昨年、宝永七年の夏ごろ、新鋳の銀貨が世間で流通していると聞いたので、そのことを尋ねたところ、そんなことはかつてございませんという証文を差し出したので、そのとおりに考えていた。しかし、その後も世間の噂がおさまらず、まさに人民の怨み苦しみはこのことにあると思われる。はっきり申し開きをせよ」ということであったのに対して、重秀は、「それについては申し上げることがあります」とお答えして、その翌日、次のように記して差し出した。

「御代をお継ぎになったはじめに、国家の資産はすでにつきはてておりましたので、銀貨を改鋳されるように申し上げましたが、そのことについては、これ以上問題にしてはならないということでありました。しかし、これ以外に国の財政を満たす方法がありませんので、一昨年以来、私がひそかに銀貨の改鋳をさせましたが、それ以来、万事とどこおりなくこんにちに至っております。私はもちろん自分の罪のほどは心得ておりますが、あえて申し上げます」

これを聞いて上様の驚きは、ひとかたでなく、「こののちどう処置したものか」と考え悩んでおられるうちに、重秀は、「申し上げるべきことはすでに申し上げた。いまはもう遠慮するところはない」と思って、八月初めにまた銀貨を改鋳させ、その命令書には内々の仰せがあったと書いたのである。

〔もし、前に記した深江の帳簿に書かれたような事実がなくて、ただ、重秀のこの書状だけを見たならば、たとえ悪貨鋳造によって庶民の利をかすめとることであるにしても、その志は、国のために一身をかえりみないということになるであろう。このように申し上げたことをみても、その邪悪のほどは想像がつく。「この書状は自分自身で書いたのであって、これはもちろん上様のご存じのない証文である。失ってはならない」と言った。いまも詮房殿のもとにあるはずである〕

この人はすでに退職させられ、まもなく死んだが（正徳三年九月）、その余毒は天下に流れおよび、いつの時代になれば、完全に除去されることができるかわからない。なかでも、軍事費の不足のため軍備が足らず、財貨の利用が正しく行われなかったことなど、公私の弊害はどうすることもできない。天地が開けてからいままで、これほど邪悪な小人物は、まだ聞いたことがない。こうしたことは、三十余年のあいだ、六十余州のうちで知らぬ人もなかった。しかし、両代（綱吉・家宣の二将軍）のあいだ、徳川家譜代の家臣などといわれる人びとは多いが、上様のために身を投げだして批判した人は一人もない。私だけが細腕をふるい、短い筆をもって意見書を差し上げることをやめず、すでに三回めに至ったとき、突然決意されて免職されたのである。のちの時代の君主としてまれな、立派なことである。その翌月になくなられたのであるから、もし、なおぐずぐずとしておられたならば、後世の批判の対象となることであったかもしれない。あぶないことであった。古代の人が「舜《しゅん》の大功績は堯《ぎょう》の二十分の一にはなる」[90]とほめた例もあるから、あのときの詮房殿の差し上げた書状と、私の前後の意見書をわが子孫に伝えておくのも悪くはなかろう。また子孫の者たちも、この君臣の相互理解をよくよく考慮すべきである。

将軍の御病気

この年、春が過ぎ夏になるころから、上様はなんとなく「御不快の様子である」という噂が聞こえたが、暑さを忘れて、やっと涼しい気候になったけれども、お薬は効果をみせない。「これからどうおなりになるのか」と不安であったが、九月二十五日に召し出されて、『二十一史』[91]を賜わったのが最後のお形見のおはからいになったのであった。一日たって二十七日に召し出されると、詮房殿を通してひそかに御下問になった。

「すべて始めのあるもので終わりのないものはない（揚雄『法言』）。だから、無事なときにも死後のことを考えておくべきである。まして病気の身として、その考慮なくしてすむことであろうか。それを女子供のように忌みきらって、臨終になって死後のことを考えても、過ちを免れることはできないであろう。自分は病状のおさまっているおりおり、死後のことを考えてみるに、問題は二つしかない。おまえの判断に従って、自分の心も決めたいと思うので召し出したのだ。

自分は思いがけずも家康公の大統をうけつぎ、わが跡取りとすべき子がないわけではないが、天下のことは私的に考えてはならない。古来、幼主のときに、世間に動揺のなかったことは少ない。家康公が御三家（尾張・紀伊・水戸）を立てておかれたのは、こうしたときの御用意である。私の死後は、尾張殿（吉通、二十四歳）に譲って、もし幸いに幼い者が成人したならば、そのときのことは、私の後継者の人の心にまかせるべきだと思う。それとも、自分にはたくさんあった子のうちで、跡取りとすることができる者がただひとり残っているので、それが幸いにも成人するまでのあいだは、尾張殿に西ノ丸にいて天下の政治を行なっていただき、もし私の後継者が不幸があった場合には、尾張殿に神祖家康公の大統を受け継いでいただくようにするか、この二つの方法をよく考えてみてほしい」

私はこれを承ってお答え申し上げた。

「無教養な男女でも、だれかわが子の幸せを願わぬことがありましょうか。それをそんなふうにお考えになったことは、まことに立派なことです。しかし仰せになったことは、二つとも国のため、世のため、適当とは思われません。遠い時代の先例をさがすまでもありません。家康公のときに、結城《ゆうき》殿（家康の第二子、秀康）がまだ早世されないうちは、天下の人心が不安定なこともありました。その次の秀忠公の御代にも、駿河殿（忠長。家光の弟だが、家光との不和から自殺）の御在世中は、天下の人心が安定しませんでした。まさしく親子・兄弟の間柄で、なんのこともあるはずはないのですけれども、俗なたとえにも、『禍いは下より起こる』というように、世間の人がそれぞれ自分の利益をはかるために、根も葉もないことを言いふらし、緊密な間柄が不快になり、そのはてには、同じ母君から生まれた弟君さえ、なくしてしまわれるようなことになったのです。

いまより古い時代でも、このようなありさまです。まして時代の下った当世のこと、もし、仰せられたようなことになったならば、きっと天下の人びとが党派に分かれて、最後には天下が乱れることは応仁の乱のころと同じようになることでしょう。御先祖で、幼いときに代を継がれた方が多いなかでも、家康公のとき（八歳で家を継ぐ）のことはいかがでございましたでしょうか。御三家をはじめ御一門の方々、譜代の家来などがこんなに健在である以上、若君が御代を継がれるのになんのさしつかえがありましょうか」

さらにまた、「考えたところはよくわかった。幼い者のことなどは、世間で言う『水の上の泡』である。自分が死んだあと、まもなく彼も死んでしまう場合のことをも考慮しておかなければ、遠い配慮がなかったということになるだろう。そうなったときはどうすべきか、また考えてみてほしい」と仰せられた。

「初めの仰せを承ったときにも申し上げたとおり、家康公が御三家を立てておかれたのは、そうしたときのためであります」とお答えすると、それを聞かれて、

「死んだあとのことについていろいろ考えた。だが病気から立ちなおって、きょうのことを『考

えなくともいいことを考えたものだ』と笑いぐさにしたいものだ」
そう仰せられるのを聞いて、私はただ、泣きに泣いて、やがて、「私が年来上様のためふつつかな心を披瀝《ひれき》し、及ばない力を働かせたことも、きょうかぎりとなろうとは思いもよりませんでした。このことをよろしく申し上げていただきたい」と詮房殿に言った。こう言ったのは、期するところがあったためであるが、こうしたときのことであるから、それ以上その理由を問われることもなく、私もまたそれ以上申し上げることもなかった。
〔このあとまもなく、なくなられたあとのことを深く遠く考えられたうえ、ただなんとなく御台所に仰せられたことがあって、おなくなりになるときになって老中を召されて、「自分の死後のことは、越前守(間部詮房)に言っておいた。尋ねるべきことは、彼に尋ねるがよい」と言っておかれたという。また私が、「御奉公もきょうかぎり」と申し上げたのに対して、「きっと御不審に思われるところがあるであろう。そのさいは申し上げよう」と思っていたが、それまでのことに至らなかったので、私もまた申し上げなかった。あとになって、このことを詮房殿に申し出たことがある。しかし、それも御血統の絶えないあいだ(家継在世中)だけのことである。いまはなにごとも見果てぬ夢となってしまった〕
荻原重秀が免職させられたのち、新たに銀貨を鋳造することを停止され、金銀のことを天下の人びととともに相談されることを仰せつけるための草案を私に求められ、それを十一日に下布するとのことを九日に老中に仰せつけられた。その夜、「御病気が急変された」と言って、世間の人はみな足が地につかずそわそわしていた。私も急いで参上すると、青山備前守明幸《あきゆき》㉒が私を待ちうけて、「お世継ぎのことが不安だったが、あなたが参上されたから、もう心配はない」と言ったので、「そのことは、とっくに決まっております」と答えた。「それは幸せなことである」と言った。こうした際に、このようなことを言った人はほかにない。なるほど名のある人の子孫(93)だと思った。これからあとは、もっぱら、お世継ぎのこと以外に仰せられることはなかった。

おなくなりになる日の十四日の昼ごろ、御台所をはじめ、若君たちの母君なども呼ばれて、「きょうは気分がいいように思う。この調子では、まもなく起きて元気な姿を見せよう」などと言われた。また高位の人びとをみな召し出されて死後のことを申しつけられ、近習の人びとをもみな召されて年来の労苦を慰められ、そのあとで詮衡に命じて私を召し出された。お枕もとには詮房殿、うしろのほうには正直がおつきしておったから、とくにおっしゃることもなく、ただ目を開いて私をじっとごらんになるばかりであった。これこそ、二十余年のあいだ、毎日お目にかかっていた最後である。

このあと、詮房殿に、「もう相談しておくべきこともないように思うが、まだなにか言うことがあるなら聞いておこう」と言われたので、詮房殿が「なにも残っておりません」とお答えすると、「それなら、予を起こしてくれ」と言われたので、控えていた人びとが「どうしてさように仰せられますか」と言うと、「言うべきことは言ってしまった。もう思いおくことはない。いまは早くからだを楽にしたい」と仰せられたといって、近くに控えていた人びとは、いまもそのときのことを言いだしては泣くのである。

〔このとき、年来近くに仕えた水野という人が召し出されて、思わず涙にむせんだのをごらんになって、「思いもかけぬ不覚者だな。人が死ぬのがなにほどのことであろう」と仰せられたという。「過ちを見ればその人の仁が分かる」(『論語』里仁篇)ともいう。彼がこうしたのも、まことにあわれである。また、このときにあたって、このように言われた上様も、まことに優れた君主であられた〕

長崎貿易銅のこと

御代を継がれたはじめの年から、長崎港で外国貿易に使う銅貨が不足して、貿易が行われにくく、庶民たちが産業を失うという報告が奉行所からあって、私に御下問があった。「簡単に議論すべきこととは思われません。そのことの本質をじゅうぶん考えたうえで申し上げましょう」とお答えした。それからあとで差し上げた草案は、別に本としたもの(『市舶議』『市舶新例』など)が多いから、詳細なことはここに書かない。その大要は次のとおりである。

「御当家が天下を支配されて、海外貿易がはじまって以来、およそ百余年のあいだ、わが国の貨幣が外国に流れだして、すでに大半はなくなった〔金は四分の一、銀は四分の三を失った。しかし、これも、公式に示されたところから推量して言うのである。そのほか、推量できないことは、なお大きな数量にのぼるであろう〕。

今後百年以内にわが国の財貨がつきはてることは、知者ではなくても明らかなことです。たとえ年々諸国に産出するものがあるといっても、これを人体にたとえてみれば、五穀（米・麦・粟・黍《きび》・豆など）のたぐいは、毛髪がたえず生えてくるようなものである。五金（金・銀・銅・鉄・錫《すず》）のたぐいは、骨が二度と生じないのに似ている。五穀についてすら、なお肥えた土地と痩せた土地があり、豊作と凶作がある。まして五金については、産地が多くはなく、しかも採掘しようとしてもいつでも得られるものではない。

わが国の有用の財をもって外国の無用の財にかえることは、わが国にとって永久の良策とはいえない。むかしから、わが国はまだ外国の助けを借りたことがない。だから、こんにちも、薬以外で外国に求めなければならないものはない。貿易船がむかしのように来なくなったとしても、こちらの必要とするものを手に入れる方法はないわけではない。もしやむをえないことがあったならば、古代の聖人の制度に『歳入の額を見きわめて支出を定める』（『礼記』王制篇）ということもあるから、わが国の財貨で現在流通しているもの、および毎年諸国から産出するものを検討したうえで、中国および西や南の海外の国々、朝鮮・琉球などに渡すべき年額を定められるべきである。たとえ、わが国内で売買する物価が倍にあがったにしても、わが国永久の財貨を出しつくして外国にわたすよりは、その憂いは少ないように思われます」などとくわしく意見を申し上げた。

「それならば、まず海外貿易の事例を記して差し出すように」と仰せつけられ、その事例にもとづいて、長崎奉行所に命令されることもたびたびであった。

「すべてこうしたことは、知恵があってもその材料がなければ行うことができない。資材が十分あっても、知恵がなければ計画することはできない。まして、材料も知恵もともにない場合は、言うまでもない。それは実行できない。したがって、これを行うのは困難でございましょう」などと意見を申し上げた。

ただ、「去年も今年も銅貨が足りず、庶民は生産を失って飢餓が日々に迫っている。これに加えて密貿易〔俗に抜荷《ぬけに》・抜買《ぬけがい》などといったことである〕のために、銀貨がたくさん流出した」などと告げ訴えてくるばかりなので、これらのことを上様はお聞きになって、

「これでは、当代のためにも、後世のためにもよろしくない。薬のようなものでも、むかしを考えてみれば、わが国に産出したものが少なくない。木綿・煙草などというものは、むかしはなかったが、いまはどこの土地でも産出しないというところはない。たとえ、むかしからわが国になかったものでも、その種をもとめ、適した土地を考えて移植することもできる。中国には古くから、倭錦《やまとにしき》などというものが知られており、また、わが国で織り出した反物のたぐいも、その数が多かった。こうしたものは、外国品を使う必要もない。まず試みに、それらのものを織らせるようにせよ」と仰せつけられた。

京都の奉行などがその仰せを聞いて、織らせて差し上げたものが、御臨終近くになって到着し

た〔九月十日のころか、はっきりと覚えていない〕。これを聞いて喜ばれ、詮房殿に仰せになって、私にも見せてくださった。常世《とこよ》の橘《たちばな》を持ち帰ったときに、すでに崩御しておられた故事(94)を思い出してなんとも悲しいことであった。

一乗院の宮に緋衣を勅許されたこと

正徳二年（一七一二）の春、一乗院の宮（霊元天皇の皇子、尊昭法親王）が関東に来られるというので、緋衣《ひえ》を勅許された。このことについて大乗院の門主が言われた。

「興福寺寺務職は、学業が不十分なうちは、緋衣を勅許された先例はありません。こうしたことによって、今後また二つの寺院（一乗院と大乗院）の差別ができてきて、争いのもとともなるのではないかと心配です」

こういうことを朝廷に申し入れられたのに対して、「今回、一乗院の宮に緋衣を勅許されたことは、親王という御身分によられたことである」などということからはじまっていろいろと仰せられたけれども、幕府から、「親王を尊敬すべきことと、同門の寺院のあいだに上下の差別をつけないようにすることとは、混同すべきではありません。だから、今後、寺院の儀式・法規においては、前々からの規則にしたがって御沙汰なされるべきではないでしょうか。また両方の寺院に優劣をつけたならば、興福寺全体として紛争のたえるときがないでしょうから、今後は皇子が一乗院にお入りになることを中止されてはどうでしょうか。それとも今後は大乗院にも皇子が入られることにすべきでしょうか。この三ヵ条についてよろしく御聖断をいただきたい」ということを申し入れたので〔九月二十九日に仰せられたところ〕、

「親王を尊敬することと、同門の寺院のあいだで上下の差別がないこととは、混同すべきではない。だから、一乗院の宮が学業資格が不十分のあいだは、法会のときに白衣《びゃくえ》をつけて行事にあたられるべきである。なおまた将軍家のほうで異存があるならば、今後、皇子が一乗院に入られることも中止されるべきである」という、大納言公全《きんあきら》卿〔徳大寺〕・前大納言重条《しげえだ》卿〔庭田〕の十月十三日の書状が、おなくなりになったあとになって到着した。これらのことは、私の意見をお聞きになり、京都のほうへ仰せられたところの草案も、私が差し出したのであるが、すべてただ見果てぬ夢となってしまった。

家宣公薨去

十月十四日の夕方をすぎたころであったか、上様がおなくなりになった。翌日、人びとが参集すると、御遺書を示されたので、聞く者はみな袖をしぼった。二十日には、増上寺に出棺され、私もお供にしたがった。このころ、毎日天上から花が降るということで、器をもって受けると、あざみの花のような金色に光るものが風にしたがって降ってくる。日がたつと、粉のようにくだけてしまった。

十一月二日の夕、御葬儀があった。喪服などということは先例がないので、人びとは衣冠に柏

ばさみ、黒づくりの太刀などをつけてお供にしたがった。私もまたそのなかに加わらなければならないのが悲しかった。そのころ、「大きな星があらわれて、月のまわりをめぐったのを多くの人が見た」などと言われたが、私はそれを見なかった。寺から御墓所にお渡りになるとき、あられがぱらぱらと降ってきたのかと思った。それが御喪屋《もや》の上にことにたくさんたまったのを、取って差し上げた。みな照りかがやく白い玉であった。二、三日のあいだは、その玉を拾おうとして、ここかしこにいっぱいになった人で道も通りにくいほどであった。こういうこともあるものである。もし人づてに聞いたのならば、信用できぬことと思ったであろう。御中陰までは、幼児たちも大声でものを言うこともなかった。「わが父母の喪に服するような」(『書経』舜典)などということを聞いたことがあるが、そのことをまさにこの目で見たのは、もったいないことである。

金貨・銀貨について一般の意見を問われる

十月二十三日になって、去る九日に老中に命ぜられた金貨・銀貨のことについて、世間一般の意見を問われることを実行に移された。このことは、将軍のなくなられたあとで、私が内密に記して差し出したかのように言った人もあったと聞いている。十一日に実行するようにと九日に仰せを承ったのであるから、老中の人びとは、私が内密に申し上げたことでないことは知っておられるであろう。

〔そのときの仰せを受けた人びとのなかで、相模守政直《まさなお》・河内守正岑《まさみね》・豊後守正喬《まさたか》の三人は、いまも健在である。

世間で金銀御遺言所と書いた札を、私の家の門にはってあったのを見たなどと噂した者がある。またこのことといっしょに思い出すことがある。御治世の初めに、落書《らくしょ》が多かった。延宝のとき（家綱の時代）にも落書があったが、こんどほどのことはなかった。だから、老中の人びとが、

「落書が日に日に盛んになることはよろしくない。はっきり禁止すべきである」と言われたのに対して、上様は、

「世間の人はこうした手段によって、はばかることなく思うところを言うのである。だから、こうした落書の中から、予の戒めとすべきところもまた採用すべきこともあろうと思うので、たとえどんなことが書いてあっても、写しとって差し出せと近習の若侍たちには言った。みなもまたそれを集めて見るべきである。これらのことを禁止して、世論の道をふさぐことは、もっともよろしくない」と仰せられた」

遠江の国篠原の浦の漂流船について

またそののち、遠江の国篠原《しのはら》の浦で、紀伊の国船津村の船が破壊された事件の処置を、評定衆に仰せつけられた〔月日はいま忘れてしまった〕[96]。これは船が風に吹き流されて、篠原の浦にうち上げられたのを、このあたりの者が集まって船を破壊して積み荷を奪い取ったのに対し、船頭が脇差を抜いて一人を傷つけたために事件が起こったのである。評定衆たちの意見は、

「このあたりの村民たちがより集まって、船の積み荷を盗んだことは事実であるが、その数があまりに多いから、とうていすべてを罰することはできない。また船頭は、金を入れておいたものをも盗み取られたと申し立てているが、本当はそれが盗み取られたのではない。こうした偽りを

えした。

言った以上、この男は首をはねるべきである」と言ったのを、私にも御下問があったので、お答えした。

「船のなかにあったものを盗み取ったことが事実であったならば、盗んだ者の数が万で数えるほどであっても処罰が行われにくいなどと言ってはいられません。寛永十三年（一六三六）八月二日の定では、『船頭が浦の者と相談して、その積み荷を盗み取った場合には、その船頭は言うまでもなく、共謀した連中はすべて死罪にし、その浦の者は、一軒ごとに銭百文ずつを出させるべし』と書かれています。御先祖がこうした法を立てておかれたのは、こうしたときのためでありましょう。まして、罪を犯した者の数が多いために、国の法律が行われないなどということは、もっともよろしくないことであります。寛永の制度によって、その張本人はその罪を糾明し、そのときに集まった者がいる浦々には、一軒ごとに銭百文を出させ、それを船頭に与えたならば、少しは失ったところの補償となるでしょう、またはじめに、『金を入れておいたものを盗まれた』と言ったのも、船を破壊された腹だちまぎれに、相手の罪を大きくしようと思ったからでしょう。そうでなければ、その船の積み荷などは浦々の者のために奪い取られて、痕跡も残らないでしょう。『金を入れておいたものを盗まれた』と言ったならば、それについて御処置なしにはすむまいと思ったからでしょう。下じもの者がこうしたふうに考えたことを、深く咎めるにはあたりません。まして、たしかにものを盗んだ者と、うそを言った者と、その罪はどちらが軽く、どちらが重いでしょうか。罪の重い者が刑罰をまぬがれ、罪の軽い者が刑に処せられるということは、いかがなことでありましょうか」

「そなたの意見どおりに判決文の草案を差し出せ」と仰せつけられたので、草案を差し上げた。なくなられたのちに、このように処置されたと聞いている。

(1) 間部詮房・詮之の弟。甲府藩に仕え小姓を勤める。宝永元年、家宣にしたがい、西ノ丸の小姓となり(二五〇俵)、従五位下中務少輔に叙任。六年、本丸勤務となり、その後たびたび加増されて計一五五〇〇石。享保元年寄合となる。十年八月二十六日没。四十五歳。

(2) 寛文三年五月二十三日、武家諸法度の発布と同日、諸大名に対し、口達をもって申し渡した。この殉死の禁止と証人(人質)の廃止を寛文の二大美事(善政)という。

(3) 延宝八年、将軍家綱死去の際、林信篤の撰《えら》んだ石槨《せっかく》銘は「征夷大将軍正二位右大臣右大将源家綱尊大君之柩」であった。官位の正しい書式は官位相当の場合は、官を上に位を下に書き、官位が相当しないときは位を上に官を下に書く。その場合、位の方が高く官が低いときは、間に「行」の文字を入れ、位が低く官が高いときは、間に「守」の字を加える。右大臣と正二位とは官位が相当しているから「右大臣正二位」と書かねばならない。右大将と正二位は相当せず、官の方が低いから、「正二位行右大将」と書かねばならない。連ねて「右大臣正二位行右大将源家綱」と書くのが正しい。

(4) 准三后《じゅさんごう》の略。親王・内親王・法親王・諸王・女御《にょうご》・天皇の外祖父母・執政の臣を優遇するため三后(太皇太后・皇太后・皇后)に准じて年官年爵を与えられたが、のちには名目的な称号となった。

（5）『書経』にもとづく表現。仲虺之誥《ちゅうきしこう》篇に「天すなわち王に勇知を錫《たま》い」、大禹謨《たいうぼ》篇に「皇天眷命《けんめい》し、四海を奄有《えんゆう》し、天下の君と為《な》らしむ」とある。

（6）『春秋左氏伝』隠公十一年の記載にもとづくことば。

（7）『詩経』大雅、文王篇に「周は旧邦なりといえども、その命維《こ》れ新たなり」とあり、周の国王に天下を治めよという新たな天命が下ったことを意味する。徳川家を周王朝になぞらえていったもの。

（8）家康の時代に、御料の進献・御所の造営を行い、伊勢神宮を造営し、家光の時代に伊勢例幣使を再興し、綱吉の時代に大嘗会《だいじょうえ》の再興、賀茂祭の再興、歴代皇陵の修築を行ったことなどをいう。

（9）閑院宮直仁親王の父は東山天皇であるが、東山天皇は、宝永六年六月、中御門天皇に譲位ののち、同年十二月に亡くなっており、法皇にはなっていない。白石の『折りたく柴の記』執筆当時は霊元法皇が健在であったので、白石は直仁親王を霊元法皇の皇子と間違えたのであろう。

（10）原文では加賀守忠朝とあるが、忠朝は元禄十一年、老中をやめており、ここはその子の忠増の誤りである。忠増は明暦二年生まれる。寛文十年、従五位下安芸守に叙任。のち隠岐守また加賀守に改める。天和元年、奏者番《そうじゃばん》となり、三年、一万石の地をたまわる。貞享二年、兼寺社奉行、四年、若年寄となる。元禄元年、職を辞し、一万石を返還。十一年、襲封（相模小田原一一万三〇〇〇石余）。宝永二年、老中となり、従四位下侍従に昇進。正徳三年七月二十五日没。五十八歳。

（11）延宝二年、御勘定となり、三年、一五〇俵をたまわる。天和三年、組頭、貞享四年、勘定吟味役となり、布衣を着することを許される。元禄九年、勘定奉行となり、従五位下近江守に叙任。たびたび加増されて三七〇〇石を知行する。正徳二年、免職、寄合となる。三年九月二十六日役。

（12）宝永五年三月、京都大火により皇居炎上。幕府は五月、有馬玄蕃頭《げんばのかみ》則維らに助役《すけやく》を命じ、皇居・仙《せん》洞《とう》御所・女院・中宮《ちゅうぐう》の御所などを造営した。六年十月に竣工。

(13) 非常時に備えて秤《はかり》のおもりの形に鋳造した金銀塊。家康のとき、金銀が多く産出し、大判千枚に達するごとに、分銅一個を造り、林羅山に銘文を書かせた。その数は三十六個になったという。重さは金分銅四十貫余、銀分銅は三十貫余。その後、万治二年正月にも鋳造された。そのときの銘文が本文に見える「行軍守城ノ用……」であった。これは明暦の大火にかかった金銀で鋳造したもので、金分銅二十四個、銀分銅は二六〇個になったという。

(14)『易経』繫辞《けいじ》下伝に「易は窮すれば変ず。変ずれば通ず。通ずれば久し」とある。易とは行きづまれば変化し、変化すれば道が通じ、通ずれば行きづまらずに永続するという意味。

(15) 後漢王朝の開祖光武帝に仕えた将軍。河北(いまの山西省内)で光武帝と戦った王朗を討伐して大功を立てた。大樹将軍とよばれる。

(16) 原文は「一説万詛《ばんそ》にたえず」。漢の劉向《りゅうきょう》の著『新序』雑事篇に「一人之《いちにんこれ》を祝《いの》り、一国之を詛《のろ》わば、一祝《いっしゅう》は万詛に勝《た》えず」とある。「説」も「祝」も、神に祈る意味。

(17) 管仲の著と称せられ、法家思想を述べた『管子』法法篇にあることば。

(18) 上古から四世紀半ばまでの蜀すなわち四川省の歴史を書いた『華陽国志』劉後主《りゅうこうしゅ》志にあることば。

(19) 荀悦《じゅんえつ》の著した前漢の編年史『漢紀』(元帝紀)に見えるが、字句に出入りがある。

(20)『易経』解の卦《か》の象伝に「雷雨作《おこ》るは解なり。君子以《もっ》て過ちあるを赦《ゆる》し罪あるを宥《なだ》む」とあるのにもとづく表現。

(21) 小姓組・書院番・新番・大番・小十人組などの番士をいう。番方の家系だけが旗本になるという説もある。

(22) 御番衆になること。番入りの資格は、万治元年六月の規定では、小姓組の場合、大番頭の子、書院番士の子、遠国役人の子、目付・使番・大番組頭の子（ただし一人）に限られていた。幕臣として番入りは昇進の第一歩であった。

(23) 軍船の総称。家光が寛永十年に向井将監に命じて造らせた軍船が有名。十二年六月に完成し、本所の船倉に置かれた。天和二年九月にいたり、大老堀田正俊が財政上の失費を理由に破棄を建議したため取りこわしとなった。

(24) 稙家《たねいえ》の子。初名、晴嗣・前嗣、竜山・東求院入道と号する。永禄三年、越後国の長尾景虎（上杉謙信）を頼って下向、帰洛後、足利義昭と不和になり、織田信長を頼った。天正十年、太政大臣となるが、まもなく辞し、本能寺の変後、豊臣秀吉と合わず徳川家康を頼って浜松におもむく。晩年、子の信尹と不和になり、慶長十七年没。七十七歳。詩歌・書画に長じた。

(25) 前久の子。初名、信基・信輔、三藐院と号する。文禄元年、秀吉の朝鮮出兵に従って朝鮮に渡ろうとして勅勘を受け薩摩に配流され、三年間坊津に住み、許されて帰京。慶長十年、関白。のち准三后。書道にひいで、一派を立てた。当時、松花堂昭乗・本阿弥光悦とともに三筆と称せられた。画もよくした。慶長十九年没。五十歳。日記『三藐院記』がある。

(26) 近衛基熙。尚嗣の子。母は後水尾天皇皇女昭子。応円満院禅閤と号し、法名は悠山。元禄三年、関白、宝永六年、太政大臣に任ぜられたがまもなく辞す。享保七年没。七十五歳。有職《ゆうそく》故実に精通し、和歌・絵画をよくした。主著『基熙公百首』。家宣夫人熙子の父。

(27) 白石はこのとき二百石を加増され、今までの切米・扶持米《ふちまい》を地方に直し三百石とし、合計五百石の知行取になった。

(28) 寛永九年設置。貞享二年に小普請奉行組頭が設けられ、元禄十四年、組頭の職名を改めて小普請奉行と称するにおよび、前の奉行を小普請方と称した。後の小普請奉行は若年寄の管轄で、江戸城本丸以下、紅葉山・増上寺・浜御殿・所々の用屋敷・役屋敷の営繕を管掌し、元方・払方の二局の職務を分担。役高二千石、従五位下諸大夫に叙任する。

(29) 七月晦日《みそか》の状に「引付問注所、上裁勘判の体、異見議定の趣、評定衆以下、これを注し給ふべし」とあり、上裁の語を将軍に用いている。

(30) 幕領の租税徴収、幕府財政の運営、幕領の訴訟をとりあつかう。勘定奉行を長官とし、その下に役人多数。役所は江戸城内と大手門内の二ヵ所にあり、後者を下勘定所という。

(31) 奥右筆・表右筆の別があり、前者は用部屋(老中・若年寄の詰所)に侍して機密文書を取り扱い、後者は表方の日記記載、内書・奉書そのほか定例の書翰などの文書の作成を担当した。この場合は表右筆。

(32) 蔵米取りの幕臣に対して金に換算して俸禄を支給する場合に、幕府は各地の米価を調べて米と貨幣の換算率を公定し、江戸城内中ノ口に張紙した。この張紙値段は各地に通達され、俸禄支給や石代納の基準となった。

(33) Coscinomancy 俗にいう「こっくりさん」。元来は箕《み》を用いて占ったから、この名がある。

(34)『老子』第六十章に「道をもって天下に莅《のぞ》めば、その鬼、神ならず」(無為の道をもって天下に君臨すればよく治まって、鬼神も鬼神としての霊威をなくする)とあるのにもとづくことば。

(35) 中国の古典演劇をさす。伝奇・雑劇ともに唐時代あるいは宋時代以来、語義の変遷があるが、ここでは前者は明時代以後の演劇形態、後者は元時代の演劇形態をさすとしてよいであろう。

(36) 雑劇と類似の用語で、曲芸やすもうなども含む、広範囲な娯楽の総称。
(37) 明代の臧晋叔《ぞうしんしゅく》が編んだ元代の代表的な雑劇選集。この選集は百篇の戯曲から成り、ふつう巻数は用いず、元曲選「百種」あるいは「十集」と総称される。五十六巻といえば端本《はほん》かも知れぬが、未詳。
(38) 老萊あるいは老萊子のことは、「老萊斑衣」として『蒙求《もうぎゅう》』に見え、また二十四孝の一人に数えられている。
(39) 国初以来明治にいたるまでの公卿の官歴を年代順に年ごとに記したもの。十世紀ごろに成立した『公卿伝』に代々書き継いだものといわれる。
(40) 天元年間以降、比叡山延暦寺と三井寺（園城寺）とのあいだに、戒壇院の設立をめぐり激しい争いがあり、以来、両者の仲は悪かった。ともに天台宗の総本山。
(41)『南都両門跡争訟議』二巻であるが所在不明。
(42) もとの文書に花押《かおう》があったことを示すため写しに「御書判」と書いたのである。したがってもとの文書は朱印状ではなく「判物」だったのである。
(43)「三井寺領判物」は慶長十四年五月に当時の三井寺長吏であった照高院門主（興意法親王）にあてて下付された。照高院は聖護院門主道澄の開創で、後陽成天皇の弟興意法親王があとを継ぎ、初代の門跡となった。その後照高院門跡は多く聖護院門跡が兼務。したがって白石の時代には三井寺の長吏は聖護院・円満院・実相院の三院が交代で勤めていた。
(44)『周礼』春官の大祝に見える九つの拝礼の形式。稽首・頓首・空首・振動・吉拝・凶拝・奇拝・褒拝・粛拝。
(45) 鄭大夫は、後漢時代初期の学者で、『周礼解詁《しゅらいかいこ》』を著した鄭興をさす。かれは「振動」を「両手を以て相い撃つ」拝礼だと解し、唐時代の学者陸徳明がそれをうけて「今、倭人《わじん》は拝するに両手を以て相い撃つこと、鄭大夫の説の如《ごと》し。蓋《けだ》し古《いにしえ》の遺法なり」と述べている。日本のかしわでを引きあいに出したのは鄭興ではなく、白石の叙述に誤りがある。なお、後漢の大儒鄭玄《じようげん》は、鄭興の説には反対している。

(46) 公用の旅行では朱印状または証文によって無料で一定の宿駅人馬の使用が許可された。一定数を越えると「御定賃銭」をもって人馬を雇用した。

(47) 進見は使節が将軍に謁し朝鮮国王の信書と礼物を上呈すること、賜宴は使節のために将軍が慰労の宴を催すこと、辞見は使節が帰国にあたり、将軍に謁して別辞をのべ、国王宛の返翰および贈物を受け取ること。『朝鮮信使進見儀注』『朝鮮信使賜饗儀注』『朝鮮信使辞見儀注』の三部の書がこれである。

(48) 関ヶ原戦の翌年慶長六年に、対馬の宗氏の家臣井上六左衛門を派遣して、和平交渉を始めた。

(49) 朝鮮からの撤兵下命は、慶長三年八月末のことで、朝鮮使節来朝の慶長十二年五月まで約十年となる。

(50) 天文十一年から元和元年までの家康一代の創業を叙したもの。松平忠明の著という。そこに「朝鮮使節一行が江戸から帰ってきた。きょう、駿府において家康公のもとに出仕した。贈物の用意がなかったので、巻物などでまにあわせたようである。城中の家屋がまだ完成していなかったので、使節一行はまもなく退出した」とある。

(51) 礼や音楽のような秩序・文化は、長年月の道徳的教化がなされてのちに振興されるものだ。『史記』叔孫通伝《しゆくそんとう》にもとづく。「礼楽の由《よ》って起こるところは、積徳百年にして後に興すべきなり」

(52) 家康の時、朝鮮への書翰に日本国王の称号が用いられたと白石は判断し、その後大君の称号が用いられたが、ここにいたり日本国王の称号に復したと考えた。

(53) 対馬藩主宗義成と家老柳川調興との争い。寛永八年、柳川の家来松尾智保が主人を藩主義成と匹敵する幕府の直参《じきさん》にしようと謀ったことから発生。十二年、家光の裁断によって、柳川一派は処罰された。このとき国書改竄《かいざん》のことが発覚した。すなわち「日本国主」とあったのを勝手に「日本国王」としていたのである。

(54)『易経』そのほか儒教の古典の注釈書に見える。

(55) 名は旦、周王朝の一族で、周公旦ともよばれる。王を助けて周の国の基礎をきずいた聖人だが、身分は臣下であった。

(56) 対馬藩の儒官雨森芳洲・松浦霞沼をさし、ともに白石の論に反対で、それぞれ弁論の書がある。

(57) 実際には朝鮮の朝廷では物議をかもしたのであるが、けっきょく幕府の要求を受け入れることになったのである。

(58) 名族の意。幕府の儀礼にあずかる。勅使・院使の接待、禁裏代参、年頭賜杯の給仕、伊勢・日光代参などを勤めた。在職の者を高家、非職の者を表高家という。老中支配、官位は正四位上少将にいたる。足利氏以来の名家、大沢・武田・畠山・吉良・大友氏らが世襲する。

(59) 諱は実名。天子・祖先など尊敬すべき人の諱を避けて、その字用いないのが旧中国の礼であった。七代前の国王・中宗の名は懌《えき》で、懌の字を返書の中に使ったのである。

(60)『礼記』檀弓《だんぐう》篇に、父が死亡したとき、その埋葬のあとの礼として、「故を舎《す》てて新を諱《い》め」とふれさせるくだりがある。「新」は新たに死亡した父の名で「故」は父の高祖（曾祖父の父）の名だ、と漢代以来の注釈家は説く。すなわち喪主の六代前の先祖の諱は、もう避けなくてもよい、というのである。

(61) 孔子が魯の国の家老格であったとき、夾谷（いまの山東省あるいは江蘇省内）で行われた斉の国との会合で、外交手腕を発揮して自国の領土を返還させ、主君を助けたことがある。

(62)『易経』繋辞下伝に「君子は幾を見て作《た》つ。日を終うるを俟《ま》たず」（君子は事のきざしを見て起ち上がるのに、まる一日を要しない）とあるのにもとづく。

(63) 正しくは法印大和尚位。僧位の最高位。儒者・仏師・連歌師・医師・画工などの称号として授けられた。

(64) 朱子学の根本理論。それぞれの事物に即してそれぞれの事物の理を究めつくすこと。理は自然界・人間界を貫く大法則。

(65)「御館造作事」として、大堀・築地・棟門・唐門・平門・上土門などの名称をあげている。

(66) 足利尊氏は関東を重視し、鎌倉府を設けて基氏を鎌倉公方《くぼう》とし、子孫相い継いだ。本文の鎌倉殿は、この鎌倉府および鎌倉公方をさしている。

(67)『太平記』巻十五、三井寺合戦の章その他に、槍・長刀《なぎなた》が出てくる。槍の出てくる最初の文献という。

(68) 斑幔は上下を横幅にして、その間をいく色かの布を交互に縦幅にして縫い合わせた幕。兀子は宮中の御斎会のときなどに僧侶の座に用いる四角四脚の椅子。

(69) 梅谷渋にみょうばんをまぜて染めた狩衣や直垂などの地。色は赤黄、濃く染めたものは焦色に近い。

(70) 原文では弌雄となっているが弌信の誤りである。弌信は万治元年に生まれる。信光の二男。延宝元年、陸奥棚倉藩主豊前守信良の養子となり、従五位下紀伊守に叙任。のち豊前守に改める。二年、襲封（五万石）、宝永二年、駿河国田中に転封。正徳二年、大坂城代となり、従四位下に昇る。享保三年、辞職。五年、越後国村上に転封。十年、致仕。十五年十一月十一日没。七十三歳。

（71）江戸幕府最高の裁判機関。寺社奉行・町奉行・勘定奉行の三者の合議により判決を行う。老中・大目付あるいは側衆《そばしゅう》・目付の加わることもある。和田倉門外辰ノ口にあった。

（72）直基が村上城をたまわった事実はない。これはその子の直矩の誤りか。直矩は幼名藤松丸。慶安元年、襲封（播磨国姫路十五万石）。翌二年六月、越後国村上に転封、正徳元年より六十二年前のことである。以前の村上領は本多氏十万石の所領で、直矩が転封されるにあたって、四万石の土地を村上領につけられたのである。

（73）宝永六年、村上藩主本多吉十郎忠孝が十二歳で没し、あと継ぎがなかったが、先祖の功労によって一族の忠良がその家を相続し、遺領十五万石のうち五万石をたまわったことをいう。忠良は宝永六年、襲封。従五位下中務大輔に叙任。七年、三河国刈谷に転封。家宣・家継に近侍。従四位下侍従に昇進。正徳二年、下総国古河に転封。享保元年、職を免ぜられる。十九年、老中となる。延享三年、職を免ぜられる。宝暦元年七月十五日没。六十二歳。

（74）惣《そう》庄屋・割元・大肝煎《おおきもいり》などともいう。金沢藩では十村《とむら》といった。郡代・代官・郡奉行の指揮下にあって、数ヵ村の庄屋・名主を支配し、法令の伝達、貢租事務、管内百姓の訴訟にあたった。苗字《みょうじ》帯刀を許され、扶持米を支給されている例が多い。管轄区域は組・郷・触などといった。天領では正徳三年四月、弊害多しとして廃止された。この村上の騒動が直接のきっかけになったものと思われる。

（75）大名の領国支配は、将軍の代替りごとに判物（十万石以上と侍従以上）、朱印状（判物頂戴以下）

を下付されて、あらためて承認されるのである。

(76) 種々の普請の手伝いをはじめ、江戸城の諸門の警備や火の番、大阪・駿府の加番、勅使・院使の饗応、外使の接待などがある。

(77) 所領の石高＝表高に規定どおり課せられる課役を本役、半分の負担を半役、三分の一の負担を三分一役という。

(78) 諸大名の重要な役務の一つに江戸城の諸門の警備があった。正徳年間、その人数と資格を規定。例えば、大手門は十五万石以下十万石以上の譜代大名にこれを命じ、給人二十人、侍五人、足軽百人、中間五十人をもって守衛した。白石の建議によって従来より軽減されたのである。

(79) 五街道宿駅の取締り、道・橋の修復など道中に関するすべての事務を総轄。万治二年、大目付高木守久の兼任が最初。のち元禄十一年、勘定奉行松平重良が兼務。これ以後両方より一人ずつ兼務。

(80) 家を道のわきに建てるのに、通りかかる人の意見を一々きいていては事が進まないというたとえ。『後漢書』曹褒《そうほう》伝に見える。

(81) 芳洲と号する。字《あざな》は伯陽。木下順庵の門人で朝鮮語・中国語に通じ、対馬藩に仕えて、朝鮮との外交にあたった。『橘窓茶話《きつそうさわ》』『芳洲口授』などの著がある。宝暦五年没。八十八歳。復号問題では白石と対立。

(82) 玄宗皇帝が宮中の遊戯として、楊貴妃に宮女百人あまりをひきいさせ、自分は宦官《かんがん》の少年百人あまりをひきい、美しい衣服を旗印にかかげて戦ったことをいう。『開元天宝遺事』に見える。

(83) みずからの君主を堯・舜のような太古の聖天子と同等にするのが臣下のつとめだ、という表現は、『孟子』万章上篇その他の古典に見える。

(84) 実は、一族の芳志を空《むな》しくし、家中《かちゅう》の輩《ともがら》を騒がし、公の沙汰に至ったことは、一人の不所存から起こるところであるとして、所領五千石のうち二千石を削られ、逼塞《ひっそく》を命ぜられた。

(85) 名は美雅《よしまさ》。元禄五年、御勘定となり、一五〇俵をたまわる。十三年、蔵奉行に移る。十四年、勘定組頭。正徳二年、勘定吟味役となり、加増されて五百石を知行し布衣《ほい》を許される。享保元年、二ノ丸の留守居。五年、勘定吟味役に復する。十七年、佐渡奉行となり、元文元年、長崎奉行に転じ、従五位下伯耆守に叙任。寛保三年、勘定奉行となり、延享二年四月四日没。七十七歳。

(86) 九月五日の誤り。『徳川禁令考』後集㈠の三五ページに「評定所の面々へ仰せ渡され候御書付」に所載。

(87) 香木の沈香を材料にして作った、ぜいたくな建物の名。唐の玄宗皇帝が楊貴妃とここで楽しんだことが、李白の「清平調詞」に歌われている。

(88) 江戸城内の雑務に使われるもの。剃髪《ていはつ》しているので坊主という。奥坊主・用部屋坊主・表坊主・中奥坊主の別がある。

(89) 坊主に付随して江戸城内の雑役に服するもの。奥六尺・表六尺などの区別がある。

(90) 春秋時代の魯の国の家老・季孫行父《きそんこうほ》が悪人を追放した行為に対する賞讃として、『春秋左氏伝』文公十八年に見えることば。

(91) 中国におけるオーソドックスな形式で書かれた、古代から元時代までの各王朝の歴史書の総称。『史記』『漢書』『後漢書』『三国志』『晋書』『宋書』『南斉書』『梁書』『陳書』『後魏書』『北斉書』『周書』『隋書』『南史』『北史』『唐書』『五代史』『宋史』『遼史』『金史』『元史』。

(92) 明幸とあるが初名、幸能・基成、のちに秘成《やすなり》。延宝四年、家を継ぎ（二五〇〇石）、寄合に列する。

貞享二年、小姓組組頭となり、布衣を許される。四年、小姓組番頭となり、従五位下丹後守に叙任。元禄三年、書院番頭に移り、九年、御側となる。宝永二年、西ノ丸勤務となり、四年、千石を加増。六年より本丸勤務。享保五年、駿府城代となる。加増されて計五五〇〇石を知行する。十年、辞職。十二年、致仕。十七年七月十三日没。七十五歳。

(93) 祖父青山幸成は大阪の陣に手柄を立て、百人組頭・書院・小姓組・小十人の番頭を歴任。摂津国尼崎五万石を領した。曾祖父忠成は幼少より家康に仕えた股肱《ここう》の臣。奉書加判（のちの老中）、江戸町奉行兼関東総奉行でもあった。

(94) 垂仁天皇の代、命を奉じて田道間守《たじまもり》が常世の国におもむき、「非時香菓《ときじくのかくのみ》」（橘）を手に入れて帰ったときには、天皇はすでに亡くなっていたという故事。『日本書紀』巻六に見える。

(95) 冠の纓《えい》をたたんではさむ、薄い木をさいて造ったもの。凶事に用いる。

(96)『新井白石日記』には宝永五年九月二十一日の条に議草上呈の記事がある。

年来、私がお仕え申したことも、上様が私を待遇されたことも、世上一般の者とは比べられない。だから、私の心に思うことで申し上げないということもなく、上様も、私の申し上げたことにお心をかけられなかったということもない。上様がすでになくなられたからには、私がたとえ申し上げることがあっても、だれがこれを聞いてくださるであろうか。前に「私のお仕えするのも、いまが限りだ」と言ったのは、このことのためである。

しかし、世の中のため、人のため、深く遠くおもんぱかられたことで、まだ実行されず、おなくなりになる直前まで承ったことは、なんとしてでも、私にそのお志の行われるように配慮するようにというお気持であったと思われる。このほかについては、御当代（家継）の政治をお助けする人びとがたくさんおられ、私が関係することでもないので、この年の春仰せられた御日記のことなどは、詮房殿に申しておいた。

〔これは年来、家康公の実録を編纂することを考えられ、その御下命があったが、当時の日記を見ると、あまりに文章が拙《つたな》いので、「まずその基準を作るべきだ。大事は若年寄に、小事は目付の者に問い合わせるがよい」と言って、いまの大和守重之《しげゆき》殿と加藤右近《うこん》〔目付衆〕とにそのことを命ぜられたのである。当時は、「仰せどおり行うことはむつかしい。まずいままでどおりになさるべきだ」と詮房殿に申しておいたことである〕

七歳未満の人が父母のために服喪すること

こうしているうちに、十一月になって、「御当代は幼主（四歳）のことだ[1]から、服喪もされない。まもなく、日光にも、伊勢にも、奉幣のお使いがあるだろう」などと噂された。「これはどうしたことか」と驚いたので、詮房殿に尋ねると、林大学頭信篤《だいがくのかみのぶあつ》が「七歳未満の人には、父母の喪に服することはない」と意見を申し上げたとのことである。前にも考えたように、御当代のことは私の関係するところではないから意見を言うべきでないことは言うまでもない。しかし、このことに関しては、そのまま放置しておくことができようか。

「中国の古礼に、七歳以下を『無服《むぶく》の殤《しょう》』[2]ということがあるが、七歳以下の者が父母のために服喪しないというわけではない。まして御当代は、天下の大統をうけついで、万民の君主たるべき方である。どうして世間一般の幼児の例に従う必要があろうか」と言ったので、詮房殿がそのことを信篤に問われると、信篤が答えた。

「私が命ぜられて選び作った元禄の服忌令《ぶっきりょう》(3)は、天下不易の制度であります。いったいだれがこうした意見を申すのでしょうか」

「老中の人びとがすでに信篤の意見に従われた。信篤の答えるところもまたこのとおりだから、人びとの考えを変えることは、とうてい不可能である」と詮房殿も言う。

「このことは、関係するところがきわめて大きい。しかし、このことで人びとと議論をされるのは、適当ではありません。私のごとき者は、一身を用いられようと、捨てられようと、国家の軽重には関係がありません。ただ、私の意見として人びとにお伝えください」と言って、その意見書を差し出した。その大要は次のとおりである。

「むかしの聖人が喪服の制度を定められたのは、父子・君臣からはじまって、一般に人間の秩序の道を大切にするためだと思われます。中国でも、後世になれば、むかしの制度と同じでない時代もあるので、ましてわが国の制度がむかしと同じでないことはありますが、すべてむかしの聖人の制度にもとづき、その時代にふさわしいところを斟酌《しんしゃく》せられなかったことはありません。元禄に服忌令を改定されたときも、むかしの聖人の御心を離れたわけではありません。

しかし、御先代は、御治世のはじめから、なにかお考えになることがあったのでしょうか。和漢古今の喪服の制度など、くわしく聞かれることがあって、私はそれを書き記して図も作って差し上げました。しかし、これらのことについてお指図がないうちにこんにちになりました。つつしんで考えるに、元禄の服忌令には、『七歳未満の人、相互に服忌なし』と書かれています。『この令は、わが国の令《りょう》（養老令）によった』④と聞いていますが、日本の令にも、七歳未満の人のためには服喪の制度がないと書かれているけれども、『七歳未満の人、父母のために服喪しない』とは書いてありません。中国のむかしの服喪の制度では、『幼児、父母のために喪に服す』と書いてあるのに、どういうわけで相互に服喪しないと書かれたのでしょう。また日本の令にも、『君のために臣たる者の服喪は一年』⑤と書いてあるのに、元禄令では、臣下たる者が主君のために喪に服する制度を除いたので、さしあたって、現在は家臣の服喪があるとは思われません。これらのことを元禄令による以上、いまあらためて服喪のことについて御沙汰があるべきでもありません。

ただ、しかし、御先代には、多くのお子たちがありましたが、幸いに上様だけが大統をお継ぎになったのに、御幼少ということで、服喪もなく、また天下を統治され、多くの家臣を召し使っておられるのに、そうした人びとの服喪もないということでは、なにによって国家の大喪ということができましょうか。

日本にも、心喪《しんそう》などと言って、喪服はつけないが、心で喪に服するということもありますから、上様をはじめ、家臣も、たとえ元禄令のように服喪がないにしても、せめて服喪の期限のあいだは、万事めでたいことをさし控えられるならば、元禄の令にもそむくことはなく、しかも、臣下や子としての情もすこしは生かすことができて、天下の父子・君臣の道がこのことによって両立することができるようになるでしょう。

しかし、いまになって心喪などということを言い出したならば、天下の人が、元禄令に疑わしい点がでてきた、などということもあるでしょう。たとえ天下の人が疑うにしても、ただ、七歳未満の人が父母のために服喪するという一ヵ条のみのことであって、その他の点には関係がないことであります。そのうえ、天下の政治も法律も、みな人倫を正しくするためのものであって、父に仕え、君に仕えることをその根本とします。したがって、七歳未満の人が父母のためにする服喪について、世間の疑いをまねくことを恐れて、そのため天下の根本を失い、天下の人倫の大道をなくしてしまうことと、どちらが重く、どちらが軽いと言えましょうか。

むかし、宋の英宗《えいそう》⑥（宋の五代の皇帝）のときと、明の世宗《せそう》（明の十一代の皇帝）のときに、これに似たことがあって、天子が成人されたのちになって、当時の大臣が罪をこうむったこともありました。現在は御幼少でいらっしゃるから、なにもおわかりではありませんが、御成人ののちに、ふりかえって考えられるであろうところも、御推察されるべきでしょう」

詮房殿は、私の意見書を袖に入れて、まず人びとに試問してみたが、さきに聞かされた意見が支配的になっていて、私の意見は行われないと思ったので、大御台所《おおみだいどころ》（家宣の夫人熙子、天英院）に差し上げ、私の心のうちをも申し上げると、御母上（家継の生母輝子、月光院）といっしょに意見書をごらんになって、おっしゃった。

「上様がまだ幼いという理由で、世間の人びとといっしょに天下の君主であった父君のために服喪することがなかったならば、天道の感応も恐ろしいことです。また成人されたのちこうしたことを知って、恨み、悔やまれることもあるでしょう。私たちが考え、希望しているという理由で、心喪のことをぜひ行うようにしてほしい」

人びともこのことを承って、かさねて意見を申し上げるべきでもないので、御神事などのことは、すべて十三ヵ月後に行われるように決まった。信篤は、自分の説が行われなかったことを深く怒って、「周公の『儀礼《ぎらい》』にも、朱子の『家礼《かれい》⑦』にも、明の国の礼法にも、喪服は相互に着るので、先方からこちらへ、こちらから先方へと着るべき服の法が一々あげられています。七歳までの子供は、無服の殤と申しますから、喪服を着ない子供からは、父母をはじめ長上への服喪はありません。『神道服忌令』『吉田家服忌令』『禁裏《きんり》服忌令』も、みなこれと同じであります」と記して、十一月二十九日、老中の人びとに差し出したのを、詮房殿は私にもまた見せた。

「このことは、私の考えたとおりに御沙汰が終わったので、いままた私がかさねて申し上げることもありません。しかし、私が近ごろ心魂をつくして考えたのは、むかしの聖人の制度に従って、天下の父子・君臣の道を定めたいと思ったからです。ところが、私の意見が、周公・孔子の法にそむくなどというのは、御当代のみならず古の聖人にまで無実の罪をきせることになります。この人（信篤）は、一時の寵遇をうけて、天下の人心を教導することを職としました。もし彼の説が行われたならば、聖人をして不忠・不孝の指導者としてしまうことになります。これは万世にとっての災いです。『儀礼』『礼記』などのことばを証拠として、根も葉もない世迷いごとを打ちくだかねばすまされません」

そう言って、『儀礼』『礼記』などをはじめとして、『大明会典《たいみんえてん》』『集礼《しゅうれい》』などまで引用して、七ヵ条を記し出し、「これらの書物によると、いずれもみな七歳以下の子供は父母のために服喪があります。それを『儀礼』『家礼』や明の制度などにその服喪がないなどと言うのは、必ず証拠とすべき明らかな文章があるはずである。各条の下に記して、差し出してほしい」と書き、また日本の「喪葬令《そうそうりょう》」などによって二ヵ条を記して差し出した。詮房殿は、私の書いたものによって信篤に質問されると、「『儀礼』『家礼』などの五等級の喪服⑧のなかに、無服の殤子が父のためにする喪という記述が見えなかったので、はじめのように書いて差し出したのです。そのほかに、七歳以下の人が父母のために服喪しなくともよいという明証はありません。『儀礼』『礼記』のことばによると、服喪がないとは言いがたいので、お答えするところはありません」と書いて、また私が別に書いた二ヵ条への答えとしては、『花鳥余情⑨』などという草紙を論拠として、「七歳未満の人は父母のために服喪しないのが、日本の習俗である。もし『儀礼』『礼記』によって服喪すべきだとされるなら、それらの書によって、父母のために三年の喪をも行われるのでありましょうか」などと記して差し出した。

私はこれを見て、「私の意見が周公・孔子の法にそむくなどと言うので、これをただすために『儀礼』『礼記』のことばを引いたのです。当人が前に言ったことは『儀礼』『礼記』のことばではないと始末書を出した以上、この一言で私の申し上げたところの真実性を天下後世に示すに十分でありましょう。いやしくも大学頭たる者が、こうした天下の儀礼の大問題にあたって、『源氏物語』の注釈本などを引用して、『わが国では、聖人の法は行われない』などと言うにいたっては、天下後世の世論が決めるであろうから、私が論ずるにもおよびません」と言って、私の提出した書類をもらいうけて帰った。

当時、天下のために父子・君臣の道を定めただけではなく、周公・孔子の道をわが国の万世のために守った証拠であるから、私の提出した書類は、私の子孫に伝えるのも悪くはないであろう。これらのことの詳細は、私のそのときの草案[10]および室鳩巣《むろきゅうそう》の『国喪正義《こくそうせいぎ》』という本に書かれているから、あわせ見るがよい。

〔あとで聞くと、信篤の弟子が言ったのを聞いたと言って、ある人が言った。

「このとき、信篤が詮房殿の質問項目を受けとって答えるべきことばがないので、ただ茫然《ぼうぜん》としているのを弟子が見て、そのわけを聞き、『源氏物語の注釈本には、幼主の父の天皇がなくなったときのことがあったように思います』と言ったのを聞いて、『それを捜してくれ』と言って、やがて『花鳥余情』によってその説を立てられたのだそうです」

自分の師匠のことをこんなふうに人に話すのも、この師にしてこの弟子ありと言うべきだろう。大学頭の師弟すら、こうしたありさまである。わが国の学問の衰退は、ああ、ここまできてしまったのだ」

年号に正の字を用いるのは不吉ではない

このころ、また信篤が『蜀都雑抄《しょくとざっしょう》』[11]『秘笈《ひきゅう》』[12]『千百年眼』[13]など三つの本を引用して、「年号に正の字を使うことは、不吉のことである。早く年号を改められるべきである」と記して、老中の人びとに差し出した。詮房殿が私の意見を聞いたので、いまは私の意見など用いられるべきではないけれども、そうかと言って、問われたことに答えないというのも、いかがかと思い、答申したことがある。その大要を記す。

「『近世になって、明国の人が年号のことを論じて、正という字を使ったときは不吉のことがある。およそ文字を扱うときに、忌むべき字である』などと言うことは、信篤が引用した以外の本にも見えるけれども、これはみな君子の論ではない。

天下の治乱、人の寿命の長短などは、あるいは天運により、あるいは人事による。どうして年号の字によって吉と不吉とがあるであろうか。魏《ぎ》の曹芳《そうほう》・曹髦《そうぼう》、梁《りょう》の蕭紀《しょうき》、金の哀帝《あいてい》、元の順帝などは、みなその身の不徳によって滅んだのである[14]。たとえその年号に正の字を使われなくとも、これらの君主は、その国を失い、その身を滅ぼさずにすんだであろうか。明の時代になっても、正統《せいとう》・正徳《せいとく》の時代のことは、みな君主の徳の不足と、政治がよくなかったためである。年号の字の罪ではない。孟子が『失政をその年のせいにしない』（梁恵王上篇）と言われたことをよくよく考慮すべきである。天下の治乱、人の寿命の長短などが年号の字によらないことを論じ明らかにするためには、その説がたいへん長くなって、まことに役にも立たない弁舌、ことばの浪費となる。ただ、だれが聞いても納得できるために、わかりやすい証拠を一つあげて申し上げる。

　およそ人を幼（十歳）・弱（二十歳）・壮（三十歳）・強（四十歳）・艾《がい》（五十歳）・耆《き》（六十歳）・老（七十歳）・耄《ぼう》（八十歳・九十歳）などといい、⑮その名称は同じではないけれども、それはただ年数がつもっただけのことで、対象の人間は変わったわけではない。また生まれて三月目に名をつけ、⑯二十になると元服し字《あざな》をつけ、五十になると（兄弟の順序にしたがって）伯・仲・叔・季と称する⑰ように、その呼び方は同じではないけれども、呼ばれる者は変わっていない。年・月・日・時という時間の単位もその呼び方は同じではないけれども、時を積みかさねて日となり、日を積みかさねて月となり、月を積みかさねて年となることは、ちょうど幼・弱・壮・強・艾・耆・老・耄などというように、呼び名は同じではないけれども、別人ではないのと同じことである。だから、年号というものがあるのは、月の名があるのと同じであって、また人間で言えば、三月たって名をつけ、二十になって字をつけ、五十になってまた字をつけるのと同じことである。

　もし年号に正という字を用いることが不吉ならば、月の名に正の字を使うこともまた不吉でなければならない。ところが、古代の聖人の世からいまにいたるまで、毎年の一月を正月と名づけて、孔子の『春秋』の法では、四始《しし》（歳・月・日・時のはじめ）といって、正月を年のはじめというのである。正の字がほんとうに不吉ならば、古代から、毎年不吉の月をもってはじめとするわけであるから、それからいままで一年として不吉でない年はないわけである。これらはあまり近くて、俗に睫《まつげ》が見えない⑱というのと同じ理屈と言うべきであろうか。

もし、年号に正という字が不吉であって、月名には正の字が吉であるという理屈があるならば、承りたいものである。『君子の行動は永久に天下に行われるべき道、行為は天下の法則、ことばは天下の準則となる』（『中庸』第二十九章）とも、また『天命を知らなければ、君子とは言えない』（『論語』堯曰篇《ぎょうえつ》）とも聞いておりますので、こうした筋の通らない議論は、君子の言うべきものとも思われません。

また、わが国の年号に正の字を用いられたことは、全部で十六回あるが、不吉のことばかりあったとも思われない。武家の代になってから、正慶《しょうけい》に鎌倉幕府が滅び、天正《てんしょう》に足利幕府が滅んだなどということを言うかもしれない。北条高時入道が滅んだのは、まさに正慶二年（一三三三）五月である。

しかし、その先祖、相模守時政《ときまさ》から九代のあいだ、正治《しょうじ》・正嘉《しょうか》・正元《しょうげん》・正応《しょうおう》・正安《しょうあん》・正和《しょうわ》・正中《しょうちゅう》などの年号がすでに七回におよんでいる。北条家がそれらの年号をつけたときに滅びないで、このときに滅んだのは、年号の字のためとは思われない。これは自分自身の招いた禍いによるのである。足利殿の滅んだのは、じつは元亀四年（一五七三）七月三日、義昭が出奔したためである。これらのことによって、この月の二十八日に年号を改められて、天正とされたのである。等持院《とうじいん》殿（足利尊氏）から十三代のあいだ、正長《しょうちょう》・康正《こうしょう》・寛正《かんしょう》・文正《ぶんしょう》・永正《えいしょう》などの年号が五回にもおよんでいるが、そのとき滅んだわけではない。およそ日本の年号がはじまって以来、それぞれの時代のことを詳細に議論して『それこれが不吉である』などと言えば、どういう文字にも不吉のことのないわけはない。その理由は、年号を改めるということは、わが国でも中国でも、多くの場合、天変・地異・洪水・旱魃《かんばつ》・疫病などによらないことはない。だから、むかしから年号に使われたほどの文字で、一字として不吉のことにあわなかったというものはない。もし、不吉のことは必ず年号の字に原因するということを憂えるのならば、古代のように年号というものはないのに越したことはない。しかし、わが国も中国も、ともに年号というものがなかった古代にも、天下の治乱、人の寿命の長短は人の世として必ず存在したのである。

　私は、イタリア、オランダなどの人に会って、世界各国のことなど、詳しく聞いたが、年号を使う国は、わずか二、三にすぎない。そのほかは、みな年号ということはなくて、天地が開けてから、幾千幾百幾十年などというのである。しかし、二十年前ごろから、ヨーロッパの国々で、その君主が死んで、世継ぎの問題によって乱れた国が少なくない（スペイン王位継承戦争など。『西洋紀聞』に詳しい）。去年の冬、今年の春も、多くの人が戦死したということである。これらはまた、いかなることのたたりでこうなったのであろうか。だから、年号がなくても、天運が衰え、人事に失敗があれば、乱れ、滅びずにはすまないと思われる。

また中国の諸王朝が同じ年号を使って、一方は興り、一方は滅びたことも少なくない。たとえば、永楽《えいらく》という年号は、はじめ五代のときに張遇賢《ちょうぐうけん》という蛮族が中天大国王などと称してその年号を永楽とつけたが、まもなく滅びた。その後宋の時代になって、方臘《ほうろう》という者が帝号を称して永楽の年号をつかったが、わずか八ヵ月で滅びた。その後また、明の成祖が即位ののち永楽の年号をつかわれたが、在位二十六年（じつは二十三年）というよい結果を得られた。これらの例を一々数えたてるひまはない。

また日本の年号にも、外国と同じものがいくつもある。たとえば、建武《けんむ》という年号は、後漢の光武帝が漢を中興されて、三十一年まで続いた。後醍醐天皇は同じ年号をつかわれたけれども、二年にもならないうちに、天下がまた乱れた。天暦《てんりやく》は村上天皇の年号で、日本のよい時代の例として伝えられているけれども、元の文宗のときは、これを用いたのに、わずか五年でなくなられた。こうした例もまた、数えたてるひまがない。およそわが国でも、中国でも、古今のことを考えてみれば、天下の治乱、人の寿命の長短は、年号の字にかかわらないことは以上のとおりである。

また、現代日本において、天皇の命令で全国に行われるものは、ただ年号という一つのことだけである。中国の本にも、そのことを論じたことも書かれている。古来、わが国で年号を改められた例は、代始め（天皇即位）または革命（辛酉《しんゆう》の年）・革令《かくれい》（甲子《かっし》の年）・三合《さんごう》（太歳と太陰と害気が合う年）・天変・地異・洪水・旱魃・疫病・戦乱・飢饉などの場合である。武家の時代となってからのちも、武家（将軍）の死によって改元された例は聞いたことがない。そのうちの一、二の疑わしい点をさして、改元の例があるなどというのであろうか。このこともまた明白にしておかなければならない。

建久十年（一一九九）一月十三日、前右大将頼朝がなくなり、この年四月十一日、⑲年号を改めて正治《しょうじ》とした。これは土御門《つちみかど》天皇の御代始めだからである。建保六年（一二一八）一月二十七日、右大臣実朝《さねとも》が殺されて、この年四月十三日に年号を改めて承久《じょうきゅう》とした。これは三合および天変・地異のためである。貞治六年（一三六七）十二月七日、宝篋院義詮《ほうきょういんよしあきら》（尊氏の子、二代将軍）がなくなり、翌年二月二十七日改元して応安とし、長享三年（一四八九）三月二十六日、常徳院義《じょうとくいんよし》尚《ひさ》（九代将軍）がなくなって、この年八月二十日に改元して延徳とした。これらは兵乱・天変のためである。このほか応永三十五年（一四二八）一月十一日、勝定院義持《しょうじょういんよしもち》（四代将軍）がなくなって、この年二月五日に改元して正長とした。これは称光天皇の御代始めだからである。これより前、応永十五年一月六日に鹿苑院義満《ろくおんいんよしみつ》（三代将軍）がなくなって、同三十二年二月十七日、長《ちょう》得院義量《とくいんよしかず》（五代将軍）がなくなったけれども、改元のことはなかった。また嘉吉《かきつ》三年七月二十一日、慶雲院義勝《けいうんいんよしかつ》（七代将軍）がなくなって、四年二月五日に改元して文安とした。これは、革令のためである。これより前、嘉吉元年六月二十四日、普広院義教《ふこういんよしのり》（六代将軍）が殺されたけれども、改元のことはなかった。これらは疑わしい点であるが、武家の死によって改元したのでないことは、すでにこのとおりである。

しかるに、いま御先代の死によって、正徳の年号を改めるように仰せ出された場合、もし朝廷の人びとがこれらの例によって異論を申されることがあれば、どのようにされるのであろうか。たとえそうしたことにはならずに、仰せられるところによって改元したとしても、天下後世の故実に明るい人びとが議論の種にすることがあったならば、現在、上様を補佐なさる人びとのおちどにならないでもない。これらの事情を、よくよくお考えになるに越したことはない」

そう申し上げたので、詮房殿がどのように処置されたのか、このこともまた実行されずに終わった。

〔信篤が明の儒者の説を信じて、正徳という年号が適当でないと思ったのは、その人物の愚かさから出たことならば、どうしようもない。それなら、なぜ御先代のときにこのことを言わなかったのであろうか。それをいまこういうことを言い出したのは、御先代にこうしたことを言いだす者がなかったのは、当時登用された人びとの無学の過ちからであると、世間の人びとが思うであろうことを意図したのであろうか。しかし、正保《しょうほ》の改元のときは、信篤の祖父（羅山）、父（春斎）が在世のころである。「正徳の年号は適当でない」と言わなかったことが、御先代に使われた者たちの過ちであるならば、「正保の年号は適当でない」と言わなかったのは、信篤の祖父・父の過ちであると言うべきである。こうしたことから考えるに、はじめ、「上様は幼いことであるから、喪に服される必要はない」と言ったことも、「古代においてすら、『三年の服喪は、まる一年でやめてもよい』(『論語』陽貨篇)と言われている。ましていまは、大御台所・御母上をはじめとして、重要な地位の人々も私の意見を採用されるであろう。また、正徳の年号が不吉であるといったら、大御台所・御母上をはじめ、重要な地位の人々も、自分の意見を信じて採用されるであろう」などと思う、例の曲学阿世の悪知恵によって、ふたたび時世にもてはやされることを願う奸計から出たことと考えられる」

正徳の疑獄

前のことを記すにつけて、思い出したことがある。御先代のとき、正徳元年八月十七日、進講の終わったあとで、むずかしい犯罪事件一件を書いて示された。

これを見ると、信濃の国松代《まつしろ》の人で、江戸に来て滞在して商売に従事する者があった。その妻は、武蔵の国川越《かわごえ》の駒林《こまばやし》という村の農民の娘である。去る七月十六日、その妻の兄が来て、川越に連れていった。同月二十日に、妻の兄がまた来て、妹に「おまえの夫は、商用で故郷に帰った。『すぐに帰ってくるだろう。そのあいだは父のところへ来て、帰りを待つがよい』と言った」と言って、同月二十一日に父のもとに連れていった。日数がたったけれども夫が帰らないので、いつごろ帰るかと父に問うと、「『二十八日ごろには必ず帰る』と言った」と言う。しかし、翌月の一日になっても帰らない。どうしたことかと不安に思っていると、「近くの川で水死した者がある」という話を聞いて、胸さわぎがして走っていって見たが、水の中にうつぶせになって死んでいるので、見わけがつかない。「どうしてもその人の顔が見たい」と父と兄とに言ったけれども、「心配することなどない」と言って聞き入れない。いよいよしんぼうしきれなくなって、翌日、その土地の名主《なぬし》に知らせて、その死人を引きあげさせてみると、まさしく自分の夫であった。

ここは秋元但馬守喬朝《あきもとたじまのかみたかとも》の領地であるから、留守の役人たちが、その妻の父・兄、またその家の者たちを召し出して尋ねると、答えるところが疑わしいので、その家を捜査すると、婿であった者の衣類・雑具などがみつかった。弁解のことばもなく、七月十八日の夜、父と兄と二人で、その婿を絞殺して、水の中に沈めたことが明らかになった。婿を殺した二人の者の罪は、疑うことはできない。しかし、その妻なる者は、父の罪をあばいたという罪の疑いがあるので、喬朝殿はその報告書を差し出したのである。

そこで、私はお答えした。

「この事件は、いわゆる三綱《さんこう》（君臣・父子・夫婦という人倫の三大綱）の変則であって、常道から類推することはできません。私がひそかに心配するのは、この親子・夫婦のことだけではなく、君臣の大義にも関係するからであります」

「それならば、評定《ひょうじょう》の者たちに、こうしたことの判例があるか調べて、差し出すように命ぜよ」とおっしゃった。家に帰ってから、友人の室鳩巣《むろきゅうそう》とひそかに相談したが、翌朝、彼のよこした手紙に、『儀礼』の「喪服伝」の斬衰《ざんさい》の条⑳を引用して、「これらの文章によってこの事件を処断したならば、疑点はないでしょう」と書かれてあった。最初、室の意見を聞いたときに、自分の考えと同じであったが、いままたこうした確かな根拠を得られて、私は幸いに思った。

二十二日の進講のあとで、評定衆の差し出した判例を写し出されて、上様は、「これはこの事件を判定すべき判例とは思われない。おまえはどう思うか」と仰せられた。その判例を見ると、貞享四年（一六八七）四月、夫が自分の養母と密通したと告訴した女があって、その密通の二人は、斬首のうえ獄門にかけられたが、その女は、母と夫とを告訴したという罪によって、入獄一年、同五年三月になって、奴《やっこ》㉑とされたことを記してあったのである。「仰せのとおり、これはこの事件の判例とすべきものではありません」と言って、この女は罪せられるべきではないと申し上げて退出した。

二十五日に召し出されて、「老中どもが大学頭信篤の意見を奉ったのを見るがよい」と言って、その写しを下された。その議案には「『男はすべて夫となる可能性があるが、父はかけがえがない』㉒これは鄭《てい》の国の祭仲《さいちゅう》の娘が、自分の母に、父と夫とどちらが親しい存在かを尋ねたときに、その母の答えたことばである。この際、父の罪が露見したのは、娘が訴えたからである。『論語』にも、父の悪を隠すのを正直だとしている。㉓律書㉔にも、『父母の悪を告訴する者は殺す』と書かれている。だから、父の罪を訴えたのは、死罪にあたる。もし、父が夫を殺したことを知らずに訴えたのなら、また別である。日本の律（養老律）には、『父母の悪を告訴する者は流す㉕』とあり、その注には、『絞殺する』と書かれている」と記してある〔この月二十三日に奉った議案である〕。

「祭仲の妻のことばなど、採用すべきではなかろう。またこのことは、過ちから起こったことではない。また孔子が、隠すのが正直だとおっしゃったとも思われない。このうえはおまえの意見を記して差し出せ」とおっしゃったので、家に帰って、やがて草案を書いて二十六日に差し出した。その意見は次のとおりである。

「つつしんで今月十七日の仰せにお答えします。商人の妻があって、夫が家を出て帰ってこない。時がたって、溺死した者があるという噂を聞いて、名主に願ってその死体を見れば、自分の夫である。取調べの結果真相が判明し、父と兄が共謀して婿を殺し、死体を水中に沈めたのであった。役人は、娘が父を告発する罪を犯しているのではないかと疑ったのである。評定衆が審議して、『財産を没収して奴婢とすべきである』と言い、儒者（林信篤）の意見では、『父を告発した罪をもって処断すべきである』という。ここで私にもまた意見を徴せられた。

つつしんで考えるに、この事件は三綱の変則であるから、常道から類推すべきではない。考えて、判断すべき点が三つある。

その第一は、万事を正すのに人倫の大綱をもってすべきである。いわゆる三綱とは、君は臣のたよるべき綱《おおづな》、父は子の綱、夫は妻の綱ということである㉖。まずこの三綱について、君と父と夫とはその尊さは同等で、これに仕えるに差別があってならないことを知らねばならない。

第二には、準拠とするのに、喪服の制度によるべきである。古代の聖王の制度では、女子がいいなずけになって、まだ家にいるあいだと、いったん結婚したが別れて実家に帰っているときとは、父が死ねば、父のために斬衰（あらい麻布で、裾をぬわずに、切りはなった衣服）を三年着用する。すでに結婚して夫に従うときは、父が死ねば、斉《し》衰《さい》不杖《ふじょう》期《き》（裾を縫った、斬衰に次ぐ喪服を一年間着用）の喪に服する。そこで、女子が実家にいるときと、結婚して出たあとでは、父に対する服喪がちがいすぎるという疑問が出るから、『儀礼』の「喪服伝」にその道理を明らかにして、『女には三従の道がある。自分だけの道はない。そこで、結婚以前は父に従い、結婚した以上は夫に従い、夫が死ねば子に従う。だから、父は子の天であり、夫は妻の天である。女が斬衰の喪服を二つ着ないのは、ちょうど天が二つないのと同じである。女は二つのものを尊ぶことができない』と書かれている。だから、この『女は二つのものを尊ぶことができない』という趣意によって、人の妻たる者は夫に従って、父に従うべきでないという道理のあることがわかる。

第三には、臨機応変の法で考えるべきである。すべてものごとには、変わるものと不変のものとがある。これを処理するには、経（不変の基準）があり、権（臨機の処置）がある。むかしの儒者は、『権とは、経を達成する手段である』[27]と言っている。女が未婚のときは父に従い、結婚しては夫に従うのは、時宜にかなった行いであって、[28]いわゆる古代の聖王の制度である。君は君らしく、臣は臣らしく、父は父らしく、子は子らしく、夫は夫らしく、妻は妻らしくするのが人倫の常道である。[29]君が君らしからず、臣が臣らしからず、父が父らしからず、子が子らしからず、夫が夫らしからず、妻が妻らしからぬのは、人倫の変則である。[30]君が君らしくなくても、臣は臣らしくないということがなく、父が父らしくなくても、子は子らしくないということがなく、夫が夫らしくなくても、妻は妻らしくないということがないのは、人倫の変則に対処して常を失わないものと言える。およそ人の臣でありながら父が主君を殺し、人の妻でありながら父が自分の夫を殺すというようなことは、人倫の変則の最大のものであって、臣たる者が君に忠ならんとすれば父には孝とならず、妻たる者が夫につくそうとすれば父には孝とならない、この人の不幸は、最大と言うべきである。むかしは、人の臣として、父に従わないで君に忠であった者がある。唐の李璀《りさい》・石演芬《せきえんふん》[31]のごときがそうである。人の妻として、父と兄とに従わないで夫につくした者も、その先例がないことはない。漢の孝平后《こうへいこう》・孝献后《こうけんこう》、北斉の天元后《てんげんこう》、呉の太子妃《たいしひ》[32]のごときがそうである。

しかし、父のために夫が殺されて、そのことを告発した者は、まだ見たことがない。夫が君の命を受けて、自分の父を殺そうとするのを知って、父に告げて、その父によって夫が殺されたという先例はある。鄭の祭仲の娘、雍姫《ようき》がそうである。はじめ雍姫は、父と夫とその親しさはどちらが大きいかを疑って、母に問うたところ、母が答えて、『男はすべて夫となる可能性があるが、父はかけがえがない。どうして比較できよう』と言った〔これが信篤の論拠である〕。その母の言ったところと雍姫が告げたところが正しいのであるならば、夫たる者のために、その父を父とせず、その兄を兄としなかったようなことは、不孝・不悌《ふてい》（年長者に対する欠礼）で、不義とすべきであろうか。もしここに人の臣たる者があって、自分の父が主君を殺そうとするのを知り、『人はだれでも主君とすることができるが、父はかけがえがない。どうして比較できよう』と言って、父といっしょに君を殺したとすれば、それはよいことであろうか、よくないことであろうか。

衛の公子の州吁《しゅうく》がその君を殺した。石碏《せきさく》の子厚《こう》が共謀していた。石碏が陳に告げて、『この二人は、じつにわが君を殺しました。思いきって謀殺してください』と言った。君子がこれをほめて、『石碏はとても忠義な臣である。大義親《しん》ヲ滅スというのは、このことを言うのか』と言った。㉝孔子が『父は子のことを隠し、子は父のことを隠す』と言われたのは〔これまた信篤の引用したところである〕、人倫の常道だけである。羊を盗むのと主君を殺すのと、どちらが大事で、どちらが小事であろうか。

古代の聖王の制度では、すでに結婚した娘は、その夫を天として父を天とすることができないのであるから、自分の父が夫を殺したことを告発したとしても、世上一般の父母告発の法律をもって論ずることはできない。ましてこの女が名主に願って、死体を見てから、それが夫であることを知り、役人がしらべて、その父と兄が婿を殺したことを知ったのを見ても、父と兄が夫を殺したことを知ったうえでこれを告発したのとは、たいへん事情が異なる。こうした女を断罪することは、まったくその理由がない。父や兄が夫を殺した罪が暴露された日、たちどころに自殺したならば、夫のためには義となり、父のためには孝となり、兄のためには悌となり、人倫の大きな変則に対処して、善をきわめたということができよう。

しかしそうした議論は、これまた完全でないと言って人を責める議論であって、『君子が寛大の心をもって人をゆるす道』にはならないであろう。むかしから、父のために夫が殺されて、自殺はしなかったが死ぬまで夫へのまことを守った女は少なくない。古人は、その女が死ななかったために節操を小さく評価したりはしなかった。

私がひそかに考えるに、およそ人の妻たる者が夫に仕えるのは、ちょうど人の臣たる者が君のために忠をつくすのと同じである。もし、李璀・石演芬が世間のいわゆる忠臣・義士であるならば、祭仲の娘雍姫のような者を孝行で従順な女としようとするのは、私が関知するところではない」

また、この意見にそえて申し上げた。「評定衆が差し上げた判例によると、『この女は、入獄一年ののちに、身分を没して奴婢とすべきである』となっており、大学頭の意見によると、『この女が、父が夫を殺したことを知って告発したのならば、死刑をもって処断し、もし事情を知らなかったのならば、奴にすべきである』と言っているようである。

もし私の建議のように、この女が罪せられずにすむのならば、あえて希望したいことがある。このあわれな寡婦は、すでに身をゆだねるところを失ってしまった。青々とした松の色が、寒さのなかでも変わらずにあるということは、必ずしも保証できない。私は、ただ、この女が節操を失うことを惜しむだけではなく、またおおやけの法にそむくことをおそれる。わが国の習俗では、父を失い、夫を失い、僧となりまた尼となる者が少なくない。そっと婉曲に話をして、この女を父と夫のために尼になるようにすすめ、尼寺におくりこんで、頭を丸め、受戒させ、父と夫との財産をあわせてこの寺に施し、生活の心配を除いてやるならば、おおやけの法律も、女の操《みさお》も、両方とも守られるであろう」

やがて私の意見によられて、お指図があったが、秋元喬朝殿のはからいで、女は自発的に尼になることを願い出て、鎌倉の尼寺（東慶寺）に赴いたと聞いている。

家継公御代始め

御中陰が終わってから、十二月十一日に御代始めの儀式が行われた。以前の御代では、まず元服の儀があって、正三位大納言にされ、正二位に昇進し、御代を継がれるときになって、将軍宣下の宣旨をいただき、内大臣右近衛の大将にもなられたのである。御当代は、ことに幼いうちに御代を継がれたので、まず官位のことを朝廷に申し出られたのちに将軍宣下の儀式もあるはずで、そうしたことを申し上げる草案を、御先代の時のように私が奉るように詮房殿に言われた。これらのことを、いまお断り申すわけにもいかないので、草案を差し上げた。

将軍の御実名

またお名まえの字のことも、以前の御代には、父君がつけられたのであるけれども、御当代は上皇（霊元上皇）が、御自身で揮毫してくださるとのことで、将軍家のほうから希望される文字を私が考えて奉るようにと仰せつけられたので、上皇にお願いする草案とお名まえの文字についての意見書を差し上げた。

正二位大納言の宣旨

今回は正二位大納言になされる由、十二月十二日に書状による宣旨があった。これはすでに将軍職についておられたからであろう。上皇の御自筆の御名の字も、宣旨とともに二十二日に到着したのを、吉日を選んで、二十三日に奉ったので、二十五日には、人びとの参賀の儀式があった。この日、御先代のときの例のように、黄金三十両を私に下さって、奉公の苦労をねぎらわれた〔こののち、毎年同じであった。このほか、おりおりの頂戴物も、すべて御先代のときと変わらないから、一々書かない〕。

御着袴の儀式・御印鑑の文字・書物を賜わること

あけて正徳三年一月一日、御着袴《ごちゃくこ》の儀式があった。同二十三日、黄金二枚をいただいた。これは印鑑の字をお選びしたためである〔御内書を下されるときに使われるのである〕。この日、また間部詮房殿・本多忠《ただ》良《よし》殿らが仰せを伝えて、御先代のとき、私に下賜されるために長崎の奉行所に命ぜられたものが、最近江戸に到着し、その三部の書物をいただいた〔『三才図会《さんさいずえ》』[34]『農政全書』[35]『古印譜』[36]など〕。

御元服のこと

二月十八日には、元服の式の次第を作って差し上げた。まもなくこの儀式が行われるはずなので、かねてから仰せをこうむっていたのである〔元服の道具、その日のお座敷の装飾などのことについては、みな私の意見を採用された〕。

三月二十二日、白書院にお出ましになって、元服の儀式が行われた。冠をつける役は、彦根の井伊直該《なおもり》殿、髪をととのえたのは、会津の松平正容《まさかた》殿であった。私もその御座所のうしろにいて、儀式を拝見した。このころ、近衛前摂政大相国《たいしょうこく》（基熙）が江戸に下向されたので、御旅館にたびたび参上した。

将軍宣下、宅地を増して下さること

四月二日には、将軍宣下の儀式が行われた。このときもまた御座のうしろにいたことは、御先代のときと同じである。閏五月六日には、御先代の仰せくださったとおり、私の宅地を増してくださった（一八三ページ参照）。

釣鐘の銘・御院号のこと

九月二十八日に、文昭院（家宣の諡号《しごう》）の釣鐘の銘文を作って差し上げた。これも御命令によってである。その銘文を高玄岱《こうげんたい》㊲〔深見新右衛門〕が揮毫した。去年おなくなりになったあとで、伝奏《てんそう》㊳から、御院号のことはいかようにも将軍家の考えにまかせるという天皇の内々の御意向であるといって、その文字を二つ三つ記してこられたのを、詮房殿が私に見せられた。「御院号のことは、外国にも、後世にも伝わるものだから、どうしてもふさわしい字にしたい。文と昭との二字のうちからよろしくお選びくださるよう」朝廷

に申される草案を差し上げたので、老中の人びとがその旨お答え申し上げたところ、朝廷から文昭という字をいただいたのである。

御先代の御廟号をも御当代の御名字をも私が選んだものを天皇も上皇も採用され、また御廟の釣鐘の銘文をも作って差し上げたことは、まことに名誉なことである。十月十四日、一周忌の御法要にも、法会を担当する人びとのほかには、間部詮房殿・本多忠良殿・松平清武《きよたけ》殿〔松平出羽守〕・その子内蔵頭《くらのかみ》清行《きよゆき》・間部隠岐守詮之《あきゆき》・間部淡路守詮衡《あきひら》・村上市正《いちのかみ》正直・私、このほかに近習の諸大夫二人〔細井和泉守・窪田肥前守、このうち、隠岐守・和泉守・肥前守の三人は、御廟造営奉行であったからである〕、これら十人ばかりが正式に束帯の装束で伺候した。これまた御先代の儀式によられたのである。

大和川魚梁船のこと

この年七月二日に大和川の魚梁船《やなぶね》についての命令があった。これは摂津の国から大和の国に送るものを川船に乗せて、河内の国の亀瀬《かめがせ》というところまで行き、ここからは水が浅くなるので、魚梁船というものに移しかえて大和の国中に分けて送られる。その魚梁船のことを、慶長のころ〔江戸時代の初期〕から、大和の国平群《へぐり》郡立野村の住人で安村という竜田《たつた》神社の神人《じにん》〔神社の下級役人〕が支配し、その運賃の利益によって竜田神社を修繕し、またお上にも運上金《うんじょうきん》として銀三十枚を差し上げていた〔安村は代々喜右衛門という。この金で竜田神社を幕府が修理された例はないのである〕。

元禄十年になって、立野村の村民たちが「魚梁船のことを自分たちにおまかせくださるならば、運上金銀百五十枚を差し上げます」と願い出た。ここは天領であるうえ、しかも運上金をたくさん差し上げるというのであるから、その願いにまかせて、安村の支配を停止した。

宝永五年閏一月、大和の天領および私領の五〇三ヵ村の百姓たちが、奈良奉行三好備前守のもとに訴えて、「はじめ立野の村民たちは、魚梁船の支配は前例に従うと希望しておきながら、運賃を増加し、そのうえ船が破損しても、それに乗せてあった荷物の賠償をしないだけでなく、かってに盗み取った」という。同二月、大阪の干鰯《ほしか》（いわしの油を絞り取った肥料）を売る者が訴えて、「従来、大和の国中の田の肥料のために、干鰯を売ってきたが、載せて送る船が破損した場合は、その費用は魚梁船を扱う者が賠償してきた。ところが、去年十月、大地震㊴で船が破損したとき、賠償せよと言ったけれども、それを実行しない」と申し出た。立野の村民を召し出して、賠償するように命令したけれども、奉行所の命令にも従わない。同五月、備前守がこのことを京都所司代に報告した。同六月、松平紀伊守信庸《のぶつね》殿（京都所司代）が江戸に下ったとき、備前守の報告書を差し出した。「このことは評定所に召し出して決定されるか、それとも京都に召し出して決定しますか」と言ったが、勘定奉行所に命ぜられた。

荻原近江守などが奈良奉行所および代官所に事情を尋ねると、もとの支配人安村が、魚梁船のことをもとどおり自分にまかせてくださることを希望して、運上金として銀三百枚を差し上げると申し立てたのに対して、立野の村民たちも、運上金として銀三百二十枚を差し上げると申し立てた。「立野村というのはわずか千石の土地で、しかも戸数が多い。十四年以来、この船の利益によって年貢も納めてきたのに、いまこれを安村に返してしまうのはかわいそうである。いままでどおり立野の村民たちの支配とするのが適当である」と言ったので、同六年十月、勘定奉行（荻原重秀）の意見どおりに指示された。

しかし、これはただ魚梁船支配のことだけであって、五〇三ヵ村の百姓ども、および大阪の商人たちと、立野の村民との訴訟が解決したのではない。翌宝永七年の春、御代がわりしたのちの六月になって、三好備前守が参賀のために江戸に下ったとき、井上河内守正岑《まさみね》殿に、この訴訟の御裁断をしていただきたい旨の上申書を差し出した。正岑は本多弾正少弼《だんじょうしょうひつ》（寺社奉行）・中山出雲守《いずものかみ》（勘定奉行）にこのことを話されたので、二人が評定衆と相談して、閏八月、評定衆が連署して申し上げたものには、次のように記されてあった。

「従来、船が破損したときの荷物の弁償は、魚梁船を支配した者が償《つぐな》ったのではないと聞いている。海上銀といって、物一個について五厘ずつの銀を荷主たちから集めておいたものをもって償ったのである。また立野の村民たちも、『亀瀬から移しかえた魚梁船がいたんだのならば、その荷物の弁償をすることもありうる。大阪から亀瀬に至る間の川船が破損したのは、大和の国のことではない。関知するところではない』と言っているが、その言い分には道理がある。すべて上様のお荷物を乗せた船が破損した場合でもこれを弁償した例はない。大阪の商人たちの言うことは道理がない。前例などということは、私的に約束したことであって、おおやけの掟《おきて》ではない。もしそういう御沙汰となったならば、他の妨げにもなるであろう」

井上正岑殿はこの旨をそのまままとり上げて評定衆に命じ、二度とこのことを訴え出ないという証文を訴訟人たちに書かせ、勘定奉行に命じて三好備前守にも伝えさせた。備前守は納得のいかぬことと思い、正岑殿に言った。

「評定衆たちの議定されたのは、大阪の商人と立野の村民とのあいだの訴訟のことです。この訴訟はもともと大和の天領・私領五〇三ヵ村の村民たちの訴えがあったので、大阪の商人たちも訴え出たのであるから、天領・私領の者たちの言うことが本であって、大阪の者の言うことは末です。それを末のほうを論断して、本も同じように処置しようとされるのは、いかがでしょうか」

正岑殿は、もってのほかに立腹し、「みなの議論によって、命令はすでに発せられている。それをくりかえし上申されるのは、あなたのためにならないだろう」と言って聞き入れなかった。

この年の冬十二月私が奈良に行ったとき、備前守がこの話をして、深く怒りの色を現わすのを見た。翌年の春江戸に帰ったあとで、私は事のついでにこのことについて申し出て、「あのときの御沙汰は、適当ではなかった」と言ったが、まもなく備前守はこのことを憤慨して死んでしまった。あの安村もまもなく切腹して死んだ。備前守が生きているうちは、無実の罪であることを明らかにすることができるものと思っていたが、もはや頼みにするところもないと思ったのであろう。あわれなことである。

〔宝永のころには、近江守重秀の考えにしたがって、なにごとにも運上《うんじょう》と言って、収益の何分の一かの金銀を上納させぬことはなかった。また、正岑殿の父井上中務少輔正任《まさとう》は、その父（河内守正利《まさとし》）には似ない人であったが、この正岑は、右京大夫輝貞《てるさだ》殿の外従兄弟《いとこ》で、柳沢吉保とも縁つづきであったから、父や祖父以上に出世して、老中職になった人である。しかし、ひどく意地の悪い人物で、また「自分のまちがいを押し通そうとする人だ」と噂されたが、宝永六年の御沙汰にも関係したのであろうか。今回もまず母方の舅の本多弾正少弼忠晴を使って、評定衆と共謀させ、「みんなの意見は、すでにこのように決まっております」と言って議決し、備前守がくり返して言ったことを、例の自分のまちがいを押し通すために、権威を笠にきて言いこめたのだ、と世間の人は言った。『大学』の書（伝之十章）にも「人になにかの特技があるときに、忌みきらい、人が明快な知性をもつ美丈夫である場合には、これに逆らって渋滞せざるをえなくする。このように他人を容《い》れることができないようでは自分の子孫や一般人民をも保全することができない」と書かれている。こうした職にある人は、たとえほかの技能があったにしても、人を容れる寛大さがなかったならば、世のなかのため、人のためにはならない〕

こうしてまた将軍が代わられたあとになって、安村の子が、父がこのことのために死んだのを恨んで、父の志を継ごうと思ったのであろうか、訴え出ることをやめなかった。また竜田神社も、いままでは、あの安村の配慮があればこそ修繕もできたのである。これ以後は配慮する者もなかったので、神人たちも修繕を懇願していると聞いた。詮房殿はこれをどのように処理されたのであろうか、むかしどおりに魚梁船の支配は安村の子に返され、運上金は免除され、竜田神社修繕のことを怠ってはならない旨命令された。詮房殿は、このことは御先代から承ったことであるからと言って、その判決文の写しを私にも下さった。

この年、三月のなかばごろであったろうか、間部詮房殿に申し入れた。

旗本の公務についての建議

「近来、世のなかの風俗も日々ぜいたくになり、諸物価も騰貴したので、旗本の人びとは、ふつうの公務さえじゅうぶんに果たしえず、まして江戸を離れるなどということは、きわめて困難だということが言われています。御先代のときも、仰せつけられたなかに、これらのことに言及されたこともあるが、すでに慣例となってしまって年がたったので、たとえ心のなかでは自分の分を越えたことだと思っても、自分一人では容易に節約しがたいこともあるように聞いています。どの時代ということはありませんけれども、とくに君主が幼くいらっしゃるときに、貧しいために出仕が困難になるというようなことは、好ましいことではありません。なんとしてでも、こうしたむかしからの弊風の改めるべきところは、人びとの意見を上申させ、それをふまえて適切な御沙汰のあることが願わしいと思います」

詮房殿も、「もっとも適切なことだ」と言って、老中の人びとと相談して、その旨を仰せつけられた〔この仰せは、私が草案を奉った。横田備中守が仰せを受けて、四日を限りとして意見を上申するように告知された〕。

こうして旗本は一人残らず答申した。詮房殿がそれをみな私に見せられたが、「なんとしてでも、あけくれの公務をおこたりなくつとめたい」とだけ述べただけで、現在の政治について言及したものはなかった。詮房殿は、「『御先代のとき、こうした際には、必ずその意見を差し出させられた。筑後守（白石）の意見も問うべきではないか』と申したところ、老中の人びとも賛成の意を表した。あなたの意見書を差し出してほしい」と言った。しかし、「音楽が高級すぎると、聞く者は少ない。証拠のないことを言ったのでは、信じる人もなかろう」と思ったので、ただ、いままでの代々に仰せ下されたことのうち、いまの時世にも適切と思われることを取り上げ、その仰せ下されたことを別に筆写して、およそ三冊に書いて差し上げた（『白石建議』第一・第二・第三）。そののち、それらについての御沙汰はなかった。「大阪在番の交代のころに先立って、御沙汰があればよいのに」などと言ったので、詮房も、そういう意見を申されることもないではなかった。

しかし、時もたってから、私の意見にここかしこ付箋をして、「これはいまでは実行困難である。これは世間で行われるはずがない」と書いて返されてきた。私の申し上げたことは、一つとして代々の仰せにもとづかぬものはない。それらのことがいまの世間に行われないというのは、私の意見が行われないというのではない。私は、またなにをかいわんやである。しかし、それぞれの御代に仰せ下されたことが、いまの世に行われないわけはない。ただ、人びとがそれを行わせないようにするだけのことである。「命令が自分自身の平生の好みに反しているならば、人民はそれに従わない」(『大学』伝之九章)ともあるから、しかるべき人びとが好まれぬことは、たとえ御沙汰があったにしても、世間に行われるはずがない。

しかし、上様が成人されたのち、「予の治世のはじめに、こうしたこともあったと聞いたが、それはどういうわけか」と聞かれて、人びとが書いて出した意見書をごらんになって、「これは理由のあることなので、白石がかさねて言うこともなかった」などと思われるようなことがあるとしたならば、御先祖の法は、用いるにあたらないといったのと同じことにならないともかぎらない。だから、私はこれに答えるところの意見を差し出しておくべきである。過ぎさったことはさておき、いま上様が人びとの意見を求められて、「適当に御沙汰を実行するよう」にと仰せつけられたのに、その御沙汰のとおりに行われなかったのは、よろしくないことである。「なにはさておき、それを実行に移されますよう」と言ったけれども、こののち、とうとう御沙汰もなくして終わってしまった。

〔このときの意見書の草案は、老中の人びとの付箋とともに、すべて写し取っておいた。あわせ見てほしい(内閣文庫に現存)。そこに書かれたことは、いまの世間に適切なことだけを記し出したのであるから、世のため、人のため、みな適切なことであって、すべて以前の御代に仰せ出されたものでないものはない。しかし、人びとにとっては、好ましくないことが多く書かれていたからであろう」

貨幣改鋳

私のことをよく知っていてくださった家宣公がおなくなりになったあとでは、私の意見の行われないことは、去年の九月二十七日から覚悟していたことである。

しかし、金貨・銀貨のことに限っては、天下の災いでこれより大きいものがないのにかかわらず、御当代の政治をお助けしている人びとのなかで、一人もこうした問題について意見を言われたことを聞かないので、去年（正徳二年）の春、私一人のりだして意見書を差し出すこと三回におよんだときは、すでに御病気のさなかであった。しかし、決意をかためられ、銀貨を作ることを停止され、荻原近江守重秀を免職にされた。その後は、なんとしてでも金貨・銀貨の制度をむかしに返そうとお考えになって、おなくなりになるまぎわまでこのことに心をかけられたのは、いまの政治を担当する人はよく知っておられることであろう。

しかし、おなくなりになったあとも、このことを発議された人を知らない。「自分のはじめたことは、自分でよくこれを収拾すべきだ」などということばもあるので、私が最初に意見書を差し上げたときから、この災いを取り除く決意がなかったわけではない。まして家宣公がそのお志を実行されないで、なくなったのであるから、いまの人も、後世の人も、このことを御先代の失政と思うであろう。「先祖の志を立派につぎ、その事業を立派にひきつぐのを孝という」（『中庸』

第十九章）のである。ましてこのことは天下や後世の大きな災いを取り除くことであるから、「御先代のためにも、また御当代のためにも、自分がなんとしてでも実現したい」と、心を一つに思い定めて、この年六月、『改貨議』（貨幣制度の改革について論じた書）三冊（『白石建議』第四・第五・第八）を書いて詮房殿に差し上げて、自分の意見を明らかにした。

金貨・銀貨の製法をむかしにかえすとの仰せが下って以来、世間の人びとの個人的な意見はさまざまであった。あるいは「元禄以来作られた新銀貨を、むかしの製法にかえすには、灰吹き銀[40]およそ一一八万貫を使用しなければならない。ところが、現在一年に産出する灰吹き銀は、およそ四千貫にすぎない。してみれば、この事業の終わるまでに三百余年かかるであろう」と言う者がある。また「諸国の銀山から出る鉛をもって、現在の新銀貨に混っている銀と銅とを吹きわけ、その銀でもってむかしの製法のように作るには、その材料とすべき鉛総計二七六万二〇〇〇貫あまりが必要である。ところが、現在一年間の産出は、諸国の銀山から出てくる鉛総計三七三六・七貫にすぎない。してみれば、この事業の終わるためには、七三九年あまりかかるであろう。それだけでなく、その銀と銅とを吹きわけるために、年々鉛の毒気にあたって死ぬ者の数は、はかり知ることができない」と言う者がある。

あるいはまた、「いまの新銀貨をもって、むかしの製法にもどすことが、成功しにくいことは前の二つの考えのとおりだ。たとえまたむかしの製法にかえすことがあっても、いまの新金貨も改鋳されないかぎり、金銀の価格のつり合いがとれなくなって、きっとすべての物価が安定しないであろう。だから、まずいまの新金貨の価格に相当するほどの品位の銀貨を作ったならば、金銀両方のために適当であろう」と言う者もある〔以上三説は、みな銀座の者の説であろうか〕。

あるいはまた、「元禄のころから、金には銀を混ぜ、銀には銅を混ぜて製造されたが、金銀交換の比率は、むかしどおりに金一両の価格が銀六十匁であるべきだと決められている。しかし、世間の人が、むかしの金貨・銀貨の製品と、改鋳されたものと、その品位を論じて、新銀貨がむかしの製法に近づいているのに、新金貨はおよばないといって、以来、金銀の価が安定しない。その後、宝永に金貨・銀貨をまた改鋳されてから、銀貨を改鋳されることがたびたびとなり、いまになって、金貨三種類（慶長金・元禄金・乾字金）、銀貨六種類（慶長銀・元禄銀・宝永銀・二宝字銀・三宝字銀・四宝字銀）になったので、世間の人が銀貨と銀貨とを交換するときにさえ、価格に高下があり、ましていまの新金貨が、その品位はむかしと同じだけれども、製品は小さく軽く、むかしの半分しかない。たとえ銀だけをむかしの製品にかえしたところで、金銀の価格が均衡しないから、きっと世間で通用しないであろう」と言う者もある。

あるいはまた「新銀貨を改鋳されることもできない。金貨・銀貨の価格には、貴賤の別がないという御沙汰もできないだろう。むしろ年々金十万両を出されて、新銀貨を買収されるほうがよいのではないか。そうすれば、世間にある新銀貨の数が少なくなって、金銀の価格をはじめとして、すべての物価が安定するだろう」と言う者もある〔以上の二つの説は、両替師という者の説であろうか〕。

あるいは、「いまの新銀貨の価がきわめて低いのは、じつはその品位が下がったためだけではなく、その数が多すぎるためだから、そのなかばを納めたならば、価格が安定するだろう。しかし、理由なくしてそのなかばを納めることもできない。良質の銅をもって大銭を鋳造し、いまの新銀貨に交換して、その新銀貨をすべて吹きつぶし、銀と銅とを吹きわけて、その銀を御金蔵におさめ、その銅をもって大銭を鋳造する材料にあてられるべきである」という者がある〔これは前に大銭を鋳造した者の説であろうか〕。

あるいはまた、「金銀の製法をむかしにかえすには、まず紙幣を作り、それと新銀貨を交換し、金貨と紙幣と銅貨を混用するように定め、次に新しい銅貨を鋳造して、銅貨の数を十分にしたならば、天下の財政は不足せず、諸物価もおのずから安定するだろう。次に天下の山々をたずね求め、金・銀・銅の鉱山を開いたならば、十年内外で元禄以前に天下に通用したほどの金貨・銀貨の数は出てくるであろう。そのときになって、改鋳された金貨・銀貨をもって紙幣のなかばと交換し、その紙幣をすっかり焼き捨てたならば、異議をとなえる者もなかろう」と言う者もある〔これは幕府の役職についている人びとのうちで、こざかしい人の言った説である〕。

あるいは、「元禄以来、金貨・銀貨の種類がふえて、その品位は、むかしにおよばないけれども、その数はむかしの倍になった。だから、近来米穀の価格が年々高くなって、むかしの飢饉などといったときの価格よりもなお高くなったが、飢えた者が一人も見えないのは、金貨・銀貨の数が多くなって、天下の人のそれぞれの財産が乏しくないからである。だから、元禄以来、金貨・銀貨を改鋳されたことは、その利益がなかったとはいえない。金銀の価格と諸物価が安定するならば、金貨・銀貨の数が多いほうがよい。ところが、金銀の価格が安定せず、諸物価が年々に高くなったことは、金銀を交換することを商売とする両替師などという者が、自分かってに品位の高下を論じて、その価格を定めるからである。たとえ、今後むかしの製法にかえすにしても、ますますどんなことを考えだして世のなかの害をひき起こすか、知れたものではない。おおやけの法にそむいて、かってに価格を立てる罪を咎《とが》め、その両替師を数人厳罰に処したならば、天下の人びとの心を慰めるだけでなく、金銀の価格がたちまち安定し、諸物価もしぜんに安定するだろう。天下の人がそれぞれ自分の宝を宝とし、自分の利益を利益と考えるようになるだろう。あの悪辣《あくらつ》な商人たちにだまされて、いままでに作った金貨・銀貨を改鋳され、またもや天下の災いをまねくことがあるかもしれない。これは適当ではない」と言う者もある「これは武士の人びとから出た説であろうか」。

　これらの説は、どれもみな道理にかなっているとも思われないので、私の建議には、まずこれらの説が適切でない理由をすっかり明らかにし、次に私が実行すべきであると思うところを言い、その次にその方法を記して、すべてを三冊の本にまとめたのである。詮房殿も、上様（家宣）のお志のほどはよくわかっておられた。なんとしてでも、それを実現したいとこいねがっておられたが、世間の人の議論を聞いて、とてもできそうにないと思って、およそ断念していたところへ、私の本を見て、大いに喜んだ。そこで老中の人びとと相談して八月はじめに評定衆たちに、「金貨・銀貨のことは、御先代の言いおかれたことである。なんとしてもむかしに戻すことを考えねばならない」と仰せつけられた〔この指示を記したものも私の草案を用いられた〕。

しかし、これらの人びとは、もともとその心は、わが身のためわが家のためを考えることに忙しく、天下のことを憂えるまで心のおよぶはずはなかった。「うっかり原因結果もわからぬことを言いだして、世間のそしりをうけるのは損だ」と思ったから、はっきりと答えた人もなかった。「これでは事が進行するとも思われない。このことの命令を受けることなしに、だれがそれに専心するでしょう。適当な人を選んで、仰せつけられるに越したことはありません」と言ったので、詮房殿はまた老中の人びとと相談をして、十月三日にその人を選定された〔老中では秋元但馬守喬朝殿、大目付は中川淡路守、勘定奉行は水野因幡守、目付衆は大久保甚右衛門、いまの下野守のことである。勘定吟味役は杉岡弥太郎・萩原源左衛門の二人がともにこの命令を受けた〕。

そうしているうちに、和泉《いずみ》の国の堺の商人で、谷という者がひそかにこの問題を考えて、書き記したものを、京都に住む知人が私のところに贈ってきた。「その意見は、私のさきの意見と同じではないが、現在には実行しやすいことである。こうしたことは、その道を職業とする者の言うことがよいかもしれない」と思ったので、その書き記したものを詮房殿に見せると、「世間の人はあきらめていたことだが、実行されうる案が二つ出てきた」と大いに喜んだ。詮房殿と相談して、それを贈ってきた者のところへ、「自分の思うことを全部書きつくすことはできない。その人が江戸に来ることもあったならば、言いたいことがある」と言ってやると、まもなくその人が江戸に来たと聞いたので、その人を呼んで言った。

「私などが口を出すべきことではないが、世のため、人のためである。なんとしてでもこのことの命令を受けた人びとに、あなたの意見を伝えるべきである」

「萩原殿の縁故の人を存じ上げているという手づるもございます」と言う。萩原殿とは、菅美雅《すがよしまさ》のことである〔源左衛門のことである。このことの口火を切ったのは、もっぱらこの人の功績である〕。

「萩原は私も知っている人で、好都合だ。その縁故のある人を通じて話そう」

やがて美雅のところへ、「こういうことがあるのだが、その人を召し出して聞いてほしい」と言ってやると、「このことは御命令を受けてから、自分も考え、人にも尋ねたが、まだ適切な考えがないところへ、いいことを教えてくださった」と答えて、その者に会って、その意見を述べさせ、聞くべきことを聞いて、この命令を受けた人びとと相談のうえ、十二月十七日、秋元喬朝殿にかくかくと報告したのである。

〔このことを私のもとに伝えてきたのは、鷲津見源太郎《わしづみげんたろう》という呉服の御用商人㊶である。彼はもと丹波の赤井㊷の子孫である。谷長右衛門安殷《やすたか》は、尾張の堀田㊸の子孫である。二人とも旗本の堀田・赤井などの人びととその先祖が同じであっていまも疎遠でない人びとである。二人とも、その先祖は理由があって、商人になり、その者の子孫だから、その志は、ふつうの商人と比べることはできない。才略もまた人なみ以上の連中であった〕

詮房殿は、もちろん事情をよく知っていたので、「このことを担当している人びとの相談の結果にまさるものはない」と言われたので、そのように仰せつけられることとなった。むかしから東国のほうでは、金貨と銅貨とが通用して、銀貨を用いるにいたらなかった。西の国々では、主として銀貨が用いられ、銅貨をその補助とした。ところが新銀貨がたくさん出てきて、西国では、その災いがとくに激しく、あの谷の建議も、まず銀のことを主としていたのである。しかし、遺言しておかれたところも、金貨・銀貨ともに改鋳せよということで、「銀貨が変わっても、金貨が変わらなければ、けっきょくその価格が安定しない」と思ったので、私はひそかに萩原美雅と相談して、金貨のことも同時に議論してもらった。

前に言ったように、東国の人びとは、銀貨のことは、もともと災いとはしていない。「現行の金貨を改鋳されたならば、その財産のなかばが失われることになる」と思って、これを担当している人びとのなかにも、改鋳が行われることを希望しない者があった。そうしているうちに、

「現行の金一両を、改鋳しようとする金一両に交換する方法がある」と言う者がたくさん出てきたので、「それは当然のことである。まずそのことを問題とすべきである」ということになって、みながそのことを議論した。

はじめ、元禄に金貨・銀貨を改鋳されたのは、天下の貨幣の数を倍にするためであったから、金には銀を混ぜ、銀にも銅を混ぜて作られたのである。そのうち、金は重さもむかしどおりであるが、天下の人の目をごまかすことはできず、改鋳された金の半分は、銀からできているとわかったので、これ以前に金百両の価格であったものは、今後は金二百両でなければ売ることができなくなった。銀のこともまたこれに準ずる。だから、諸物価が騰貴したといっても、現実が変わったわけではない。世間の人の見るところは、「いまの二百両はむかしの百両」と思っただけである。

だから、いたずらに虚数がふえただけで実数はふえていない。今後また金貨・銀貨の製法をむかしに戻したならば、世間の人の考えは、改鋳された金百両はいままでの二百両だから、その虚数が減るだけで、実数が減るわけでもない。まして諸物価はいままでどおり、いま流通している金貨を基準として決める法律を立てたならば、たとえいま金百両の価であるものでも、改鋳された金五十両で買うことができるであろう。だから、いずれにしても、その財産の半分を失う道理があるはずがない。現行の金一両と、改鋳された金一両を交換することは、絶対にないことである。前に書いたとおり、元禄以来通用している金貨は、じつはむかしの金貨の半分である。

たとえば、それらの金貨百両をもってむかしの製品のように改鋳したならば、やっと五十両の金が得られる。そうであるのに、むかし作った金百両をもって、元禄以来の金百両に換えたならば、不足分が五十両となる。だから、その不足分を補うものを作る材料がなければ、なにをもってその数を満たすことができようか。また、もし現在、わが国の山から不足分を補うに足るほどの金を産出するならば、元禄以来、金貨の数を数倍にしようとして、銀を混ぜたものなどを作る必要はなかったわけである。

それをこのように言うのは、みな表面では与えておいて、かげで奪い取る方法にほかならない。世間の人は、すでに元禄以来のことに慣れているから、たとえ天下の信頼を得て行われたにしても、なお疑惑をまぬがれることはできないであろう。まして少しでもごまかしを行うならば、なおさらのことである。これらはあまりにも卑近なことだけれども、幕府の要職についている人びとをはじめ、そうした説に心を迷わされていた人がある以上、この問題をじゅうぶん解明しておかないかぎり、納得もいかないことであるから、そのための長詮議《せんぎ》に日数をかけてのち、やっと「そうした説（新一両を旧一両に交換すること）は実行できない、谷の意見にまさるものはない」と衆議が一決したのである。

「元禄の金貨に含まれている銀を吹き分けることは、いままでもその方法がある。銀に含まれる銅などを吹き分けるには、前に書いたように多くの鉛を使い、またその毒にあたることもあるという。このことはどうしたらよいか」という意見もあったが、「このことについては、むかしから銅を売買する者が大阪に住んでいるが、買った銅のなかに銀の要素があるのを見ると、それを吹き分けて銀をとることがある。世人の言うように、多くの鉛を使ってその毒にあたるというのではこれらの連中がどうして生計を立てることができようか。現在通用している銀貨は、名は銀と言われているが、じっさいは、銅のなかに銀の要素があるのにも及ばないのだから、大阪の者たちにその銀を取り出させるのに、なんの困難があろうか」これは私がはじめ差し上げた『改貨議』(『白石建議』第五)に書いたところである。

そこで、これは大阪の者を呼び出して試験することに決定し、そのほか金貨・銀貨を改鋳させるべきところ、金貨・銀貨を交換させるべきところなどの次第を決定した。

〔これらの次第についての人びとの言動は、私には適当と思われぬこともあった。美雅も私と同じ考えであった。このほか、また新鋳の銅貨のことなども、水野因幡守が申し出たところに従って、みな異論なくその意見を奉ったという。案じたように、銀吹分け所などというところから火が出て、延焼したところも多く、またそこで罪を犯す者などがたくさん出て、処罰され、そのあとは、その法律を改めたこともあってか、新貨幣も通用しにくいことも出てきて、世の助けにもならなかった。すべて小才がきいて、事の根源を知らない者が、自分の功績だけを考えるときは、すぐにも弊害が出てくるのが世間のつねである。このとき、私の言ったことは、詮房殿も思いあわせられることがあるであろう〕

五月十五日になって、御先代の御遺志によって、金貨・銀貨の製法はむかしにかえす旨、世間の人に仰せつけられた。すべてこの仰せは、「草案を差し出されたい」と詮房殿が希望されたので、「このことに限っては、私がお断りすべきではありません」と言って、私がその草案を差し出したものである。

金貨・銀貨の製法をむかしにかえすこと

これより先、五月十三日に、銀座の者四人が流罪にされ、一人は追放された。(44) 銀座のことを所管した勘定衆、保木《ほぎ》弥右衛門公遠・小宮山友右衛門昌言の二人は禁錮された。はじめ、これらの連中の罪を議論されたとき、銀座の連中が、最初に品位の低い銀を作ることを提案し、「代々の基本方針とちがって荻原重秀ひとりの命令に従って、品位の低い銀貨を作り出し、その結果天下に大きな災いを招いたことは、たいへん罪が重い。みな首をはねるがよい」と言われた人びともある。

これは、むかしから銀貨を作る際は、老中の人びとが連署《れんしょ》をした文書を下されたのであるが、元禄のときから、勘定奉行が連署して命令した。宝永七年(一七一〇)の三月・四月、正徳元年(一七一一)の八月のことは、前に書いたとおりに重秀のとりはからいで、保木・小宮山に連署させて、命令を下して改鋳させたのである。また宝永以来、たくさんの品位の低い銀貨を作ったことは、深江《ふかえ》(庄左衛門)という者が重秀の意をうけて銀座の仲間たちと相談して、連署の文書を差し出して建議した。私はこのことについて意見を述べた。

「彼らの罪はきわめて大きい。しかし、元禄に金貨・銀貨を改鋳されたとき、御先祖の法にそむいて、老中が連署した文書も下されず、勘定奉行に命令させた。こうして宝永・正徳のときには、重秀ひとりの文書を下したのである。当時、重秀は勘定奉行の筆頭として、とくにそのことについて仰せを受けた者が出した文書であるから、銀座の連中がその命令に従ったことは、深く咎めるべきではない。もし重秀ひとりが文書を出したとき、それが法にそむいていることを申し出なかったことを理由にして罪にするというならば、元禄のときに、勘定奉行が連署して文書を出したとき、それが御先祖以来の法にそむくことを申し出なかったこともまた無罪とは言えない。幕府は法を出すところであり、人民は法を守るものである。幕府自体が法にそむき、人民がその法があやまっていることを上申しなかったといって、人民を罰することはいかがであろうか。

およそ犯罪には、主犯があり、共犯があり、縁坐がある。その罪の軽重は同じではない。重秀はこの事件の主犯であるから、御先代のときに免職となり、禁錮されたが、上様がおなくなりになるときになって、お咎めを受けた者たち全部に、赦免の仰せがあったので、その罪を明らかにされないで、そののち病死してしまった。主犯がすでに死罪をまぬがれている。それなのに共犯・縁坐の者たちだけをみな殺しにすることは、適当であろうか。共犯・縁坐の者をどうしても死罪にしようというのなら、まず重秀の棺をあばいて、屍体をさらしものにしたのちに実行されるべきでなかろうか。しかし、たとえ死者に意識があって、その冷えた肉を寸断されたとしても、重秀のような愚鬼がどうして苦痛を感ずることがあろうか。それはいたずらに残酷さを世間に示すことになって、君子の行うべき情けぶかい政治ではない。私が重秀の事件を取り上げたとき、その罪を論じたことはご存じのとおりである。また共犯・縁坐の者は、私はその顔を一人も見ていない。だから、私がこのように言うのは、彼ら自身のために罪を軽くしてやろうというのではない。ただ、御当代のためにその刑罰が適正であるようにと思うだけである」

そこでみなその罪を軽くされたと聞いている。その後、銀座の者の財産をことごとく没収して、深江という者が自身で書き記した帳簿を手に入れるにおよんで、宝永・正徳の低い品位の銀貨を作ったときに、重秀が金二十六万両を受け取り、そのほか書画骨董《こっとう》のたぐいなどを贈られたこと、および重秀の家来〔長井半六〕が金六万両を受け取ったことなどがすっかり露見した。「この家来も罪をまぬがれることができない」と言った人びとがある。私はまたそのことについて意見を述べた。

「重秀がこの事件の主謀者であるから、その家来は律でいう『従って成功に力をそえた者』として六万両の金を受け取ったのである。前に論じたように、重秀はすでに死んで、死刑をまぬがれたが、いまその家来を断罪しようとするのなら、重秀の息子たちもその罪をまぬがれることはできない。重秀は断罪されなかったけれども、彼が死んだときに残した三千七百石の領地のうち、わずか七百石を息子にわかたれた。(45) もし父に罪があるのでなければ、どうしてこういうことがあろうか。してみれば、父の罪はすでに子におよんでいるのである。いま父の収賄罪が露見したといって、その事情も知らない幼少の者に、かさねて罪を加えるのは、雪の上に霜をかさねるというたとえであって、君子の行うべき情けぶかい政治ではない。主犯の罪を追及するのでないかぎり、荷担者の罪を論ずべきではない。ましてこれら曖昧《あいまい》なことで苛酷《かこく》な刑罰を用いることはもっとも適当ではない。ただ、上様はご存じなかったという形にするのに越したことはない」

このことも御沙汰がないままになった。

西宮神官の訴えで、白川中将が罪せられたこと

正徳四年の春、摂津の国西宮[46]の神職が訴えてきたことがある。これは去年四月、白川《しらかわ》の伯《はく》の中将[47]（神祇官の長官、白川雅冬王）が、この神社の神主・祝部《はふり》などを更迭した問題である。中将の下役人を呼び出して対決させられると、収賄によって、かってに神主・祝部などの罪七ヵ条を申し立て、その財産を没収し、分を越えた者、現職にない者をその職に補任し、あるいはその衣裳を与えたりしたことなどについて、下役人は弁明のことばに窮した。中将は、伝奏を通じて、こうしたことはみな自分の意思から出たことで、下役人がかってに行なったことではない旨を弁明したので、その下役人らの罪を軽くして追放され、それに与《くみ》した社人などは、あるいは追放され、あるいは禁錮され、もとの神主・祝部などはその職に復され、白川家の西宮神社の取次ぎ事務を停止された。中将の扱いは、朝廷の処置にまかされる旨伝奏を通して伝えられたが、やがて禁錮されたと聞いた。十

二月十二日になって、伝奏が水野和泉守忠之《ただゆき》殿を通じて、「西宮の神主が告訴したことによって、この夏、白川中将を禁錮した。いまは時間もたったことであり、内侍所《ないしどころ》の御神事などのために召し出されたいと思うが、どうであろうか」と言われたので、「さしつかえはありません」と答えられた。このことは、詮房殿が私の意見を聞いて、その判決文の草案も差し出させられたのである。

〔神主は、吉井宮内《よしいくない》、祝部らは五人、白川家の下役人は、臼井左忠《すけただ》。去年四月、神主のあとがまにおされたのが浜庄太夫《はましょうだゆう》という者で、同十月に死んだ。社人で神主などを中傷した者、または商人で社人となった者など、その罪の軽重によって、あるいは追放されあるいは免職となった者は全部で五人である〕

三宝院門主と院家の訴訟

同年の八月、三宝院《さんぼういん》（真言宗醍醐寺派の大本山）の門主[48]の訴えについて御沙汰があった。これは醍醐の院家《いんげ》（別院）報恩院《ほうおんいん》・理性院《りしょういん》・無量寿《むりょうじゅ》院《いん》などが、路上のあいさつの問題に起因して、門主にさからうということがあったことを訴えてきたので、この年の二月、三院ともに江戸に下るように寺社奉行所の召喚状を送ったところ、松平紀伊守信庸《のぶつね》殿（京都所司代）が老中に、次のように記した書状を送ってきた。

「この三院は、当代の天皇の加持・祈禱をする僧侶で、とくに報恩院は東寺の長者（僧侶の長官）であり、理性院は第二の長者であります。現職の法務・加勤[49]などが一挙に遠方に行ってしまうことは、真言宗では先例がありません。天台宗では先例があるように申しております。このことについて、仁和寺・大覚寺・安井門跡などに先例を尋ねたところ、それぞれの答えは、三院の申すことと同じです。三宝院に尋ねたところ、東寺の長者職および護持僧のときに、関東へ下った例を記して出しました。三院が残らず下向しなくてもさしつかえはないか、内々で私の考えを聞くようにという天皇のお考えである由、伝奏の人びとが申しております」

「これはどうすればよいか」と詮房殿が問われたので、答えた。

「三院が書いて出したところにも、天台宗の例がある。三宝院が書いて出したところには、真言宗の例がある。三院は、当代の天皇の護持僧という理由で、朝廷の命令を笠にきて、奉行所の召し出しに応じない。三宝院へのさからいの罪はすでに明白です。事はゆるがせにしてはなりません。そのうち一人を京都にとどめ、そのほかは早く下向させるように命令されるべきでしょう」

そのように回答されたので、まもなく報恩院・理性院の両大僧正が下向した。三宝院の訴えられたことについて召し出して尋問すると、「三院ともむかしは門跡と呼ばれておりました。いまになっても三宝院とともに、東寺の長者職に任ぜられ、同じく天皇の護持僧となっております。そうであるのに、ややともすれば、三宝院門下の院家のように言われるのは、理由のないことです」と言い出したことから始まって、寺社奉行の人びとが枝葉の議論に入ったので問題は紛糾して、この事件はいつ決着するともわからなかった。詮房殿がこのことの意見を問われたので、

「これぱかりのことを決定するのに、なんのむずかしいことがありましょう。公家衆に尋ね聞か

れるのも、口惜しい次第です」と言ったので、老中の人びととも相談されたのであろう。「そなたの意見を差し出すように」と言われた。「私の意見を申し上げるまでもありません。院家などに、質問項目を下付していただきたい」と言って、

「醍醐寺の座主、第七十三代三宝院の准三后満済《じゅさんごうまんさい》㊿が、応永年間にその職に任ぜられて以来、他院の僧侶が座主職に任ぜられた例があるか」と尋ねると、

「その先例はありません」と答えた。

「慶長年間に、家康公が出された醍醐法度のことは、その処置にまかせる旨の法規㊿はどこにあるか」と尋ねると、

「それは存じません」と答えた。

天皇から賜わった開山大師の号のことで勅使が醍醐寺に参拝された際、三院がその座席のことを論争して、法会に参加しなかったことの理由を尋ねると、

「灌頂《かんじょう》や曼陀羅会《まんだらえ》㊿のときに、院家と寺家が同席することは、この二つの法会においては、大阿闍梨《だいあじゃり》を尊敬する意味からであります。他の法会と比較することはできません。それなのに、その問題の法会にあたって、三宝院の門主・院家・寺家などが同じ席次ですわりました。これでは当方は参会することはできません」と答えた。そののち、

「すべて天下の勢いは、時にしたがって変わるものである。むかしの時代の例は、こんにちのこ

との標準にすることはできない。醍醐寺座主職のことも、むかしは醍醐寺の院家などが相互に補任されることがあったにしても、応永以来は、三宝院の門室の世襲の職となった。そのほかあるいは門跡と称し、あるいは院家と号することなども、むかしはいまのようにその格式に違いがあったとも思われない。とくに家康公が天下を統一されるに至って、むかしからの例を斟酌《しんしゃく》して、当時の事情に合うように決定されたのは、徳川家一代の定めである。しかるに当世の制度を捨てて、むかしの例を論ずることは、理由のないことである。

慶長以来、醍醐法度の沙汰をまかせる旨の法規を三宝院に与えられたことは、たとえ諸国に散在している末流の寺院であっても、このことを知っているはずである。ましてや、同じ山内において他とは別格であると称する院家が、そのことを知らないと答えたのは、徳川家が代々それらの寺院の領地を寄付した恩も知らず、そのうえ現在どういう法規をもって軌範とするのであろうか、たとえまた徳川家が百余年以来、この醍醐寺のことを三宝院の指図にまかせられたことを知らないにしても、醍醐寺の座主職に任ぜられたことは、朝廷の御命令であることを知らぬはずがあろうか。

この三院は、むかしは門跡と呼ばれたからといって、ほかとは別格の院家であると言っている。しかし、現在まさしく醍醐寺の座主職に任ぜられ、醍醐寺の指図をまかされた門主に対して無礼を示し、争いを起こすなどの者どもが、どうして護国の大法、玉体《ぎょくたい》の護持など、その功徳を示すことができようか。また、醍醐寺開山の祖（聖宝、理源大師）に対して、大師号を贈るという宣《せん》命《みょう》を読む使者が来られた日に、その席次を論じて参会できないなどということは、たとえ宗教上の理論から大阿闍梨を尊敬することは、大日如来と同じだというにしても、仏教でいう四恩（天地・国王・父母・衆生の恩）の説によれば、朝廷の御恩と仏恩と、どうして軽重があろうか。勅使を接待する儀式が、大阿闍梨を尊敬する儀式に劣るなどという理由はわからない。ましてや、聖宝《しょうぼう》僧正が入寂《にゅうじゃく》されて八百年後に、朝廷から大師号を贈られるにさいして、その会に参与しうるということはその後世の弟子にとっては、まことに千載一遇の機会である。そうであるのに頑固なわがままから、朝廷の御恩をもかえりみず、師の御恩をも同時に忘れてしまうということは、すべて、戒律や儀礼にかなっているところがあろうか。路上のあいさつの問題についても、同位同官の者はあいさつにおよばないという堂上の例に従うにしても、たとえ同位同官の大臣が路上で摂政関白に出会った場合でも、同位同官という理由で敬礼しないことがあるであろうか。三宝院については、朝廷がすでに座主職に任ぜられたうえ、徳川家においても、法流のことをまかせておられる。たとえ院家などが同位同官だといっても、その職分上、どうして敬礼をしないですますことができようか」

こうしたことなどに答えるようにという旨を六ヵ条に記して差し出した。院家らはこの質問項目を手にして、一ヵ条も申し開きをすることばもなく、謝罪状を差し出したうえ、「願わくば院家の法統の差別をなくし、現在までどおり、一山のきまりのとおりに事を行い、今後、天下安全の御祈禱につとめる以外なんの考えもない」と言ったので、この事件はたちどころに解決した〔六月のことである〕。その寺領のことについて御沙汰があったあと、八月になって、私が草案を書いた判決文を下され、三宝院の使者および院家は、いとまごいをして西に帰った。やがて三宝院からお礼の書状が差し出され、門室の隆盛を喜ばれた。このときのことを書き記したものの大部分はなくなって、いまはただ院家に下された質問項目と、判決文の草案だけが残っている〔このときの、三宝院の使者としては、北村長門守・安江《やすえ》頼母《たのも》という二人をつかわされたのである〕。

辞職を申し出て、老中にとめられる

十月十四日、御先代(家宣)の三周忌の法会が無事に終わって、十五日には、人びとが参上して、法会の終わったことを申し上げた。翌十六日に、詮房殿に会って言った。

「辞職のことを申し上げます。年来、万事申し上げることはあらかじめお知らせしておきましたが、今回だけその先例にそむくことになっては、あとでふりかえって、いろいろお考えになると、恥ずかしく思うので申し上げておきます」と言うと、大いに驚いて言われた。

「これはなんということを承ることか。御先代がおなくなりになる直前まで、あとあとのことをおっしゃったことは、よもや忘れてはおられまい。かつて大奥でも、『筑後守はお元気でおられるか。この方のことは、いつも御先代(家宣)のお噂にのぼっていた。いまでもこのような方のおられることはたのもしい』と仰せられていた。それを辞職などされては、私たちに過ちがあったと思われるでしょう。世間の人もまたそう思うにちがいない。どういうことがあろうとも、思いとどまっていただきたい」

「一昨年九月二十七日に、『私がお仕えするのも、きょうかぎりとなりました』と申したことは、お忘れでないでしょう。まもなくおなくなりになったので、その際、どうにかなるべき身であったのに、三年ほどもお仕えしたのは、金貨・銀貨の改鋳のことについては、どうしても御先代の御遺志を実現したいと思ったからですが、それはこの五月に御沙汰がすでに出ました。また、おなくなりになる年の春、『なんとかして病気をなおして、長崎に行って、事のありさまを見はからってほしい』と仰せられたけれども、『長崎奉行にお尋ねになったことに対する彼らの答えを見ますと、彼らもまだその問題の詳細をよく知りません。たとえ私自身が長崎にまいりましても、長く滞在するのでなければ、私がいままで耳にしていなかったことを聞き出すほどのことは、できそうにありません。してみれば、私が出張すれば、長崎の連中だけでなく、世間の人が怪しむばかりで、なんの利益もあろうとは思われません。もし長崎貿易について御沙汰をされるときに、御使者を命ぜられる人びとにそえて私をつかわされる場合は、そのときの都合によるべきことでございましょう』とお答えしたのに対して、『おまえの言うことはもっともだ』と仰せられて、そのことは実現しなかったので、おなくなりになるまぎわまで、おそば近くお仕えしたのです。

これからのちは、御先代の志をつがれ、またこのことについて御沙汰を出される際には、年来、私にお尋ねになり、それに対して申し上げた意見を用いられるならば、成功しないということはなかろうと思います。私が辞職のことを決意しましたのは、御先代がまだおなくなりにならないうちからのことであります。それをいまとめられたからといって、思いとどまるくらいならば、どうしてこんなことを申し上げましょう。絶対に辞職するなどと言いきっては、ことがらが悪くなります。もし天下の大問題が起こったときに、お召しになって下問されることがあったならば、私は、生きているうちは、なんべんでもお目にかかり、力のおよぶかぎりのことは御意見申し上げたい」

そのように申し上げたので、それ以上言われることもなかった。

「そこまで思いつめておられる(53)ことをおとめすることばもない。しかし、目下のところ、勅使・院使・門跡方の御接待のことが終わっていないので、それがすんだあとになれば、お心にまかせよう」と言われた。

こうして二十二日になって、「お話ししたいことがある。ちょっとおいでを願えないか」と言ってこられたので、参上すると、

「このあいだおうかがいしたことを、老中の人びとにお伝えして、『御先代のお覚えのめでたかった人だから、私は自分の考えでおとどめしたけれども、どうしても慰留することはできそうに

ない。いまはその希望にまかせるべきであろうか。それとも、みなさんの仰せだといって慰留してみようか』と言うと、『あなたが慰留しえないものを、私たちがとめてとめられるものとは思わないが、現在そういうことになっては、上様のためにもよろしくないという理由で、なんとか慰留してもらいたい』と言われた。たとえどのようにお考えになるにせよ、今回はまず老中の人びとの希望に従われるならば、公私にとって大きな幸いだと思います」と言われた。

「思いがけないことを承るものです。どのようにお答えしてよいかわかりません。じゅうぶんに考慮したうえで、のちほどお答えいたします」

そう言って家に帰った。翌日、「私がこのことを決意してから、何年もたっておりますが、いままでのところ、このようにしてお仕えしてきたのです。今回だけのことではありません。現在の政治を助けておられる方々がおっしゃることであれば、我意のみをおし通すことも恐縮です。承諾しました」ということを書き記して差し出したので、その翌日、「了承した。まことに公私にとって大きな幸いだ。なおまた申したいことがある。二十六日の朝十時ごろ参上していただきたい」と言ってこられたので、その日時に参上すると、老中の人びとが、上様の御前に参上して退出されるときに、間部詮房殿・本多忠良殿らが私を誘って老中の方々をお迎えし、みなみなが坐られたときに、詮房殿が「このあいだのことをお伝えしたところ、『承諾した』と答えられました」と言われたので、土屋政直殿が「そなたはまだ老齢とはいえない。なんとしてでも療養し、いつまでも出仕される日が続くようにしてもらいたい」と言われたので、そのほかの人びとも、それぞれ「たとえ臥《ふ》しながらでも、いままでどおりにしてほしい」などと言われたり、また「世間のことは投げすてて、ひたすら英気を養ってほしい」などと言われた人もある。松平紀伊守信庸殿は、「久しぶりにお目にかかった」と言われ、戸田山城守忠真殿は、「いままでお目にかかる機会がなかったが、きょうはまことに幸せに思う」などと言われた。

南明院殿御供米田の寄付

この年十一月、南明院殿《なんみょういん》(家康の夫人、豊臣秀吉の妹朝日姫)の供米田《くまいでん》を寄付された〔五十石〕。家康公百年忌にあたって寄付をなされることは、御先代の御遺志によられたのである。私が京都にいたとき(宝永七年)、東福寺に行って南明院を尋ね、家康公と御台所の御画像があるのをおがんだことがある。家康公のお姿は、京都にも奈良にもあるのをおがんだ。御台所のお姿は、ここ以外にはない。太閤秀吉の妹君で、家康公の御台所であられたから、御生前のお栄えは言うまでもないが、いまは朝夕のお供えものすらじゅうぶんに差し上げる便宜のない小寺院のなかに、そのお姿だけが残っておられることは、たいへん悲しく思えて、思わず涙を流したことであった。台徳院殿《たいとくいん》(秀忠)が御在世のあいだは、御遠忌ごとに法会をとり行われたが、そのときの奉書が数通ある。これは御養子の契りをなさったためであろう。「どうして御墓田などを寄付されることがなかったのですか」と尋ねると、おなくなりになったときに、「畿内にある天領のなかから土地を寄付せよ」と言われたのに対して、住持の僧が希望して、「金千両を施していただきたい」と言ったので、その願いにまかせたということである。納得のいかぬことに思い、あとで、南禅寺の佐長老（在天正佐）にそのことを言いだすと、「そのころはまだ戦乱からまもないころのことで、寺々の領地が軍勢のために侵害されることがふつうだったので、こうした希望を出されたのだと聞いている」と答えられた。

京都から帰り参上したときに、このことに言及してつぎのように申し上げた。

「家康公には、お子たちがたくさんおられ（男子十一人、女子四人）、その母にあたられる方も少なくなかったが、正式に御台所とお呼びしたのは、南明院殿だけでありました。むかし、東西が講和されたときに、秀吉が三河守殿（家康の第二子、結城秀康）を養子とされ、なんとしても家康と対面をしようとはかられたが、その際、妹君を家康公の御台所に差し上げて、それならば面会もできようと思われたが、まだ御上洛の沙汰がなかったので、そのうえさらに大政所（秀吉の母）が下向されるにいたって、上洛なさるときに、家康公があとに残された人びとに仰せつけられたのには、『自分が京都でどのようなことに立ち至ろうとも、わが妻の関係することではない。きっと無事に送りかえしてもらいたい』と言われたことが、その当時のことを書いたものにも見えている（大久保忠教『三河物語』など）。なによりも、このときの家康公のお心のうちをお察しせねばなりません。次に、太閤の時代に、家康公が無事であられたことは、天命と言えばそれまでだが、これまた御台所の内助がなかったとは申すわけにいきません。だから、御当代のためにも、のちの代のためにも、功徳がないとは言えません。まして、天下を統一された君主の配偶者となられた方である。それを京都にうち捨てておき、そのあとをとむらうこともなく、わずかに小寺院の僧侶の食事をおわけして、お供えしていることは、いかがでございましょうか」

そう申し上げると、上様は形を改められて、次のように言われた。

「おまえの言うことはもっともしごくだ。しかしながら、いまになって、理由もなく事を起こしたならば、これまでの代々のお過ちをあらわにすることになる。家康公百年忌もまもなくに迫っている。そのころに配慮しよう」

そう仰せられたが、おなくなりになるときに、このことの御遺言があったということで、このたびのことが行われたのである。

琉球使節の来訪と書式のこと

十一月には琉球《りゅうきゅう》の使者が来て、家継公が御代を継がれたことをお祝いし、また琉球でも、新しい王（二十六代尚敬《しょうけい》）が代を継いだことについて謝意を表した。これよりさき、琉球から奉る書状の書き方は、日本でやりとりするものと同じであったのを、琉球王尚益《しょうえき》（二十五代）のときからその書状は漢語を使い、国書を入れる箱の形式も改まった。しかし、中国では、日本のことのようにすることはないので、「称号の使い方にも、字の使用法にも、不適当と思われることがある。ことに外国で日本語を使ってきたのは、ただ琉球だけである。いままでどおりのほうが国体としては適当ではないでしょうか」と言うと、詮房殿が「それならば、どのように命令しようか」と問うので、「それにはとりはからうすべがあります」と答えた。「琉球の書状に大君・尊夫人、また台聴《たいちょう》（将軍の耳に入れること）などの文字を用いることは、適当ではない。薩摩の国で考えたようにして、その使者に言われるのがよろしい」と書き記し、「ただ、それとなく薩摩守に仰せられるがよろしい」と申し上げた。そののち薩摩守から、「仰せを伝えましたところ、『それでは、今後は、天皇に差し上げる書状のようにすべきでしょうか。日本からいただく書状にも、上の字を用いられたことも見えています。また一位様（家宣の夫人）・月光院様（家継の生母）のことは、どのようにお呼びすればよろしいか』などと向こうの使者が言っていますが、どのように答えたらよろしいでしょうか」と記して差し出した。

「御先代のときに、大君という称号をやめられたのも、大君とは天子の称号だったからである。どうして天子に奉るところの書法を用うべきであろうか。将軍は天皇より下だが、三公・親王の上に立たれる。また上様とも公方《くぼう》様ともお呼びするのは、室町殿（足利義満）のときから太上《だじょう》天皇の例を用いられたことに由来するのである。だから、将軍は、昵近《じっきん》[55]の月卿《げっけい》（三位以上の官人）・雲客《うんかく》（四位・五位の殿上人）があり、武家としても、納言（大・中・少納言）・参議になるものがあり、それらを召し使われるのである。[56]上の字なども使われる理由もこれによる。また、一位様・月光院様は、天英・月光などの院号を使うのが適当であろう。その書法は、今回琉球王に下されるものが少し差別があるのに準ずるのが、適当であろう。すべてその質問は、日本の故実も、また当世の状況をも心得ていないためと思われるから、これらのことは、すべて薩摩から適当に指導せらるべきである。しかし、尚益王以来の書法のように、漢語だけを使うのに、適当な文字のみつからないときは、先例どおり、だいたい日本の書状の文字のようにすることは、琉球の定めにあろう」と記して下された。

向こうの使者たちが承って、「わが国の書法の改まったことは、御先代(家宣)が文化を尊重されるということを聞かれて、さきの国王が敬意を表したためです。ただいまおっしゃるようでしたならば、これから以後は、むかしからの書式に従うことにいたしましょう」と言った由、薩摩守が報告してきた。

〔すべて当世のことは、漢語では書きにくい。だいたいは、朝鮮の国でその国のことを書き記す書法のようにするのが適当であろう。これは天子より一級下で、しかもその国の君主だからである。大君のことは、前にも書いたように、将軍家のことに使ってはならないことはもちろんである。尊夫人などというのは、中国では一般の人の妻の尊称であって、とくに琉球王の妻は、妃と称するとのことではないか。それ以下の称号で呼ぶことは、もっともよろしくない。台の字のことについて言えば、わが国でこそ大臣のことにかぎって使うのであって、これも中国では世上一般の人に用いること、たとえばわが国で御の字をだれにでも使うのと同じである。これらのことを書いて差し上げたのは、無理に日本の文字を使えということは適当でないからである。だから「これらのことを仰せられるには、彼ら自身が適当な漢字を使うことが困難なことを知って、いろいろ言うことであろう。そのときになって、『むかしの例に従ってはどうか』と仰せられることが適当であろう」と思ったからである。はたして琉球の使者は、そのように答えたのである」

私もお尋ねしたいことがあったので、その理由を言って、正徳四年十二月十八日に、薩摩守のところに行った。島津吉貴《よしたか》殿と対面した。琉球の人びとにも会った。このときには、縁塗りの烏帽子に水干に袴をはき、太刀を持たず、腰刀と紅梅の扇を持った〔この扇は、近衛前摂政大相国（近衛家煕）の下さったもので、泥絵で蝶と鳥がかいてある〕。

増上寺の願い状

十一月十七日に、増上寺の住職が願い状を捧げて、「来年は家康公の百年忌にあたっております。当山にある安国殿《あんこくでん》（家康を祭った神殿）を御修造のうえ、御法会を行なっていただきたい」と希望した。その大要は次のとおりである。

「安国殿の神像は、御自身の姿を鏡に写して作らせ、爪と髪を中にこめられたものだから、第三代（家光）のときまでは、御尊敬は他と異なっておりましたが、第四代（家綱）のとき、御幼少であったので、御参詣のこともとだえて以来、いまは神殿も草むらのなかで朽ち果ててしまいました。そもそもこの神殿というのは、奥行六間、間口十五間に作られ、殿内に畳六十六帖を敷いて、殿前に鳥居を立てております。これは全国六十六州を鎮護されるためです。また安国殿と申し上げるのは、御先祖大光院殿（新田義重《よししげ》）以来、代々浄土宗に帰依されていたので、家康公がわが宗の奥義を伝えられたときに、安国院徳蓮社《とくれんしゃ》崇誉《すうよ》道和《どうわ》大居士と名をおつけしたからです。このため、御中陰からはじまって第三年の御法事まではわが寺で行われたのに、日光山に御勧請《かんじょう》(元和三年、久能山から改葬)のあとは、わが寺で御法事などのことも行われなくなりました。ところが、御先代のときに、家康公・秀忠公のお志をつがれて、わが宗を御再興くださったことですから、わが寺でも百年忌を行われることは、御先代の御遺志をつがれることとなると思います。そのうえ、近くは常憲院《じょうけんいん》殿(綱吉)の御法事を、わが寺でも行われた例がございます」

老中の人びとは、このことはどうすればよいかと詮房殿と相談されたので、詮房殿は私の意見を問うた。

「上野国世良田長楽寺の文書によると、御先祖が代々浄土宗に帰依されたということは、書かれておりません。和泉入道殿(家康の六代の祖、松平信光)のときから、この宗に御帰依されたということがあります。また金地院の本光《ほんこう》国師(崇伝)の日記によると、家康公の御中陰の御法事は、増上寺で行われたけれども、内々のことであったので、上皇からおくられた御香奠《こうでん》もお受けにならなかった。その後、一周忌・三周忌などの御忌のときに、この寺で法事が行われたわけではない。こうしたことをおっしゃれば、なんの問題もございますまい」

「それではよろしくとりはからってもらいたい」と言われたので、

「第一には、東照宮の御中陰および一周忌・三周忌の御忌にあたって、この寺で法事を行われたということ、当時の日記を差し出されたい。第二には、七周忌にあたってこの寺で法事が行われなかったのは、必ず理由があるだろう。当時の日記を差し出されたい。第三には、第四代のとき以来、安国殿御参詣のことがなくなったのは、浄土の宗旨を改められたのであろうか。それについての考えを記して差し出されたい」と書き記して、「まずこのことをお尋ねなさいませ」と言うと、

「当寺の日記は、たびたびの火災にかかって、いまは証拠とするものがありません。七周忌のあとは、わが寺において御法事はなかったといっても、わが宗旨を改め捨てられたとは思いません。しかし、最初は、三河の国大樹寺《たいじゅじ》で御葬儀を行われ、前に記した安国院などの号でお呼び申し上げたが、元和三年（一六一七）二月になって、東照大権現という勅諡号《ちょくしごう》を賜わってから、世間すべてがこの勅諡号だけをとなえて、安国という号があったことを知らないようになってしまったので、百年忌にあたって、もし希望をかなえていただけるならば、わが宗にとって、これ以上の興隆の機会はございません」と答えた。

「本光国師の日記によると、大樹寺で御葬儀があったのではない。また東照という勅諡号は、元和三年にいただいたのでもない。だから、『大樹寺で御葬儀があったということが、その寺の記録に書かれているか、書いて差し出すように』とお尋ねになるがよろしい」と言うと、

「大樹寺の記録があるわけではありません。そのことは平岩主計頭親吉《ひらいわかずえのかみちかよし》が書いた『三河後風土

記』にくわしく書かれております」と答えた。

「親吉は年七十歳で、慶長十七年一月一日、尾張の名古屋の城で死んでいる。どうして家康公がなくなられたときのことを知って、書いておくことがあろうか。言うことはすべて虚妄である」と言って、「そうしたことをすべて明らかにしたうえで、浄土宗は、御当家が代々御尊崇になったところである。増上寺は、御当家の代々の菩提所である。そうであるのに、このような根拠もないことを申し入れたことが、もし他の寺院に聞こえたならば、困ったことになる」。そう書き記して下げ渡されたので、やがて始末書を差し出して、それ以上なにも言うことはなくなった。

『改貨後議』のこと

正徳四年九月、「京都でも銀貨を作らせるように」と言って、貨幣改鋳の任務を仰せつかった人びとのなかからお使いを出され〔水野因幡守《いなばのかみ》・大久保甚右衛門・萩原源左衛門の三人である。大久保は病気のため、丸毛《まるも》五郎兵衛を代理とされた〕、十月十八日、江戸を立ち、十二月に帰ってきた。この五月から金貨・銀貨を改鋳され、世間に通用させられたが、ややもすれば、それを妨害することが起こって、「いまのような法ではどうにもならぬ」などと世間の人がとり沙汰した。

〔この秋以来、老中の人びとが「売った米の代価は、大部分いままで通用してきた金で受け取るように」と言ったので、改鋳されたものを嫌われた。だから世人がこう言ったのも無理はない〕

そうするうちに、十月に金銀の法について意見を述べ、「今回改鋳された金貨・銀貨をもって、いままで世間に通用していた金貨・銀貨に換えられるという法が行われて以来、諸物価が一時に騰貴して、公私貴賤にとってもよろしくない。これに代わるよい方法がある」などと言う者があった〔野島新左衛門という商人である〕。幕府の要職についている人びとも、「野島の言うところはもっともだ」などと言いふらしたので、「そら、法が変わるぞ」と言って、世間の人びとが金銀を換えることを一挙にやめてしまった。私はこのことを聞いて、

「このことの御沙汰があって以来、こうしたこともあろうかと思っておりましたので『自分一身の利益をはかるため、なにごとによらず、この事業を妨害することをしでかした者は、天下後世のためにその罪を明らかにして厳刑に処すべきである』と書いて差し出したのです。このようなことを言って妨害する者の罪は、言うまでもありません。しかしこういうことを言い出す者があるというのも、幕府の要職についている人びとがひそかにあれこれ言うからです。そういう人びとを承服させるのでなければ、こうしたことは、いつまでたってもやまないでしょう」

と言うと、詮房殿が言った。

「現在は、貨幣改鋳のことを命ぜられた人びとのうちで、このことの理由を心得ている者は京都にいるが、こうしたことの処置はどうすればよいか」

「こうしたことを明らかにするのには、なにほどのことがありましょう」

「だから、いまそうした御沙汰をするには、現在そのことの理由を心得ている人びとは、京都に

いる。そこで、『こうしたことを指示したのは、筑後守のしわざだ』と世人が言うにちがいない。私はこのことを考えたので、いまのように言ったのだ」

「はじめ、御先代のときに、私がこの問題を論じて以来、天下後世のために、自分一身のことを顧みておりません。たとえ世人がなんと申しましょうと、そんなことはお気にかけられませんように」

そう言いきったので、それならばと言って、そのことを老中の人びとと相談されたとみえて、十月の末、野島の意見を尋問する人びとを決められた〔寺社奉行は建部《たけべ》内匠頭《たくみのかみ》、大目付は松平石見守《いわみのかみ》、町奉行は中山出雲守、勘定奉行は大久保大隅守《おおすみのかみ》、目付衆には鈴木伊兵衛・中根半十郎・仙波《せんば》七郎左衛門・永井三郎右衛門など。中川淡路守はもとこのことを承っていた〕。

野島の説の大要は、「日本六十六州の男女の数は、『塵劫記《じんこうき》』[57]に書かれているところでは、およそ四八九万九六〇〇人で、いまでは、その数百倍におよんでいるだろう。だから、その一人一人から十二銭ずつをとりたてて、新古の金貨・銀貨をとりかえる材料、および新しい貨幣を鋳造する材料とされ、いままで世間に通用していた金百両に対しては、新金貨七十両・新銀貨百二十匁《もんめ》・新銅貨四貫文をもって交換せらるべきである」とのことである。このことはどうであろうか、それぞれ意見を申し述べよとその人びとに仰せられた。十一月になって、それぞれが意見を具申した。その言うところは同じではないが、「野島の説は、道理がないとも言えない」という点では一致した。そこで私は、まず『改貨後議』（『白石建議』第七）を書いて、「この意見を老中の人びとに見せていただきたい。その人びとが心服しないかぎり、この事業は行われません」と言って詮房殿に差し出し、次に野島の説はまったく道理がないということを証明したものを差し上げて、「この書を野島尋問の役を命ぜられた人びとに見せていただきたい」と言った。

これらのことは別に書いたものがあるが、野島反駁の大要は次のとおりである。

「六十六州の人民一人一人に役銭（公役を銭納させる）を課するという問題であるが、中国の本には代々の戸数・人口をくわしく記している。わが国の本には、わずか一つの地方のことを記した例はあるが、六十六州の戸数・人口の数は確かではない。もっとも、むかし聖徳太子が摂政のときに計算されたのでは、[58]五百万人たらずとあり、そのときに四九六万九八九〇人と書かれていたとも見えている。また一説では、聖武天皇のときに、八六三万一〇七四人と書かれていたなどともいっている。[59]

しかし、こうしたことは、日本の国史には書かれていない。中国の本（『漢書』地理志）に、漢のとき五九五九万四九七八人と書かれているが、天地が開けて以来、これほど人口の多かったことはないといわれてきた。これは四百余州の人の数である。わが国の人口は、前に書かれたところもまだ信用することができない。『塵劫記』に書かれたのは、ただ数学を適用するためのことである。現在、六十六州の知行高をもって『塵劫記』に書かれたところと比べてみると、およそ百石の土地に住む者二万人として、なお九万一六四八人残る。太平が百年つづいたこんにちといっても、百石の土地に二万人あまりが住めるかどうか、人びとの領地の事情から推して知るべしである。また六十六州の一人一人から十二銭ずつを徴収することは、もし『塵劫記』に書かれた数の数百倍の人がいたならば、有効であるかもしれない。たとえ百石の土地に二百人ずつ住んでいるにしても、一人一人の役銭を徴収して、金一両をもって新しい一両に交換する材料とするためには、一人について銅貨一貫三百銭あまりを徴収しなければ、この事業は終わるはずがない。

天下の人で、富める者は少なく、貧しい者は多い。一日のうちにわずかに五十銭・百銭のもうけを得て、父母・妻子を養う者たちからそれほどの銭をとりたてることはいかがであろうか。それだけではない。寛永年間からたびたび鋳造された銅銭の数には、限りがある。そのほかの古銭の数は、寛永以来の銭の数ほどあるとしても、現在、天下に通用しているところの銭は、そのおよその数は知れている。たとえ六十六州の一人一人から一貫三百銭あまりを徴収することにしても、現在通用している銭の数は、その十分の一にもおよばない。してみれば、どこからたくさんの銭を探し出してきて差し出すのであろうか。日本・中国のむかしから、おおやけの課役を課せられる場合には、幼児と老人は除外される。まして、高貴の人・下賤の者など、その差は大きい。このほか行脚僧《あんぎゃ》・旅行者以外にも、あちらに行き、こちらに行って生業に従事する者が多く、一つの郷・一つの村のなかでも、朝《あした》に生まれる者があり、夕べに死ぬ者があり、その人数は決定しがたい。それなのに、六十六州の男女を一人も残らずその数を調べて、役銭を課するには、いかなる方法があるだろうか。一般に天下の人で、富める者と貧しい者とを比べたならば、貧しい者の数は数倍するであろう。たとえ一両の金を二両の金にかえて、半減の損失があるといっても、こうした損失をうけるのは、中流以上の人のことである。それ以下は、一年を送るあいだに一両も得ることがない。それを貧富の区別を考えずに、身分に適当でない役銭を課することはいかがであろうか。

また、現在通用している金貨を、新金貨七十両・新銀貨百二十匁・新銅貨四貫文と交換するという問題は、元禄以来の金貨をむかしの製法のように改鋳するときには、その数が半減する。してみれば、今回指示された法のほかに、新しい金貨二十両を増して交換されるということは、どうしても不可能である。また元禄以来の銀貨をむかしの製法のように改鋳されるには、十分の八が減少する。ところが、金をかえるにも、その十分の二は銀をあてることにすると、元禄以来の銀貨にかえるべき新しい銀貨は、わずかに一二万五五〇四貫目あまりとなるであろう。まして新銀貨を鋳造せられる法は、作り出したものを元禄以来の銀と交換し、その交換したもので新銀貨を鋳造するのである。

野島のとなえる方法のように、金貨を交換する際にも新しい銀貨を用いるとするならば、どうして元禄以来の銀貨に加えて、その金貨に交換すべき銀貨を鋳造することができようか。もし野島の言うとおりの方法を間違って採用するならば、三日以内に金貨も銀貨も鋳造することができなくなる。鋳造することができなくなったならば、どうして金銀を交換する方法を施行することができようか。

また現在通用している金の数は、その十分の一に交換すべき銅銭の数を考えてみると、二九五四万三〇〇〇貫文を必要とするであろう。寛文の時代、およそ十六年のあいだに一九七万貫の銅銭を鋳造した[60]。その時代は諸物価が安かったにもかかわらず、その費用にたえられず鋳造を中止された。まして近来諸物価が騰貴しているときにおいては、なおさらである。だから、たとえ毎年十万貫を鋳造するにしても、二九〇年あまりをかけなければ、世間にある金貨に交換しつくせるほどの銅銭を作ることはできない。もし二九〇年あまりをかけて金貨・銀貨を改鋳されるというのならば、六十六州の人びとに役銭を課し、金百両を交換するのに、十分の二は銀貨を用い、十分の一は銅銭を用いるなどの方法を採用するにもおよばない。そうした事業を完成させる方法は、いくらもあるであろう。これらのことについても、また意見を申し上げよう」

老中の人びとは、一言もことばをさしはさむことができなかったので、ふたたび意見を申し上げるにもおよばなかった。このときになって、「はじめ、金貨・銀貨のことについて仰せつけられたとき、何事によらず、この事業を妨害した者は、天下後世のためにその罪を明らかにし、厳刑に処する旨を書いて出された。ところが、このような意見をもち出して、金貨・銀貨の交換を停止させるにいたった。その罪は死罪をまぬがれないのであるけれども、寛大な処置によって、罪一等を減じて流罪に処せられる」と仰せつけられたので、こののちは、金・銀の交換のことは、またもとのようにたちもどった。

〔こういうことを言い出した者（野島）は、流刑に処せられると聞いて、その場で気を失って倒れたという。このことを久世大和守重之殿が聞いて、人びとに向かって、「この程度の男が、どうしてこのような大事業を遂行しえようか」と言われたという。まことに名言と思われる〕

長崎貿易の新令

この年の冬、御先代の遺志をつがれ、長崎の問題について御沙汰があるべきであると決定された。この御沙汰のことが起こったのは、御先代が世を継がれたはじめから、海外貿易の費用とする銅の量が足りず、貿易がはかばかしくいかず、一般民衆が生業を失って飢餓におよんでいる由、長崎奉行所から報告があったからである。

〔これは、むかしは、中国船の数も、貿易額も決まっていなかったが、貞享二年（一六八五）に、中国船の貿易の年額は銀六千貫、オランダ船は金五万両に決められ、元禄元年になって、中国船の年額を七十隻に決められた。

ところが、元禄八年、伏見屋四郎兵衛という者が、定額以外に銀千貫の貿易を許されるならば、銀千貫にあたるほどの物品を銅で買い取りたいと希望した。その希望は許可された。これは世間でいう代物替《しろものがえ》のはじめである。翌年には、運上（税金）として金一万両を差し上げるから、銀五千貫の代物替を許可されんことを願い出た。また希望は許された。これが運上《うんじょう》ということのはじめである。そのまた翌年に、長崎の商人高木彦右衛門という者が、船七十隻のほかに十隻を増し、銀額六千貫のほかに二千貫の代物替を許されたならば、運上金として二万両あまりを差し上げたいと希望したので、ここで伏見屋の代物替を停止され、高木の希望を許された。

一年おいて元禄十二年、荻原近江守・林藤五郎などが長崎に下り、長崎の会所（幕府直営の取引所）で、外国船の貨物をわが国の商人に売って得た銀を金にかえた七万両、そのほかに中国人・オランダ人の置銀（取り除いておいた銀）・つかい銀（小遣銭）・落銀（長崎市民に落ちる銀）・間金《あいぎん》（手数料）・役料（役目に対する報酬）などというものを合計した一一万両あまり以外は、すべて収公するという法を定めた。このことが地下《じげ》配分金（貿易による長崎会所の収益から市民に配分される金）七万両ということのはじめである。

ところで、さきに船七十隻のほかに十隻を増加され、銀六千貫のほかに二千貫を増加されるにあたって、貿易に使用する銅銭は、年額八九〇万二〇〇〇斤に決まった。むかし、長崎で海外貿易がはじまって以来、外国人と貿易をして得た銀でかえたところの銅を、大阪に住む銅吹屋《どうふきや》（銅の精錬鋳造者）といわれる者十六人で運送した。元禄十年、船の隻数・銀の額を増加され、代物替ということがはじまった。その翌年に、江戸の商人桔梗屋《ききようや》又八《またはち》という者が運送を引き受けたさい、「運送の銅が年額におよばないときは、銀で補充せよ」と仰せつけられたが、運送の銅がなお足りなかったので、元禄十二年、桔梗屋は運送の仕事をやめさせられ、大阪の銅吹屋および諸国の商人たちが思い思いに運送するよう下命されたけれども、七百万斤しか長崎に集まってこなかった。

十四年になって、銀座の連中に銅座（銅の精錬・売買をつかさどった役所）の仕事を兼務させられ、諸国に産出する銅を買い取って、長崎に輸送するように仰せつけられた。しかしまた年々銅の数が足りなくて、貿易が行われず、外国人が帰国すべき時期を過ぎて、年を越すようなことになったのである」

その問題について御沙汰があって、銅の運送を承った銀座の者たちに催促したけれども、「諸国の銅山から産出するものが年々減少して、価格が騰貴したので、価格を上げてほしい」などということで、事がうまくはかどらなかった。正徳元年になって、銀座の者たちが銅四五〇万斤を運送することを申し出た。「その不足分をお引き受けしたい」と希望する者があったので〔中川六左衛門という商人である〕、その希望を許されたが、銅の価格がなお騰貴したので、これもその利を失って事がはこばなかった。わが国で使用する銅も足りない。

翌正徳二年の二月になったけれども、銀座の者が輸送すると申していた数に一五〇万斤も足りないので、同三月十七日、銀座の者に兼務させられた銅座の仕事を停止させ、同じく十九日に、大阪銅吹屋の者たちにこの役を命ぜられた。しかし、「去年、諸国の銅山から産出した銅は、六四〇万斤にすぎません。だから国内で使う一六〇万斤を除くと、長崎に運送できる分は、一四〇万斤を越すことはできません。これは価格が騰貴して、銅商人たちが容易に売り渡さないからです」などと言う。

こうしているうちに、長崎の市民たちは、貿易が進行しないために飢餓になやむ者が多く、力の弱い者は、長崎にとどまっている中国人としめし合わせて館内で密貿易をし、力の強い者は、長崎を出て中国船を待ちうけ、海上で密貿易をするなどということがあった。外国人のほうも、近年になって、決められた航路を往来せず、近海に出没して、わが国の不正商人を待ちうけて密貿易をし、そのうえ、このごろは陸地にまで上がって、水を取り、薪を切り、漁船が網でとった魚類、女・子どもの拾い集めた海藻などを奪い取り、土地の住民がこれを制止すると、武器をもって防ぎ、警備船が近づくと大砲を打って脅したりする〔最近、オランダ船の帰るときにも密貿易が行われた。この国の人がこうしたことをしたことは、かつてなかったことである〕。

長崎の奉行所からこれらのことを報告して、「このような状態では、奉行所の命令も行われません。厳重な御処置なしには、なんともなりません」と言ってきた。

〔中国人などがこのようになってきたことは、貞享・元禄のころから、外国人を有和《ゆうわ》しようとされたからであろう。日本人が外国人に抵抗することを戒められ、奉行所の下級役人などが、中国人にはずかしめられようとするのを、刀を抜いて少し負傷させたといって、その役人をただちに解雇されるという状況であったから、しだいに外国人がかって気ままになり、その弊害がついにこのようになったのである〕

私はこのことを聞いて、「日本は万国にすぐれて、武を貴ぶ国とむかしから言われております。それを、いまこうした外国船の商人たちにばかにされることは、国の体面上もっとも憂うべきことです」と言って、奉行所から中国人たちに下付するものの草案をも、また九州・中国の大名たちにも命令されるべきものの草案をも作って差し出したので、この年の五月にこれを実施された。

〔中国人を説諭するものの草案は、深見新右衛門・三宅九十郎(61)・室新助などの人びとに差し出すように命ぜられたが、深見が差し出したのを、ここかしこ訂正して使われた。諸大名に下されたものは、私が草案を差し出した。みな「外国人が近海に出没し、海岸に上陸した場合は、その船を焼き、その人間を斬りすてるべきである。また、わが国の船で外国船に近づくものは逮捕すべし」と仰せつけられたのである」

これより先、この年の二月、外国貿易の材料としての銅が足りないために、そのことについての意見を、長崎の奉行所〔駒木根《こまきね》肥後守・久松備後守〕および地下《じげ》の役人たち〔高木作右衛門をはじめとして長崎の町年寄どもである〕に下問された。めいめいが書き記して差し出したところは、採用できそうにもなかった。そこで、御先代のときに相談せしめられたところにもとづき、改定されるべき法令のことについて、私が草案を差し出すようにとのことで、その大綱・細目二一条を全八巻に記して差し上げた。それらのことは、ものにたとえれば、糸が乱れてしまい、糸の端が多くて、その糸口がどこにあるかとうていさぐりあてることができない状態になっているようなもので、いまここではなんとも書くことはできない。その詳細を知るためには、私が前後に書いた『市舶議』および『市舶新例』などの草稿を見るがよい〔両方とも現存せず〕。

徳川家が天下を統一される前のことは、いま論ずるにもおよばない。慶長六年以来、外国船が来て商売をしたころについては、まだ定めというものもなかった。そのころは、明国においても万暦のころで、外国との交易を厳重に禁止しているときであったから、こんにちのように中国船が来たわけではない。長崎にはただ西洋の船だけがやってきた。寛永のはじめになって、外国船は長崎に来て商いするように仰せつけられたけれども、オランダ船は、まだ肥前の国平戸に来、寛永の末になって長崎に移ったのである。また大名や商人たちが御朱印状（朱印のある海外渡航の許可状）をいただいて外国におもむき、商売をしていたこともあったが、寛永十一年に停止された。そのころは、外国から来る船の数も、貿易の金額も、決まってはいなかった。

貞享二年になってはじめて、中国人との貿易の銀額を六千貫、オランダ人との貿易の金額を五万両に決められ、元禄元年に、中国船の船数を七十隻に決められた。このころは、清国の康熙帝《こうき》が外国貿易の禁止を解除したので、中国船が二百隻も来るようになったからである。同八年から、定められた銀額での貿易のほかに、銅を使って代物替するなどということが起こり、同十一年には、中国船の船数を十隻増して八十隻とされ、定められた銀額のほかに二千貫の代物替を許可された〔これらの変遷は、前の注におよそ書いておいた〕。

中国船の数が決まったので、定められた数以上に来た船は積戻しといって、貿易を許されない。また定まった船数であっても、銀額の定めがあるから、およそ一つの船に積んできた物資は、その価銀一六〇貫ばかりのものが貿易を許されて、そのほかのものは、残り荷物などといった。はるばる風浪をしのいできたのに、手をむなしくして帰ることも、また多くの荷物を載せてきて、利益少なくして帰ることも、不本意なので、なんとかして積んできたものを売ることをはかり、またわが国の人びとも、定められた額のなかのものを買うには、懸《かか》り物（運上）などということをはじめとして、費用が多くかかって、もうけが少ないから、なんとしてでも積み帰るものを買おうと考えるので、年々密貿易が多くなったのである〔出買《でがい》（外国船に出向いて買うこと）・仲買（船主と問屋とのあいだに立って利を取ること）・抜荷（密輸出）・抜買（密輸入）など、いろいろの名目がある〕。

御先代のとき、長崎奉行所に命じて、長崎で、貿易のために費やされた金・銀・銅の数をお尋ねになったとき、「慶長六年から正保四年までの計四十六年間のことはよくわからない。慶安元年から宝永五年にいたる計六十年間に、海外に流出した金は二三九万七六〇〇両あまり、銀は三七万四二二九貫あまりである。銅については、寛文二年以前の六十一年間のことはよくわからない。寛文三年から宝永四年にいたるまでの計四十四年間に、一一億一四四九万八七〇〇斤あまりに達した」と答えた。これは慶安元年以後、奉行所でわかっただけの分である。それ以前には、長崎だけのことではなく、前にも書いたように、外国船はわが国のここかしこに来て商い、わが国の船も、外国のここかしこに行って商売をした。このほか対馬から朝鮮に入ったもの、薩摩から琉球に入ったものなどは、すべてその数量をはかることができない。

しかし、試みに、長崎奉行所から書き記して差し出したところを基礎として、慶長以来の計一〇七年間に、外国に流出した金銀のおよその数を算定し、また慶長以来、国内で鋳造された金貨・銀貨のおよその数と比較してみると、金は四分の一が失われ、銀は四分の三が失われたことになる。だから、今後、金は百年たてばその半分がなくなり、銀は百年以内に、わが国で使用すべきものはなくなってしまう。銅は、すでにいま海外貿易の材料に足りないだけではなく、わが国の一年間の使用量にも足りないのである。わが国に産出する永久の宝ともいうべきものをむだ使いして、外国から来る、ただ一ときの珍しいもてあそびものと交換し、そうした取引きのためにわが国威を落とすようなことは、適当とは思われない。もし薬品や書籍などを求めるためにやむをえない場合は、現在わが国に通用している数量と、毎年、日本の諸国に産出する数量とを計量して、長崎および対馬・薩摩などから外国に流出すべきものの年額を定めるべきである。すべてこうしたこともしないで、ただ長崎で、毎年貿易に使用する金・銀・銅の額だけを決められたのは、納得のいかぬことである。

しかし、たとえ今後これらの額を決められるにしても、いままでのように、一年間に来る船数も、船ごとに載せる物資の数量をも決められないと、密貿易のやまないことは、いままでどおりであろう。だから、まず、毎年わが国に産出する金・銀・銅と、外国に流出する概数を比較して長崎で貿易のために使用すべき年額を決め、次に外国船に載せてくる物資の量を計り、その船数およびその積んでくるものの数まで決めて、積んできたかぎりのものはすべて買い取るようにしたならば、いままでのように密貿易のためにわが国の宝を失うこともなくなり、外国人どもがわが国の法を無視するということもなくなって、国威は万里の外にまでおよび、わが国の財宝は、万世ののちまで足りるようになるであろう。

長崎の庶民が生業を失い、飢餓におちいっているなどというのは、実際は貧民に関することであって、金持に関することではない。その事情をはっきりさせると、罪におちいる者もあるだろうから、こまかに議論することはさしひかえる。奉行所の役人を銓衡《せんこう》し、会所の法を正しくし、京都・大阪のように御目付をつかわし、監督させられたならば、単に長崎だけではなく、九州・中国のためにも適当であろう。(62) こうしたことは、御先代のときに申し上げた意見の要領であって、今回差し上げた草案は、その具体的法例である。

法を設け、例を立てたことは、たとえにいう「常山の蛇(63)」のように、尾は首を救い、首は尾を救い、相互に助けあって、多くのことが一つといえども増減しないようにしなければならない。しかし、御先代のときにこのことが行われなかったのは、長崎の庶民は、外国船も交易物もただ多いことを望み、奉行所の役人は、上に奉る運上金の額が減らず、治める庶民が安らかに生活できることを望み〔人によって自分の利益のことをはかる者があるのは、また別のことである〕、諸国の商人たちは、外国の物資がたくさん来て、原価が安く、利益が多いことを望み、世間の人は、織物や薬品のたぐいがたくさん来て、それを買い求めるのに、価格が安いことを願って、天下後世のことなど思う者は一人もなく、ものごとの本末を知らずに、ああだ、こうだと言っていたからである。今後も、当座の計画もたてられないような人びとが世のなかの多くの意見にまどわされて、いたずらにこの法を変えるようなことがあったならば、きっとその弊害にたえられなくなることは、いままでどおりであろうと思われる。

翌正徳五年の春一月のなかごろ、「海舶互市新例《かいはくごししんれい》」を長崎奉行所に仰せつけられるお使いの人びとが、江戸を出立した〔大目付仙石丹波守・御使番石河三右衛門、そのほか勘定衆が随行した〕。二月の末、長崎に到着して、三月のはじめに、まず新例のことを人民たちに指示され、次に中国人たちにそのことを告知された〔このときに読み聞かせたものは、私がその草案を奉ったのである〕。わが国の法を守ると誓約する者には、信牌《しんぱい》（通商免許状）をわけ与えて、今後来て商いすることを許され、わが国の法を守ろうとしない者は、長崎に居住することを許さず、即刻追放された。同五月、九州・中国の大名たちにも、新例のことについて仰せつけられることがあった。

落書のこと　正徳五年の春のころであったろうか。老中の門前に落書《らくしょ》があった。そこに書いてあることは、摂津・河内《かわち》・和泉《いずみ》の三国の者たちが苦しんでいるということで、北条安房守氏英《うじひで》(64)（大阪町奉行）を訴えたのである。間部詮房殿がひそかにこのことについて私の考えを聞かれた。

「書いてあることがほんとうならば、訴状を差し出して訴えるべきである。名前を隠すまでもない。きっとこれはよこしまな小人物が私怨《しえん》を報いようとしたのであろう。この落書を安房守に下げ渡されたならば、犯人がわかるかもしれない。すべてこうしたことによって奉行を処置されることは、もっとも不適切である。たとえ奉行が事を誤っているようなことがあろうとも、ただ至誠の道によってその心を感じとってやることが、今後のために望ましいことと存じます」

詮房殿は老中と相談され、松前伊豆守を通してその落書を安房守に送られたが〔松前は北条の親戚だからである〕、はたして根も葉もないことを書いたものであった。まもなく、また佐渡の国の人民の訴状ということにして佐渡奉行を訴えた落書があった。これもまた前のように奉行に下げ渡された〔河野勘右衛門に下付された〕。⑯

役人を罷免する相談

このころのことであった。老中たちが相談して、奉行職の人びとをはじめとして重職の人びとを罷免するという話があった。土屋相模守政直殿は、「私はもちろんこの人びとのことを聞いたことがない」と言われた。戸田山城守忠真殿は、なんとも言われなかった。「いまこうしたことが行われるのは、適当でない」と間部詮房殿が嘆いて言ったので、私は「お説のとおりに私も考えます。なんとか配慮されて、中止させられるべきことです」と答えた。家康公百年忌が終わったあとで、またこのことが問題になったときに、上様は「現在は、罪を犯した者さえ赦免されるときであるのに、これらの御沙汰はいかがであろうか。もしやむをえないならば、それとなく転任ということにされるべきではないか」と言われたので、人びとはそれ以上議論されることもなく、沙汰やみになってしまった。

〔このときに罷免しようと相談の対象となったのは、留守居・大目付・町奉行・勘定奉行などをはじめ、その数は多かったが、そのなかには、世間でりっぱな人だと言われた人もあった。それなのにこんな議論が起こったのは、それぞれ理由がある。その理由を記すことも適当ではなかろう。そのうち二人（勘定奉行伊勢伊勢守貞勅・大久保大隅守忠香）はまもなく罷免された。そのほかは、いまも事故なく勤めている人びとである」

将軍御病気

この年の夏のはじめから、上様が御病気になられ、薬の効きめも見えないなどということで、医者をさがされるなどのことがあった。七月十三日の午後二時ごろ、私が退出しようとすると、戸田山城守忠真殿が急ぎ足で参上されるのに出会った。「久世大和守重之殿もわずかな人を召しつれて、走って参上された」と私の供の者たちが言う。「合点のいかぬことだ」と思って、東門を出ると、人だかりしているので、尋ねると、「忠真殿の乗物をかついでいた男が息が絶えて倒れたのを見ている」と言う。いよいよ合点のいかぬことと思っていると、「あすは人びと残らず出仕せよ」と告げてきた。これは、この日、松平紀伊守信庸殿が当直であったが、どう聞きまちがえたのか、「御病気が悪くなられた」と老中の人びとに告げ知らされたからである。この夜、老中の人びとが、「もし万一おなくなりになるようなことがあったら、お世継ぎのことはどうすればよいか」などと相談されることとなり、御先代が言い残されたことを、詮房殿がはじめて人びとにもらされたということである。しかし、まもなく上様は薬の効きめがあったのに、わずかに一ヵ月後の九月十三日には、信庸殿が中風になられた。世のなかのことは予測できないことである。

〔上様は御誕生後すぐに病気になられたことがあったが、山田宗円《そうえん》法眼㊽という医師の差し上げた薬の効きめがあったので、いつも薬は、この法眼だけが仰せを受けて、そのほかの医者は関与しなかった。この年の御病気のことで、平常の御養生が十分でなかったと言われて、薬の変更があったので、不安に思ったのであろうか、私のところへも来て相談されたが、信庸・忠良などは、その言うことを信じて、驚き騒いだことがもとになって、あの七月十三日のような事件が起こったのである。

さて、その夜、御先代の言い残されたことを聞かれた人びとのうちで、やがてなくなられたあとのことについて秘計をめぐらした人が三、四人もあったという。これはみな譜代の幕臣ということで、御先代にも御当代にも、御恩の浅くない人びとである。そのうち、一人、二人は、現在もなおその職におられる。たのみにならない世のなかのありさまだ。御先代がまだ藩邸におられたとき、ある若年寄㊿が西ノ丸御殿の図面を差し上げたことがあった。その翌日に御養子となられて、西ノ丸に入られたのである。上様は、その態度をよいとお考えにならなかったのであろう、御代を継がれたあとになっても、その人のお覚えがめでたかったとは思われず、やがてなくなった。これはよいことだと思われる〕

法皇の姫宮お輿入れの相談

この年の冬、霊元法皇の姫宮㊳〔八十《やそ》の宮と申し上げる〕が上様にお輿《こし》入《い》れなさることが決まり、来年の春には、阿部豊後守正喬《まさたか》殿がそのことのお使いを承ると噂された。これは武家の時代がはじまって以来はじめての例である。いまは見はてぬ夢となったけれども、このうえなくありがたいことであった。

近江の国村民の訴訟その後

前にも書いたように、近江の国滋賀郡鵜川《うかわ》や打下《うちした》の村と、北小松村との争いのことは、私が最初に言ったように、北小松の村民の長年のよこしまな計略が暴露した。鵜川村には、応永年間の証文も明瞭であるから、事件はすでに決着したとして、その判決文を、裁判にあたった人びとから差し出してあったのを、間部詮房殿が私に見せられたが、そこには納得のいかぬことがあったので、そのことを申し述べたところ、その土地の図面を取り寄せて見た結果、はたして納得できぬことなので、「このように御決定になることは、いかがでしょうか」と言っているうちに、裁判の議論がなかごろから変わって、「実地調査をしないことには決定できない。だから、まずいままでの領主の所領をそれぞれ別の場所に移したあとで、決定されるだろう」ということになって、この年の冬、そのお使いを命ぜられた者があったと聞いた。

「この争いは、応永の証文にその境界が記されていることがすでに明らかだから、疑わしい点はない。まして北小松の村民たちが差し出した証文は、偽造文書であることも明白ではないか。そうであるのに、御先代のときからいままで決着しない理由は、世間の取り沙汰では、「事件はすでに決着するはずであったが、紀伊守信庸殿が老中の職につかれてから、裁判の議論が変わった。これは、はじめこの方が京都所司代在任中に裁断したとき、北小松の言うことに道理があると二度まで言われたので、いまになってその逆の沙汰をすることはどうであろうかと考えているうちに、このあいだ、この方が中風になられたので、また裁判の議論が変わったのである」などと言っている。

この年の夏のころであったか、「黒川左門の家来、渡辺庄右衛門という者です」と言って私の家に来て、私の家来に対面して、「このたびの裁判について、ご主人に申し上げたいことがある」と言う。「筑後守はこれらのことをご存じない」と言うと、「なにを隠しましょう。『なんとしてでも筑後守殿に事の次第を申し上げよ』と井上河内守殿の家来音羽庄兵衛という人が言われたので、あえて参上いたしました」と言う。「すべてこうしたことは取り上げてはならないと、いつも戒めているので、どうにもできません」と言って追い返した。

この黒川は北小松の領主であった。その後また、「正岑殿は、裁判の人びとに向かって、『応永の証文こそ事件の妨げである』と言われたが、合点のいかぬことである」などと言う人もあった。この事件が決着しがたいなどということは、御先代以来のことである。信庸殿が老中であったためとも思われない。なにかその理由があるはずである。だから、たとえ今後地押《じおし》(検地)などということがあっても、どのように決定されるであろうか、合点のいかぬことである」

伯父殺しの処断

これも同じ正徳五年の冬のことである。奉行所から、伯父殺しがあったと言って、この夏、信庸殿が伯父殺しを処断された例を記して提出した。間部詮房殿は納得できぬことに思って、その理由を聞かれたところ、「御先代のはじめに、伯父殺しを殺人罪として下手人の法[69]が行われた例があると申したのを信庸殿が聞いて、それなら、その例に従うがよいと申されたのです」と答えた。このことをどうすればよいかと私に尋ねられたので、答えた。

「人を殺した者が死刑になるのは、世間一般の法である。養老律《ようろうりつ》でも、伯叔父母を殺した者の罪例があります。まして、御先代のときに、伯父殺しを世上一般の人殺しと同じ殺人罪によって断罪されたということが、今後の例となっては遺憾だと思います。どうしてこんな御沙汰があったのでしょう」

あとで聞くと、「御先代のときに、稲葉丹後守正知《まさとも》の家来で、伯父を殺した者があったのを、『この男は悪逆な罪を犯したのであるから、かってに断罪することはできない』と言って、お上の御意向をうかがったので、律に書かれていることによって断罪されたことがあるのを思い出して、老中の人びとにそのときのことを尋ねたところ、丹後守の書状も仰せの文案もあったので、その例によってその男の罪を決めたのである」と話された〔近ごろの例では、主人・父母を殺した者は鋸挽《のこび》きの刑(70)に処し、その妻子なども死刑に処せられる。その伯父を殺した者も鋸挽きにされたが、その妻子は、死一等を減ぜられて断罪されたという〕。奉行所から信庸殿に伝えた例は、御先代のときのこととは思われない。

大火、牢獄が焼けて罪人が逃亡する

この年もすでに暮れて、十二月三十日の夜半のころに、本多忠良殿の屋敷から火が出て、延焼する家も多く〔忠良の家は、大名小路というところの北にあったので、大名の家もたくさん焼けた〕、あけて正徳六年一月一日の午前十一時近くまで火は消えなかった。火消しの装束をした者と、烏帽子《えぼし》・直垂《ひたたれ》の人びとと行きかうさまは、異常な光景であった。

十一日にもまた火が出て、延焼が多かったが、牢獄も焼けて、獄につながれていた者がたくさん逃亡した。このなかには、在獄すでに十六、七年をへて、いまはその罪科も明らかでなく、縁者もなくなって、その身を捜索できない者も多い。「逃亡した者のうちで、捕縛した者は、どのような罪にすべきか」などと奉行の人びとから申し入れがあった。「このことはどうしたらよいか」と詮房殿が問われたので、私は次のように答えた。

「入獄している者には、本来の罪に軽重があるから、今回、逃亡することがなかったとすれば、その罪によって処断すべきはもちろんである。ところが、いまこういうことが起こったからには、おおやけの法を犯した罪は軽くはない。しかし、こういう際に逃亡したならば、一時罪をまぬがれることができるのでなかろうかと思うのは、身分のいやしい者が持つふつうの感情である。多くの年月をへて、もはやその罪科も明白でない者がたくさん獄につながれているということについては、そのあいだの大赦・常赦のたびに、どうしてその恩恵に浴さなかったのであろうか。それをいまいっさい極刑をもってのぞむということは、まことに憐れむべきことである。今後もこういう事態が起こらないとはかぎらない。今後は、こういうときに牢獄から逃亡しなかった者は、本罪から罪一等を減じて、逃亡した者には、本罪に罪一等を加えて、罰を決める法を立て、まずその罪が明らかでなく、なお獄中にある者は、みな放免し、そのほか逃亡しなかった者は、みな罪一等を減じ、またつぎに、逃亡した者でも、行くえのわからない者は、ことさら捜索する必要はない。すべてこうしたことが起こったのは、みな奉行の人びとに憐れみの心がなかったからである。かえすがえすも残念なことである」〔この文書の草案は、なおいまもある。しかし、議論が一致しなかったのであろう。私が申し上げたとおりの処置があったとも聞いていない〕

こうして、獄につながれた者の決着をつけるべきであるなどということによって、七、八年前に、主人を殺した者の死体を塩づけにしてあったのを、「その死体に対して法律どおり処置せよ」と言って、干からびた死骸を縄でくくって、はりつけにしたなどということである〔堀田伊豆守正虎《まさとら》の家来浅井右衛門兵衛という者を殺した下男である〕。これらのことは、言語に絶したただらしないことであった。

誘拐犯人の処断

このころになって、去年の春から世間に知られた誘拐事件の御沙汰が明らかになった。

これは「水道町というところの薬種商が〔名を清兵衛という〕、伊勢の国生まれの幼い兄弟の者二人を召し使っていた〔兄を太郎兵衛といい、弟を藤兵衛という〕。その弟のほうが突然失踪《しっそう》した。去年の春になって、その兄のほうが、乞食の家に弟がいるのを見つけて、主人に告げたので、すぐ乞食の家に行って、その幼い者を取り返そうとすると、山田という浪人〔名は政右衛門〕が薬種商のところへ来て言った。

『あの乞食の家にいたのは、甲斐の国の人で、道三という者の子ども〔名は七助〕だが、いまから六年前、私にあずけたので、ある医者の召使にしたのだが、愚か者なので、乞食にやったのだ。どうして誘拐などと言えよう』

これが発端で訴訟となり、その甲斐の道三も、伊勢の子どもの父という者も、評定所に召し出して尋問したが、どちらの子どもか決めかねているうちに、道三も、乞食にされた子どもも死んでしまった。こうなったうえは、山田は放免すべきであろうか」というのであった〔町奉行中山出雲守の申し状である〕。

私ははじめから耳にしていたことがあるので、間部詮房殿に申し出て、もう一度事の次第を尋問してもらったところ、「伊勢の子どもの父というのは、藤堂《とうどう》家の領地の者であるが、召し出されたので、藤堂和泉守は、家来をして送ってこさせた。そこで評定所に召し集めて、まず道三という者を呼んで、その幼児に、『おまえの父か』と聞くと、『知りません』と答えるのを聞いて、かの道三が『父を知らないことがあるか』と言って頭をなぐったので、幼児は逃げた。次に伊勢の者を呼び出すと、幼児は声をあげて泣き、そのそばに近よって、『これが私の父です』と言う。またその父を送ってきた人びとをみな見知っていて、父を送ってきてくれた礼を言ったけれども、道三も山田も聞き入れないので、なんとも決着をつけることができなかった」と書いて差し出した。

「道三はすでに死んだのだから、いまは承服するだろう。山田には問うことがある」と言って、その草案を差し上げ、それをもとにして、山田を尋問されると、「このことはずっとむかしのことになってしまったので、あの幼児がたしかに道三の子だとも言いかねます」と答えた。「それならば、なおさらのことだ。たとえ彼らが聞き入れないにしても、その父子・兄弟がともに、父である、子である、兄である、弟であると言っているだけではない。藤堂家の家来なども、みな知り合った者であるのに、なんの疑わしいことがあろうか。それなのに決着をつけず、幼児は死んでしまい、道三も〔七十あまりの者という〕また理由もないのに旅さきで死んだのは悲しいことである。裁判にあたった人びとが、どうしてこのようなあわれを知らない人びとであったのか。それにしても、その道三の子はどうなったのであろうか。いまそのことを糾明しては、ますます事の決着はつかないであろう。けっきょく、山田の死罪一等を減じて遠流《おんる》に処するのがよろしかろう」と申し上げたので、事は私の意見のように決着した。

〔すべて裁判にあたる奉行たちが、裁判に心を用いないことは、このとおりである。ある人はこう言った。「甲斐の国の者の子は、山田が不都合なことをしたあとで、伊勢の幼い者を誘拐して、乞食にやって、道三の子だと言ったのである」。この事件を根本的に調べたならば事情が明らかになるだろうけれども、正しい証拠のあることについてすらこんなふうに言う人びとに命令されたところで、事がうまくはかどるはずがないと思ったので、ここに書いたように意見を申し上げたのである〕

これもまた一昨年〔正徳四年〕の夏以来耳にしていた、紀伊の国牟婁《むろ》郡船津村の者〔名は新助〕の娘らが誘拐された事件について、奉行の人びとの報告があった。これは「いまから六年前、正徳元年の冬、武蔵の国品川の宿で宿屋をいとなむ扇屋という者〔名は道寿〕が、その使用人〔喜兵衛という。手代である〕に金二十両を持たせて、下女を買ってくるように言いつけたので、喜兵衛はここかしこを経めぐり、やっと紀伊の国牟婁郡船津村に来て、貧しい夫婦が娘二人をもっているのを見て、『この子どもを私の主人に差し上げたら、父母の身のためにもよろしかろう』などと説得して、十月のころ、父母もろともにかどわかしたが、遠江の国今切《いまぎり》の関所〔荒居の関所〕を越える方法がなかった。そこで見付《みつけ》の宿の人〔太郎左衛門という〕にたのむと、『なんとか方法がある』と言って、中刑部《なかおさかべ》村というところの者〔おかち加兵衛という者〕にたのんで、関所を避けて、山道を通って、見付の宿にたどりついた。ここで、その姉妹二人の者を金二十五両で売買するという話が起こったが、父親はそのことばに従わず〔これは、「宿屋の召使として売れ」と言ったのに対して「わしの子は、そんな者にしようとは思わない」と言ったのである〕、十一月になって品川に到着した。

主人が、その姉妹を見て、『どうしてこんな幼い者を買ってきたのか』と言って、その手代もろとも家を追い出した。その手代は、わが身ひとりでもむずかしいのに、父母姉妹四人の者をどうやって暮らさせてよいかわからないので、その主人に泣きついてたのむと、『では、その姉妹を遊女として売れ』と言う。その父母もいまは身を寄せるところもなく、そのはからいにまかせる以外に方法もない。やがてその主人が、こうした周旋をする者〔市左衛門といって、浅草の住人である。世間で女衒《ぜげん》[71]という職業である〕と相談して、新吉原[72]というところ〔巴屋《ともえや》源右衛門といって、世間でくつわ〔遊女屋の主人〕というものである〕に、姉妹二人〔姉の名はゆき、妹の名はしめ〕を、駿河の国の者だと言って、身代金一〇五両で売り渡した。そのうち三十四両二分を周旋人に分け、自分の手代と父親には七両ずつを与え、その残りをすっかり主人自身のもうけとしたのであった。

そののち、その父母の者は、身を寄せるところもなくなって、娘たちを周旋した者の家に来て訴えたので、そのとりはからいによって、娘の主人のところに身を寄せていたが、正徳二年の三月になって、その母は死んだ。こうして、その事情を聞いた者たちが、『父も子も、こうした身の上になったのはたいへん口惜しいけれども、それよりも、今切の関所破りをしたことが暴露したならば、どんな罪をこうむることだろう』などと言うのを聞いて驚き、『これは訴え出たほうがよい』と言って、このことに関係した者たちがその父にいろいろ忠告したが、そうこうするうちに年がたち、正徳四年の四月になって、紀伊殿〔当時の藩主、のちの八代将軍吉宗〕に訴え出た。そこで事の次第を奉行の人びとに伝えられて、その父なる者を送られたのである」

そこで、このことの関係者たちを評定所に呼び出して、尋問したが、例の長詮議のうちに、その父なる者も、去年〔正徳五年〕の四月、獄死した。ところが、このころになって、評定の人び

とが罪科を協議するのには、

「その父は、最初、関所破りのことを知らなかったといっても、すでにそのことを知ったうえは、すみやかに届け出るべきであるのに、時間を経過したことは、その罪が軽くない。その死体の首を切って、紀伊殿に渡し、その故郷でさらし首にすべきである。二人の娘は、いまの主人にやってしまうか、あるいは身分を奪って婢《はしため》とするがよい。次に関所破りに関係した者は、はりつけにするか、斬首にすべきである。品川の宿屋に関しては、追放にするか、流罪にすべきである」

などと書いて出したので、私の意見を申し上げた。

「その父なる者は関所破りの事実を知らなかったのだから、長年のあいだ、届け出がなかったといっても、その罪ではない。すでにその事実がわかってから、一年あまりたっても、まだ届け出におよばなかったのも、もともと夫婦・親子ともに、人にかどわかされたほどの愚か者であるから、人にだまされて年月をすごしたことは、深く咎めるべきではない。一般にかどわかされた者は、そのもとの持ち主に返すということが元和五年（一六一九）十二月の制令(73)で明白である。どうしてその娘たちをいまの主人に与えられることがあろうか。関所破りに関係した者が断罪されるべきことは、言うまでもない。品川の宿屋は、死刑をまぬがれることはできない。代々の制令に人身売買についての法を決められたのは、こうしたことのためである。自分の使用人がかどわかしてきて、関所破りをした者を、駿河の国の者だなどといって、身代金一〇五両で売り、そのうち四十八両二分を人びとに分かち与え、残りは全部自分の利益とした者が、どうしてその罪の軽いはずがあろうか。ましてや、最初、自分の使用人に命じて、下女を買い求めさせることがなかったならば、どうしてこのようなたいへんな犯罪が起こったであろう。してみれば、この事件の張本人は、この男である」

すべて私の意見のように決定され、その姉妹の二人はともに紀伊殿に返された。

〔このときの意見書は、いまもあるはずである。近世以来、こういう事件は、みな評定所の留役人(74)といって、その日その日の出来事を記録しておく役目の者たちの、具申するとおりに決まったのである。今回の事件なども、品川や新吉原の者たちが、そうした役人たちに賄賂を贈るなどということがあり、なんとかして彼らが罪にならないようにはからったのを、評定所の人びとがいつものとおり留役人の言うところにまかせてこういう意見を言ったのである。天下の刑罰が、そうした役人などの思うままに決定されるということは、いかがなことであろうか〕

東大寺勧進の院宣

閏二月十三日、水野和泉守忠之（京都所司代）からの書状に、次のようなことが記されてあった。

「昨十二日、伝奏の人びとが霊元法皇の仰せを伝えてこられたところでは、『東大寺の勧進上人《かんじんしょうにん》(75)公盛《こうせい》が申し入れられた。東大寺は、聖武《しょうむ》天皇の御創建で、鎮護国家の霊場である。だから、治承《じしょう》四年（一一八〇）の火災のあと、後白河法皇の御祈願で、諸国に院宣《いんぜん》を出されて再興された。

そののち、また永禄の火災にも、正親町《おおぎまち》院が綸旨《りんじ》（蔵人《くろうど》が勅命を受けて出す文書）を諸国に下されたけれども、機が熟さず、成功しなかった。前任の住持の公慶《こうけい》のときになって、関東に申し入れ、諸国に勧進して、大仏殿を造営したが、公盛がこのあとをついで楼中門などを作ったけれども、回廊以下のところはまだ竣工《しゅんこう》していない。願わくば、建久・永禄の例にならって、院宣を下されんことを懇願する』というのである。綸旨や院宣の先例は明らかだから、聞きずてにしておくわけにもいかない。希望どおりに院宣を下してもさしつかえはないか、内々で意見を具申してほしいという仰せである旨が書かれ、建久・永正・永禄・元亀などのときに下付された綸旨・院宣などの写しを添えてくださった」

間部詮房殿が「これはどうすべきであろうか」と問われたので、その答申すべき文書の草案を差し上げた。その大要は次のとおりである。

「東大寺勧進上人の願い状によって院宣を下されることに、なんのさしつかえがありましょうか。しかし、建久の例の場合は、まず院宣を鎌倉に下されて、諸国に下知せられたのである。ところが、公慶上人のときは、院宣をこいねがうこともなく直接関東に申し入れられ、諸国にその課役を命ぜられたのである。事のいきさつは、建久の例とは同じではない。その当時諸国に課せられた役でも、近世以来天下の財力が不足となって、まだ催促に従うことができない国があると聞いている。

しかし、大仏殿・楼中門などは、すでに出来上がっているのである。いまになって、その回廊などのために院宣を下されたばあい、やはり催促に従わない国々があると、朝廷の命令が時として実行されないようにみえるのも、どうであろうか。公盛上人が先代の遺志をついで、その願いを果たそうとするならば、それくらいのところの、造営を竣工させるのにいかほどの困難があろうか。しかしながら、こうしたことは、ただ内々で相談するところであって、院宣を下される場合には、さっそく諸国に下知せられるのは申すまでもないことである」

このとおりに答申されたので、朝廷では、「はじめから事がうまくはこぶとは思っていなかったが、あの上人の希望も聞きずてにするわけにもいかなくて、幕府のほうへ仰せられたのである。そちらの言うところはもっともである。院宣を下されるべきではない」と仰せられたという。

貿易新例以後の外国船

閏二月二十六日、老中の人びとが協議された。これは「去年（正徳五年）の春、『海舶互市新例』を決められ、通訳たちから信牌を受けた中国人のうち、福建《ふっけん》・広東《カントン》地方の者は、約束どおりに信牌を持って来て、商いをしたが、南京《ナンキン》・寧《ニン》波《ポー》などの船は来ず、どうしたことかなどと言っているうちに、今年の春になって、福建の李韜士《りとうし》という者が来て、『去年、南京・寧波などの者が日本の信牌をもらって帰ったとき、彼らはひそかに日本の暦を用い、すなわちその統治に服して、中国にそむこうとしているという投書があった〔これは信牌に日本の年号があるのをいうのである〕。まもなく、荘運卿《そううんけい》・謝叶運《しゃきようえん》などという者が、その投書のことについて政府に訴えた。彼らは、はじめ日本の信牌を受けることができなかったからである。胡雲客《こうんかく》・董宜日《とうぎじつ》などという者をはじめとして、信牌を受けた者たちが合議して、それが無実の罪であることを訴えたが、その信牌はすべて政府に没収されて、日本に来ることを許されなかった。自分自身も寧波にとどまっていたときだったので、彼らと同じように信牌を没収された。しかたなしに広東へ行って、そこから長崎へやってきた』と言う。

その申すところを聞くと、中国側の総督（地方長官）・撫院（総督の次官）・関部（海関の役人）などが相談したところ、日本の新たに出した法令は、実行しにくいので、もとどおりたくさんの船が来て商うことを計画しているようである。しかし、李韜士の言うことも信用できない。こののちに来る者を待って、かさねてまた報告する。それまでは、この李韜士は拘留しておく」ということを長崎の奉行所から報告してきたのである〔大岡備前守清平《きよひら》〕[76]。詮房殿がこのことについて私の意見を問われた。

「わが国内においてすら、法令の行われにくいことがあります。金貨・銀貨の改鋳のことなどは、その例と言えましょう。まして国外のことであります。だから、新例を行うはじめから、『事が決まるのは、三年か五年たってからであろう』と申したのはこうしたことのためです。御先代のとき、朝鮮使節の問題のときも、要職にある人びとをはじめとして、先方の使節の言うことを聞いて驚き、とやかく言う人がありましたが、上様の御英断があったので、すべて御命令どおりに行われたのです。現在は上様が御幼少のことでありますから、私がどのように申し上げたいことがあっても、実行されるとは思われませんので、意見として申し上げることはありません」と言いきった。

そののち、老中の人びとと相談されることがあったとみえて、「話すことがある」と言ってこられたので、二十六日に参上すると、本多忠良殿が出てきて老中の人びとがいつも祗候《しこう》する部屋に案内された。この事件は、はじめから井上河内守正岑《まさみね》殿が担当しておられたので、この方をはじめ、みなみな言われることが多かった。その大要は次のとおりである。

「去年の春、御先代の遺志を継がれて、長崎のことはすでに御沙汰ずみである。ところが、今回、奉行所から報告してきたことはお聞きのとおりである。もしその報告どおりであるならば、御当代の仰せつけられたことが行われないだけではなく、御先代のお志もむなしくなったと思われる。あなたは御先代がこのことを相談された人だから、今後の処理は、あなたの意見に従って決定すべきであると、ここにいる者はみな意見が一致している」

「間部殿にも申し上げたとおり、今回の長崎奉行の報告は、御先代のときに外国貿易の意見を奉った日から予測していたことですから、いまさら新しいことが起こったとは思いません。しかし、私はすでに年もとり、病気もいたしております。事が決着する日まで待つことができるとは思われません。所詮どんなことが起ころうとも、去年の春、仰せつけられたことを、すこしも改められることがなかったならば、けっきょくは行われないということはあるはずがないと思います。このほかに御意見申し上げることはありません」

「御先代も長い時をかけたあとで決着するであろうと言われたのです」

と詮房殿も言われたので、とにもかくにも、私の意見に従って御沙汰をされる以外に方法はないと他の方がたも言われたので〔それぞれの意見は同じではないが、おおかたの意見が一致したところを記す〕、「このうえは、御辞退すべきではありません。いかようにも意見を申し上げましょう」と答えて退出した。しばらくして奉行所に下げ渡されるべき草案を差し上げた。それには「李韜士が言うところによれば、中国の役人は、その商船が日本に来ることを許さないのである。それなのに李韜士がひそかに長崎に来るのは、本国の法を犯している。天下の悪は一つである。わが国は、わが国の法に従わない者の来朝することを許さない。どうして中国の法を犯す者の来ることを許すことができようか。すみやかに追い返すべきである」という趣旨を書き記した。

すでに長崎奉行所から、また寧波の祝《しゆく》武珍《ぶちん》という者が、わが国に来ることを許されてきた旨報告してきて、その鎮海《ちんかい》県の旅券を写して添えて差し出した。私はその旅券を見て、「これは日本に来ることを許可したものではない」と言って、以前に年々来た者の持ってきた旅券を写して差し出させ〔わが国に来た者に与えた旅券には、みな長崎に行く旨記されている。武珍が持ってきたのにはただ東洋に行くと書かれている〕、奉行所に下されるべき文書の草案を差し上げた。その大略は、李韜士の場合と同じであって祝武珍が持ってきた旅券は、日本に来ることを許したものでないことを明らかにしたものである。

主家を逃亡した者が強盗を斬る

正徳六年三月四日の朝、相模川〔すなわち馬入川《ばにゅう》〕のほとりで、強盗を一人斬り殺した若侍があるのを、その近所の中島というところの者たちが出合い、とり押さえ、代官所に送ってきた。事の次第を尋ねると、この若侍は坂井という者で〔名は定八、二十歳ばかりの者である〕、駿河の国に行く途中、戸塚・藤沢のあいだから、大の男が一人ついてきて、川べりのあたりで、その者がふところに手を差し入れて懐中ものを取ろうとするので、刀を抜いて、ただ一打ちに斬り殺した。土地の者に、斬られた者のことを尋問すると、「顔見知りはありません。東海道すじをうろつく盗人でしょうか」と言う。またその若侍は、本多遠江守正武に仕えていたが、最近、その家を逃亡した者であるという。「強盗を斬り殺したのは名誉なことだが、主君の家を逃亡した以上、罪はのがれることはできない」と言って、まず牢獄に入れられたと聞いた。

「もし、この者が罰せられるようなことがあったならば、盗人の残党どもが、『盗人を殺した者が処罰された』などと噂を流して歩いたならば、今後、東海道を往来する人びとが、盗人の憂いにたえられなくなるであろう。妙案があります。しばらく御沙汰をお待ちください」

そう詮房殿に言って、朝倉《あさくら》与一《よいち》景隆《かげたか》（白石の長男明卿の外舅《がいきゅう》、本多正武の家臣）のところへ使いを出して、「話したいことがある」と言ってやった。やがてやってきたので、「最近、あなたの主人の家から逃亡した者がありますか」と問うと、「ございます。坂井という者が逃亡して、相模川のほとりで、強盗を斬り殺したことがあります」と言う。

「おいでを願ったのは、その者のことです。年の若い者が強盗を斬り殺したのを、主人の家を逃亡したことにより処罰するのは、不憫《ふびん》なことです。なんとかうまくはからっていただけませんか」と言ったところ、「承知しました」と言って、翌日やってきて、「主人に申し上げたところ、『この者のことは、いまとなっては追及して咎《とが》める気持はない』と申しました」と言う。

「よくとりはからってくださいました」

そう言って詮房殿に報告したところ、「盗人を斬り殺した以上、詮議にはおよばない」と言って許された。

賄賂を行う商人を処罰すること

これもそのころのことである。久世大和守重之殿が、詮房殿の弟隠岐守詮之に出会って、「あなたがご紹介くださった御用達の商人のことは、希望どおりにはできません」と言われたので、「いったいどういうことをお聞きになったのですか」と尋ねたことが発端となって、それを追及すると、ある人の部下〔曲淵下野守《まがりぶちしもつけのかみ》といって、詮之と同様近習の人の家来で、鈴鹿園右衛門《すずかそのうえもん》という者である〕が、詮之の書状を偽造して、何某《なにがし》という商人に金座の御用を承るようにと、重之のもとに言い送ったということであった。これは重之が金貨・銀貨のことをつかさどっており、また詮之の妻は、重之と姻戚関係にあったからである。やがてこのことに関与した者たちを逮捕して〔八人まであった〕、みな処罰された(77)。

「こういうことが起こったのも、近世以来、賄賂が公然と行われ、こうしたことによって賄賂の品々を受け取ることが多かったためだから、すべての商人たちが、このこと、あのことについて御用を承りたいと懇願することを、いっさい禁止されるのでなければ、今後もまたこうしたことはやむはずがない。ことにまた賄賂が行われないようにするために必要である」ということがあったので、詮房殿は老中の人びとと協議して、その制令を下されたのである。

〔去年のことである。私のところに、ある寺の役僧を使者として、長崎貿易に関する利権のことをたのみに来て、「御承諾いただけますならば、まずお礼として金五百両を差し上げ『これはこのごろタテモノというそうだ』、事が成就したあかつきは、毎年ご子息たちに三百両ずつの金を差し上げて、御恩に報いましょう」などと言ったことがある。これはまさしく私自身の経験したことである。私のような者にすら、このようなことを言うのである。およそ権門勢家の人びとのことなどは、想像がつくであろう〕

越後の大盗人を逮捕

四月二十二日に、去年の冬、越後の国に大盗人がいたのを逮捕したなどと、世間の人が大げさに話していたことについて、御沙汰があった。これは盗賊逮捕のことを管掌する船越左衛門⑱（火付盗賊改）のところへ報告してきた者があって、越後の国蒲原《かんばら》郡安代《あじろ》・戸口《とぐち》などの境界にある原野のなかに、大盗人が住んでいて、その配下の者も多数であるなどという知らせがあったので、去年（正徳五年）の十月のはじめに、密告者たちに案内させて、二人の部下をさしむけた。

〔密告したのは、上野の国立石《たていし》村の嘉右衛門・武蔵の国妻沼《めぬま》村の七郎右衛門という者である。船越の部下は、松野市兵衛、五十一歳と、田沢勘太夫、六十歳。これは御先手同心衆⑲と呼ばれる者である〕

同じく九日に現地に到着して、その盗人という者と配下の者五人を捕縛した〔盗人は五左衛門という。ときに五十二歳〕。

まずこれらの者を安代の者にあずけようとすると〔ここは小浜孫三郎の領地である〕、「この盗賊の住いは、最初、安代と戸口の土地をわけ与えたのですから、安代の者だけにあずけられるいわれはありません」と言う。それならばと言って、戸口の者を召し出して聞くと〔ここは溝口伯耆守《みぞぐちほうきのかみ》重元《しげもと》の領地のうちである〕、「彼が住んでいるところは、もともと戸口の土地ではありません」と言って、事が決着しない。天領であるから、茅原《かやはら》の者にあずけようとすると〔代官は能勢権兵衛《のせごんべえ》である〕、「彼が住んでいたところの安代・戸口の者たちがあずかろうともしないのに、ここにあずけられるということは、納得がまいりません」と言う。戸口の領主である溝口の新発田《しばた》氏の城のことを尋ねてみると、「ここからは八、九里も距たっており、信濃路を通って江戸に帰るには、百里あまりの道のりです」と言う。

また出雲崎の天領のことを尋ねると、「ここからは六、七里距たっており、そこから江戸へ帰るには、八十里あまりの道のりです」と言う。「それならば、出雲崎に行って、その代官所にあずけておいて帰るのが、道順がよい」と言って、逮捕した者、およびその弓・槍・刀などを持って、かれこれ十四、五人の一行は同じ十二日にそこを出発し、十三日の夕方に出雲崎に到着し〔ここは亀田三郎兵衛の代官所があるためである〕、捕えた者をあずけておきたいと言うと、「およそ盗人を捕えた場合は、その土地にあずけておくのが先例です。それをここまで連れてきてあずかってほしいとおっしゃることは、納得いたしかねます」と代官所の留守役人たちが言うので、ここにもまたあずけることができなくなった。

多数の者を引き連れて、ここかしこめぐり歩いているうちに、旅費がなくなってしまった。またこれらの者を引き連れて、鉢崎《はつざき》の関を越えることもできない〔関所手形がないからである〕。柏崎まで引き返して、二人で相談して、逮捕した者たちを放免し、帰ってきて、事の次第を報告した。

十一月一日、船越左衛門がこの事情を申し述べて、ふたたび部下の者を派遣した。溝口家にもまた仰せつけられた。同月二十七日、さきの盗人親子、配下の者三人を逮捕することができて、戸口の者にあずけた旨、十二月の九日に知らせてきた〔五左衛門とその子、配下三人〕。数日ののちに、そのほかの者もみな逮捕して、溝口家の家来たちが道中を警固して連れてきた。そののち、大目付・勘定奉行などに命じて、そのことを尋問された。

〔このときに、船越の盗賊逮捕の役目を停止された。また盗人たちを捕えた部下の者たちも閉門を命ぜられた。これは「船越がはじめ部下の者を派遣するには、まずそのことを報告すべきである」などと老中の人びとが言われたからである。これらのことをあらかじめ報告した先例はない。今回は、安代・戸口の者たちが異議を申し立てるようなことがあったために、こうした事態にたちいたったのである。それにしても船越を停職にされたことはどうであろうか。その後、このことを処理した人びとは、横田備中守《びっちゅうのかみ》・伊勢伊勢守・杉岡弥太郎の三人であった〕

これらの人びとは、その盗人という者をはじめとして安代・戸口・茅原などの者たちを召し出して尋問し、その口上書を記して差し出させ、まず使者を派遣して、その盗賊の住んでいたところが、安代・戸口の間のどの土地であるかということを実地調査させられるべきであると言った。詮房はこのことについて私の意見を問われたのでお答えして、

「その者の住んでいた場所のことなどは、瑣末《さまつ》なことです。いま、その盗人といわれる者の口上書を見ると、はじめ、安代・戸口の者たちに懇願して、その境界のところに宅地をもとめて住んだのです。『これはどちらの土地にもかかわりがないようにと思うからです』と言っております。その申し分は安代の者の口上書と合致しています。また地図を調べてみると、宅地はわずか三反たらずで、戸口村のほうに面して、杉の生い茂っているところであります。つまり、これが戸口

の者たちが、『村境がここまできている』というところの場所です。してみればその土地を与えたはじめから、すでにその土地を捨てて、あとでやっかいなことがないようにと考えたことは明らかです。現在、どこの土地であっても、盗賊逮捕のお使いがあずけようとする盗賊をあずからぬなどということがありましょうか。これらのことは、議論するにもあたりません。まず盗人だという者がほんとうの盗人であったのかどうかを厳重に調べねばなりません」と言ったので、使者を派遣してその土地を調査されることは中止された〔これほどのことに「多数の使者を派遣して、実地調査せよ」などと言われたのは、いったいどうしたことであろうか〕。

その後、盗人といわれた者たちが、尋問されたときに答えたところを書き記して差し出したものを見ると、次のとおりである。

「父はもともと茅原村の百姓であった〔名は平三郎という〕。七つのときに父を失い、母方の祖父のもとに養われていたが、九歳のとき、その祖父も死んでしまった〔仁左衛門という〕。これ以来乞食をして、十三のときに茅原村の者のもとに移り住み、十五のときから、長峰・北方・月岡などの者たちに召し使われて、およそ十年ののち、母方の祖母が見付新方《みつけしんかた》（新潟県見付市か）に住んでいたところに同居して四年ほどたってから、見付新町の百姓〔久左衛門という〕の家に入り婿となって、男の子一人をなした。いま長蔵というのがこれである〔当時二十三歳〕。

しかし、妻とした女は、生まれつき親不孝者であり、そういう者の父母の家にいることは不本意なので、四年後、妻子・家財を捨てて、四谷観音寺の住職に願って土地を借り田畑を作っていたが、捨て去った妻の生んだ子どもを引き取って観音寺に差し上げ、また五千町村〔新潟県五泉市か〕の者の娘をむかえて妻とした。このとき、五千町村の者たちが、貸金のことで私を殺そうとしているという噂を聞いて、妻を連れて四谷を逃げ出し、ここかしこに身を寄せたが、安代・戸口の者たちから土地を譲りうけて、屋敷を作り、田地を開墾して住んで十二年におよんでいる。近所の者たちが相談して、年々、米・豆をくれて〔一家ごとに米一斗二升と大豆を与えた〕、盗賊から守ってほしいと頼んだ。これははじめ四谷をあとにしたとき、二年ほどのあいだ盗賊のなかに身を寄せ、顔見知りの者があったから、その者たちに約束して、自分の住んでいる近所の村々に、入ってくることがないようにするためである。家に武器をたくわえておいたのは、盗賊に対する備えである。また配下の者たちのことは、みなむかしの私のように、身を寄せるところのない者たちを養っておき、昼間は田畑を作らせ、夜は村々をまわらせるためである。私はいま近所の村々の人たちに助けられ、一定の生業を得て財産もゆったりとしている。なんの不足があって泥棒などを仕事としましょうか」

その村々の者を召し出して尋ねると、それぞれの申し立てが、その男の申し立てと一致し、宝永四年八月二十三日、十五ヵ村の者たちが連署して〔安代・戸口のほかに新発田領の十三ヵ村〕、この男にたのんで、盗賊から守ってもらうように契約した証文を差し出し、また十年前、東山寺《とうざんじ》という寺に、夜、盗人が入ったとき、その男に言ったところ、すぐにその盗人を探し出し、盗まれたものをことごとく取り返して、寺に返したことなどを申し立てた。またその配下の者たちを尋問すると、

「人に接するときは穏和であるが、家を治めることは厳格である。いつも自分たちを戒めて、出所の不明なものは、一つのものも家に持って帰ることを許さない」などと言った。

「それならば、はじめ船越のところで、ここかしこで強盗をし、多くの人を殺したなどと言ったのは、どういうわけか」と尋ねると、

「あまり拷問がきびしいので、しんぼうできなくて、どうせ逃れることができないならば、せめて少しでも早くゆるしてもらいたいと思って、そうしたことを申し上げたのです。その土地の者を呼び出して尋ねられたならば、ほんとうか嘘かわかります」と答えた〔こう言ったのは、三月十日のことである〕。

やがて、その男の言うとおり、北方・月岡・戸台《とだい》・黒坂などで、あるいは強盗、あるいは殺人などのことがあったということについて、土地の者たちを呼び出して調べてみると、それぞれそうしたことは跡かたもない嘘であった旨、証文を書いて差し出した。なかでも、溝口領の大庄屋〔新発田領の大庄屋で助左衛門という者〕が次のように言った。

「この村々で殺人といったほどのことがあったならば、私の耳に入らないということがあるはず

はありません。しかし、ついぞそうしたことを聞いたことがありません。とくに十五年前、月岡村で次郎作という者の家に押し入って、それを刺し殺し、下男を殺したということについては、その次郎作というのが三年前に病死しております。人のために殺されたのではございません」

　私はそうした記録を見て考えた。

「当節、盗人を取り締まるのは、世のなかに盗みをする者がないようにしようとするためであろう。してみれば、この者の問題はここまでで決着すべき問題である。古代の聖王の時代にもなお盗人がいたからこそ、これを取り締まる法を設けられたのである。しかし、それらの時代は、政治が立派で人情が厚く、人びとはおのずから盗みをする心はなかったのである。しもじもの諺《ことわざ》にも、『身にしらみ、家にねずみ、国にぬすみ』(80)ということもある。たとえ、毎日毎日盗人をつかまえて殺して、その肉をつんで山とし、その血を流して川とするほどにしても、末代のいまとなっては盗人を根絶することができるとも思えない。

　ところが、この男は自分の心を悔い改めただけではなく、周囲の十五ヵ村のあいだに盗賊の存在を忘れさせたこと、すでに十二年におよんでいる。たとえむかし犯した悪事を追及されるにしても、死罪をもって論ぜられるべきことではない。むかしから、越後・信濃・上野などの国々は、盗人の多いところであったから、この十五ヵ村の者たちが協議して、彼にたのんで守らせることにしたのだ。それをむかし悪事を犯したという噂によって、いまになって断罪したならば、今後そのあたりの村々の者は、夜も安心して寝ることもできない。

　また彼だけの問題ではなくて、そうした国々のうちで、むかし盗賊をしていた者で、いまは平民になっている者も数多いことであろう。そうした者たちがけっきょく逃れることができないと確信したならば、なにを苦しんで、いながら殺されるのを待っていようか。一日でもこの世に生きているうちは、貧しい生活をしないように努めるであろう。してみれば、盗人を取り締まろうとして、かえって多くの盗人を作り出されることになるであろう。

『大学』には「人民を革新する」[81]ということばがあり、『論語』（公冶長篇）には、「旧悪を思わず」とあり、『易経』（革卦、上六）には、「善人の心の変化は豹の文様のように明らかだ。愚者は顔つきだけを変える。それ以上の変革は凶。正を固守すれば吉」とも見えている。ただ、願わしいことは、あの男を放免し、その住んでいるところを溝口領に移し、そこの住民とし、近所の村々を盗賊から守らせることは、従来どおりのようにしていただきたい。また彼に対して私の意見のように御沙汰をされるならば、安代・戸口・茅原などの者については、なんの御沙汰も必要ではない。また船越の部下の者たちは、彼らを捕縛したけれども、あずけるところがなくて、旅費を使い果たしたので、どうにもすることができなかったのである。しかし、こうしたことに慣れている老巧の者であったればこそ、この盗賊たちを放免して、二度目に逮捕に行ったとき、一人も逃さず逮捕することができたのである。これらはむしろほめられるべきことである。なんの罪とががあろうか」

こういう意見を申し述べたので「この議案はいまも残っているはず」、けっきょく私の意見のように事は決着したのであった。

武蔵の国是政村民乱暴のこと

これもそのころのことである。流罪に処せられた者たちを、配所（流される場所）にそれぞれわけて送り出すときになって、江戸から十里ばかり距たった是政《これまさ》という村の者たちが、流罪のことについて奉行の人びとに申し入れたことがあった。その書き記したものを見ると、「去年の七月、その村の者たち千四、五百人が集合して、下小金井村に乱入し、竹木や田畑の作物を奪った罪で、その張本人三人が流罪に決定され、獄中につないでおかれたところ、この春、牢獄が火災をこうむった際、逃亡した者がある。そのほかの者を今回配所に送られるべきである」と書いてある。「どうしてこれほどの重大なことを、いままで報告されることもなしにすんだのであろうか。よくよくその事情を尋ねられるべきである」と私は言った。かさねてその事情を下問されると、その答えには、「はじめ、是政と下小金井の者たちのあいだで馬の草刈り場の争いから事が起こって、去年七月六日、是政の者たちが近所の村々に呼びかけ、弓・槍などの武器を持って下小金井に押し寄せ、ほら貝を鳴らし、ときの声をあげて乱入すると、村の者たちがみんな逃げ散ったので、百姓家一軒を家財道具もろともに破壊し、林の木を切り、田畑の作物を踏みにじった。そのことが代官所に聞こえたので〔代官は雨宮勘兵衛である〕、召し出して尋問しようとしたが、出頭せず、その翌日、またも乱入して、林の木を切り、田畑の作物を踏みにじったことは、前日と同じである。この二日間に切り取った木は、全部で五万七七〇〇本あまり、竹を切ったのは、この数に含まれていない。たとえ一人が二、三本ずつの木を切ったにしても、その人数は二万人を越えていただろう」

と記されてあった。

「むかし、島原の一揆《いっき》などといっても、三万人を越していません。江戸からわずか十里内外のところで、これほどの重大事が起こっているのに、いままで不問に付してこられたとは、奉行の人びとのお気持がわかりません。代々の制令に、徒党を組むことをきびしく禁止しておられることなどを、どう考えておられるのでしょうか」

そう申し上げたので、もう一度、そのころなぜその事件を報告しなかったかという理由を問われたところ、「天領のことであるから、伊勢伊勢守のところへ報告があったのである〔勘定奉行のうち、その月の当番であったからである〕。八月四日に評定所に召されて、評定衆たちと協議したが、『あまりに人数が多くて、全部を処罰することはとうていできない。ただ、その張本人などを流罪に処すべきである』と決議して、十一月四日に張本人三人を流刑に決定した。こうしたことの先例を、評定所の留役人を召し出して尋ねたところ、『流罪になった者を流すそのときになって、申されればよろしい』と答えたので、当時この事件を上申するにはおよばなかった。今回、この仰せによって、そのときの留役人たちを召し出して尋ねると、答えはそれぞれ同じではないが、けっきょくのところ、伊勢守の過ちでしょう」と言う。詮房殿が「今後どのように処置すべきか」と問われたので、私は答えた。

「評定の人びとが、張本人三人を流刑にする旨、すでに決定された以上、いまそれをくつがえすような御沙汰は適当ではありません。しかし、こうした重大事をこのままにしておくことも、またよろしくはありません。してみれば、牢獄から逃亡した者を至急に捜索して差し出すよう残党の者たちに命ぜられ、一定の期限をすぎても、尋ね出さないことが二回、三回とかさなったならば、残党のなかの罪の重い者を逮捕して流刑に処し、残った者には、その罪をあがなうに価するほどのものを徴収して、これを下小金井の者たちに分かち与えられるのがよろしいでしょう」

老中の人びととどのように協議されたのであろうか。まず伊勢伊勢守が勘当（主君から咎めを受けること）されたということである〔このときのことは評定所で衆議一決して、張本人たちを流刑にしたのである。伊勢守一人の過ちのようになったのは、納得のいかぬことである〕。

前にも書いたように、「近ごろ、評定の人びとが、評定所留役人というような者に万事をまかせきりで、訴訟のことも、入獄のことも、長い年月がたっても決着しない。これでは世間の人のためにどうであろうか」などということをくわしく書き記し、今後、評定衆が訴訟にあたるべき事例について、意見を申し入れたので、まずその留役人どもがその職から追放され、訴訟事務が百日たっても決着しない場合には、そのことを報告しなければならないことなどを奉行の人びとに仰せつけられた。

〔まもなく上様がなくなられたときに、御先代のなくなられたときと同じように、勘当を受けていた人びとはみなゆるされたので、伊勢守も出仕することになった。是政村のことはどうなったのであろうか。また奉行の人びとに命ぜられたことについても、井上河内守正岑殿が、「過日命令された、百日たっても決着しない訴訟については報告するようにということは、今後はその必要はない」と奉行の人びとに言われたということで、みなが喜んだということである。奉行の人びとはいかにも安心したであろうが、世間の人の憂いは、どんなであろうか〕

家継公薨去

今年の春の末から、上様がまた御病気になられ、お薬の効きめもなく、四月三十日の午後四時ごろになくなられた。夜になって、御先代の御遺言などに従って、紀伊殿（吉宗）を二ノ丸にお迎えし、明けて五月一日に、昨夜なくなられたと公表された。同月七日に、増上寺にお移しした。

〔五月七日は大阪落城の日である。周の時代は、甲子《かっし》の日（殷《いん》の滅亡の日）は、用いぬ定めであった。一年には月日も多いのに、この日にお葬式が行われたのは、どういうわけであろうか。このとき、行列のお供をしたのは、以前と同じで、私も参列した。この後は、すでに御代が代わったので御法事などにも参列

しなかった〕

同月十二日に中ノ口にある私の部屋をお返しした。このころ、詮房殿・忠良殿などをはじめとして近習の人びとはすべてその職をやめさせられた。

〔詮房殿・忠良殿などがいままで勤めてこられた職務は、時がたってしまうと、どんなことであったかわからなくなるだろうから、そのことをここに注記しておこう。

家康公から二代秀忠公のときまでは、老中は「奉書連判衆」などと言われ、官位は五位の諸大夫にすぎず、その禄高も低いものであった。三代家光公のとき、二条城への行幸（寛永九年、明正天皇）のころから、四位の侍従にされることなどがはじまったのである。そのころ、堀田加賀守正盛殿がはじめのうちは奉書連判衆であったが、まもなくそれをやめられ、おそばに仕えて、老中の人びとに仰せつけられる御意向を伝え、また老中の人びとから申し上げることなども、この人を通じて行われた。この御代に、大老・若年寄などというものもできたのである。四代家綱公は幼くて世を継ぎ、老中の人びとが政務をお助けしたので、そのあとは堀田正盛殿のような人はなかった。

五代綱吉公のとき、牧野備後守《びんごのかみ》成貞《しげさだ》殿は藩邸（館林）からお供をしてきたので、むかしの堀田正盛殿のときのように、老中に仰せを伝え、取次ぎもされたのである。そののち、柳沢出羽守保明が松平の御家号を許され、御名字を（綱吉の吉の字）を賜わり、吉保と改名、四位の少将にされ、甲斐の国主となったときには、老中は、みなそのもとに祗候する人びとのあいだから任命され、天下大小のことすべてこの方の心の思うままになって、老中は、ただその言うことを外へ伝えられるだけで、将軍へのお目見えなどということも、ひと月のうちにわずか五回か七回にすぎなかった。

御先代家宣公が世を継がれてから、老中の人びとが、日々御下問を受けることがあったけれども、この人たちは、元来、世間でいう「大名の子」であって、むかし道理を学んだということもなく、いまのことをよく知っているわけでもなく、年来、上様の御命令を伝えただけで、前にも書いたとおり、国家財政の有無すら知らないという程度であった。ましてや、機密の政務など、その本末がわかろうはずはなかった。だから、上様の明敏さにおそれをいだき、たびたびの御下問に対する適当なお答えができなかったことがたびたびであった。

そこで一般の政務も、まず内々で詮房殿を通じてお考えを仰せ出され、人びとの討議するのをまって、そのあとで御前にお召しになって、仰せつけられたのである。理論が深遠で、容易に理解されないようなことは、何べんも詮房殿を通じて議論をやりとりされ、どうしても理解させられないようなことは、人びとのわかりやすいように議論の調子を落とし、みんなの納得がえられたあとで仰せつけられ、ちょっとしたことでも、強引に御沙汰になるなどということはなかった。だから、老中の人びとも、申し上げるべきほどのことは、まずこの間部詮房殿を通して申し上げた。詮房殿は、幼いときからいつもおそばに仕えて、その心のなかもよくよく知っておられたので、こういう任務を与えられたけれども、なおお考えがあってのことであろう。そののちになって、本多忠良殿に同じ任務を命ぜられ、「その席次は、老中とともに任官の順序によるように」と仰せつけられた。だから、最近まで、詮房殿は、阿部豊後守正喬殿の上にすわり、忠良殿は、正喬殿の下にすわられたのである。

とくに、詮房殿は、むかし藩邸のころから、朝早くから夜おそくまで、上様のおそば近くにお仕えして、家に帰ることは、一年のうち、わずか三回ないし五回にすぎなかった。まして、御先代がなくなられ、上様が御幼少であられたので、老中の人びとすら一人ずつ宿直されたほどであるから、この五年のあいだ、少しも帰宅されたことはない。御先代がなくなられるとき、「何事も私がいたときと同じように」と言いおかれたので、そののちも、御在世のときと同じように、上から仰せつけられることも、詮房殿が老中の人びとと相談して、衆議一決したのちに命令され、また下から申し上げることも、老中の人びとが詮房殿と相談し、衆議一決したうえで、そのことを決定された。だから、私のような者に意見を求められたのも、御先代が言いおかれて、御在世のときと同じように、詮房殿がはからってくださったからであろう。

この方は、幼いときからいつも忙しく、学問をするなどということはなかったが、きわめて立派な性質で、およそ古代の君子とくらべても恥ずかしくないところがあったので、御先代の御遺言によってあとのことをまかされ、近年、幼い将軍をお助けして、天下大小のことを決定したが、すべて人びとを感服させ、ただ一つとして廃止したり、欠陥を生じたりすることがなかった。末代として珍しいくらいのことである。

ところが、こんにちでは、人びとにとやかく言われることもあるようだ。もし本当に、この人がこうした職につかれることが適当でなかったとするならば、たとえ御先代のときといえども、その職を停止することは、老中たちの権限でできたはずである。まして幼い将軍の時代に、その職をやめさせるのに、なんのむつかしいことがあったであろう。万事この方がただひとりで処理したようにも言われ、そればかりか、私のような者も、思うままに天下の政治を行なったかのように言われるが、詮房殿ですら、人びとの意見が一致しないことは、どうすることもできなかった。

まして私のような者は、要職にある人びとから下問されることがあって、意見を申し上げることがあったにしても、一つのことも天下に施行することができる職にあったわけでもない。事実、私が意見を申し上げたところが人びとの意見に一致せず、実行されなかったことがいくらもあった。しかし、そうしたことは、問題とするにもあたらない。普通のときに、徳川家譜代の家臣などといわれる人びとが、「いままでは、御幼主であられたのでいかにも不安であったが、今後は、お家はまったく安定した」などと相互に祝いのことばを言われ、詮房殿のことに関連して、御先代のことも悪しざまに言われるようなことは、百年をへて、世論が定まる日に、天下の人びとから批評されることは恥かしいことである」

筑後守従五位下源君美、正徳六年丙申五月下旬筆をおく。

（1）日光例幣使・伊勢例幣使のこと。前者は日光東照宮の四月の例祭に幣帛を奉献するためつかわされる勅使で、家光のとき、正保三年三月の創始。後者は、養老年間以来、神嘗祭に恒例として、伊勢神宮へ幣帛を奉献するためにつかわされた勅使で、室町時代に途絶していたのを、やはり正保三年、日光例幣使の創始と同時に再興した。

（2）死んでも服喪の対象とならぬ八歳未満の幼児をいう。「殤」は、わかじに。『儀礼』喪服篇に「八歳に満たざるより以下を皆無服の殤と為す」と見える。

（3）綱吉の命を受け、総裁堀田正仲のもと、林信篤・人見宜郷《よしたか》・木下順庵・吉川惟足らが編纂、貞享元年に成り、その後補正が加えられ、元禄六年にほぼ確定。

（4）『令義解』巻九喪葬令第二十六に「凡《およ》そ七歳以下は、是《こ》れ無服の殤、成人に比するに礼数すでに異なる。即ち礼制を示すべからざるなり」とある。『令集解』巻四十喪葬令第二十六にも同文がある。

（5）喪葬令（『令集解』『令義解』）に「凡そ服忌は、君、父母および夫、本主のためには一年」とある。

（6）宋の英宗、明の世宗ともに傍系から入った皇帝であったので、即位とともに、亡父の祭祀《さいし》や称号を皇帝なみにするかどうかで、たいへんな議論が持ちあがった。

（7）『文公家礼』ともいい、宋時代の冠婚葬祭などの儀礼を記した書物。朱子の名を借りた偽作だという。

（8）喪服は麻の生地で作られ、斬衰・斉衰・大功・小功・緦麻《しま》の五種に分かれる。

（9）『源氏物語』の注釈書で一条兼良《かねら》著。三十巻。文明四年成立。序文に四辻善成著『河海抄』の誤りを正し、増補するために書いたとある。考証より文意を中心とする。本文の記述に関係する箇所は、「『河海抄』の説、その理分明ならず。（中略——『令義解』引用、無服の殤のこと）但、七歳以下の人の親の喪にあいて服仮の事は律令格式の文にみえざる事也。所詮、いまの世においては、七歳以下の人は一向に服もいとまもあるべからざる事にさだまれり」

（10）白石自筆の上書草案、および『国喪自言』と題する記録（写本）現存。後者は室鳩巣の『国喪正義』と合綴《がってい》され、東大図書館所蔵。

（11）明時代の陸深の著。蜀の地理・旧蹟その他についての随筆集。「正の字は一・止を以て文を為す。前代は多く之を諱《い》む……」という条が見える。

（12）未詳。あるいは、前注『蜀都雑抄』が収められている叢書『宝顔堂秘笈』（明の陳継儒の編）と混同されたのかもしれない。

（13）明時代の張燧《ちょうすい》の著。古代から最近の時代にいたるまでの史実そのほかについての考証ないし考察集。その巻十二に「古今改元の誤り」と題する一項が見える。

（14）曹芳・曹髦は三国時代の魏の第三代・第四代の帝。芳は廃位され、髦は殺された。年号は正始・正元。蕭紀は六朝時代の梁の皇族。蜀《しょく》でかってに帝位についたが反対者に殺された。年号は天正。金の哀帝・元の順帝は、それぞれ王朝滅亡時の天子。年号は正大・至正。

(15)『礼記』曲礼篇にもとづく。

(16)『礼記』檀弓篇、礼幼名節の疏《そ》に、「始めて生まれて三月《さんげつ》にして名を加う」とある。

(17)『礼記』檀弓篇に「冠して字《あざな》つけ、五十にして伯仲を以てす」とある。人が二十になり一人前になると、他人は本名を呼ばずに字すなわち別名で呼び、さらに年輩の五十になると尊敬の意味で字をも呼ばず、兄弟の順序をあらわす称号で呼ぶというのである。

(18)「灯台もと暗し」の意。『史記』越世家に「目は毫末《けさき》を見るも其の睫《まつげ》を見ず」とある。

(19)十一は二十七の誤り。以下、ここの記述には月日の誤りが多い、白石の用いた史料によるものか。

(20)天子から士の階級にいたるまでの喪中の服装を記す。伝は孔子の弟子の子夏が作ったといわれる注解だが、本文なみの扱いを受けている。斬衰は最も重い喪服。(二四五ページ参照)

(21)女性に加える刑罰の名。公事《くじ》方《かた》御《お》定書《さだめがき》に「奴は望みの者これあり候えば遣わす。但望み候ものこれなき内は牢内に差し置く」とある。

(22)『春秋左氏伝』桓公十五年に見える話。夫の雍糾《ようきゅう》が、鄭の君の命により、家老である父の祭仲を殺そうとしているのを知った雍姫が、母の意見を聞いたあとで父に密告し、その結果、夫のほうが父に殺された。

(23)『論語』子路篇に、「自分の父が羊を盗んだとき、むすこが証人になった」話を聞いて、孔子が「われわれのほうの正直者はそれと違い、父は子のことを隠し、子は父のことを隠すけれど、正直さはその中に存在しています」と答えたとある。

(24) 現存する中国最古の刑法典で、七世紀前半に成立した『唐律疏義』闘訟篇には「諸《およ》そ祖父母・父母を告する者は絞す」とある。律書は刑法典のこと。

(25) 『養老律』では八虐の七に不孝を置き、その一つとして「祖父母・父母を告ぐる」ことを挙げ、律の第九、闘訟律では「祖父母・父母を告ぐる者は絞る」とある。

(26) 中国古代の礼の古典に付会して神秘的な議論をのべた書物『含文嘉』に見える説。

(27) 唐代の文学者柳宗元《りゅうそうげん》の「断刑論」に「経なる者は常なり。権なる者は経を達するなり」とある。

(28) 原文では「時措之宜」で『中庸』第二十五章にあることば。朱子の注に従えば、「時に之を措《お》きて宜し」と訓読される。

(29) 『論語』顔淵篇に「斉の景公、政を孔子に問う。孔子対《こた》えて曰く、君君《きみ》たり、臣臣《しん》たり、父父《ちち》たり、子子《こ》たりと」とあり、朱子の注に「此は人道の大経、政事の根本なり」とある。

(30) 『古文孝経』孔安国序に「君は君たらずと雖《いえど》も、臣は以て臣たらざる可《べ》からず。父は父たらずと雖も、子は以て子たらざる可からず」とある。

(31) 李璀と石演芬は、八世紀の武将李懐光の実子と養子だが、いずれも父の叛意を時の皇帝に告げたため命を落とした。

(32) 孝平后は前漢末期の反逆者王莽《おうもう》の娘で平帝の皇后。孝献后は曹操の娘で後漢の献帝の皇后。「北斉」の天元后はおそらく南北朝時代の「北周」の誤り。隋王朝の開祖楊堅の娘で北周の宣帝の皇后。彼女たちはいずれも夫の王朝を奪おうとする父兄の意志に反抗した。呉の太子妃は、おそらく三国時代の呉の皇帝孫権の太子孫和の妃をさす。呉の重臣張昭の孫娘。権力争いに巻きこまれて殺された夫のあとを追って自殺し、国中が痛ましがった。

(33)『春秋左氏伝』隠公四年に見える話である。衛の国の若君州吁が父を殺して国を奪った。家老の石碏は、陳の国の手を借りて、州吁とその側近たる息子の石厚を捕えて処刑した。その行為が激賞されたという。
(34) 中国明時代の図解百科全書。天文・地理・人物など十四項目に分類。編者は王圻《おうき》。
(35) 明時代の農学書。農業全般の理論と実際についてのべる。著者は徐光啓。
(36) おそらく明時代の王常の著『集古印譜』(六巻)をさすか。『宮内庁書陵部和漢図書分類目録』に万暦三年刊本が一部、『内閣文庫漢籍分類目録』に明刊本が四部、記載されている。江戸時代には輸入されることが多かったのであろう。
(37) 深見新右衛門貞恒。父祖は中国人。長崎に生まれ、医を学んで一時薩摩藩に仕える。宝永七年、白石の推挙で幕府の儒者となり、二百俵をたまわる。享保三年、致仕。七年八月八日没。七十二歳。書をよくする。
(38) 親王家・摂家・武家・社寺の奏請を院・天皇に伝える役。ここは武家伝奏のことで、室町時代に設置。江戸時代のそれは定員二名。幕府が任命し、役料各二五〇俵を支給した。慶長八年、勧修寺《かじゆうじ》光豊・広橋兼勝がはじめてその任についた。
(39) 宝永四年十月四日の大地震。『新井白石日記』によると、この地震は三十七ヵ国におよび、遠江・三河・土佐の三国が最もひどかった。
(40) 灰吹法によって採取した銀。灰吹法とは、鉛鉱を反射炉に入れ、鉛を酸化させて金銀と分離させる方法で、室町時代から行われた。
(41) 呉服類をあつかった幕府の御用商人。元方御納戸・払方御納戸という二種があり、前者は将軍家の服飾や手廻り品一切の調達にあたり、後者は賜与褒美の時服《じふく》など外に出すもの一切をつかさどるものであるが、それぞれの御用を承るものと、両方を承るものとがあった。俸禄・屋敷を与えられるほか、苗字帯刀を許された。この亀屋のほか後藤・茶屋・上柳・三島などが有名で、糸割符《わっぷ》の配分を受けていた。

(42) 清和源氏頼季流。丹波国氷上郡赤井村に起こる。旗本の赤井氏に数軒あり、正徳三年当時は、書院番赤井忠閭《ただざと》(一四〇〇石)・寄合赤井盤公《しげただ》(一七〇〇石)ほか四家であった。

(43) 紀氏の流。尾張国中島郡堀田村に起こる。三代将軍家光に近侍した堀田正盛や白石が仕えた大老堀田正俊ほか大名・旗本の堀田家はみな尾張の堀田家の出であった。正徳三年当時は出羽山形藩主堀田正虎(十万石)をはじめ、大名三家・旗本六家を数えることができる。

(44) 銀座年寄深江庄左衛門・中村四郎右衛門・関善左衛門・細谷太郎左衛門の四人が遠島、中村内蔵助《くらのすけ》が追放、太郎左衛門の子太郎兵衛、内蔵助の子時之助も追放。

(45) 正徳四年三月十五日、荻原重秀の子源八郎乗秀に父の禄のうち三千石を削り、七百石をたまわった。

(46) 俗称戎《えびす》宮。鎌倉時代初頭から戎神信仰が興隆するにおよび繁栄。諸国に行われた戎講や誓文祭は当社の信仰に由来。ことに商業繁栄と漁業の神として尊崇されている。

(47) 伯は神祇伯で神祇官の長官。花山天皇の皇子清仁親王の王子延信王が神祇伯となり、その子孫が相継いで伯に任じ、白川氏を称した。神祇伯は中将または少将に任ぜられた、当時は雅冬王。

(48) 当時は高賢。三宝院は永久三年醍醐寺第十四代勝覚の創建。金剛王院・理性院・報恩院・無量寿院とともに醍醐五門跡の一つで、交代に座主職を勤めたが、満済が座主となって以来、三宝院が最も勢力を得た。

（49）法務は東寺・延暦寺・興福寺などの大寺で庶務を総括する重要な僧職。加勤は一説によると修法の役僧。

（50）藤原師冬《もろふゆ》の子。足利義満の猶子《ゆうし》。三宝院第二十五世門跡となり、応永二年、醍醐寺座主となる。応永三十五年、准三后となり、三宝院門跡が准后となる初例を開いた。室町幕府の政治顧問。『満済准后日記』は当時の根本史料である。

（51）慶長十四年八月十八日の醍醐寺法度と、慶長十八年五月二十一日の三宝院宛の制規など。

（52）灌頂は真言宗で初めて受戒・結縁のとき、また昇進のとき、頭に香水をそそぐ儀式。曼陀羅会は大日如来の金剛界・胎蔵界両部をえがいた仏画を供養する法会。

（53）家宣の三周忌法会に下向した勅使・院使・門跡の饗応。勅使は久我通誠、院使は押小路公音《おしこうじきんおと》、女院使は油小路隆典であった。

（54）この部分の記述は『藩翰譜』の記述と相違している。すなわち『藩翰譜』第四上、酒井の条に「秀吉は家康が上洛《じょうらく》すると聞いて、家康の家臣らを安心させるために、母の大政所を岡崎に下向《げこう》させた。（中略）諸記に大政所《おおまんどころ》が下向したので家康が上洛を決めたというのはまちがいである。上洛すると報じたので、大政所が下向したのである」とある。

（55）幕府と密接な関係を持った公家衆・武家昵近衆のことを指している。日野・竹内・烏丸・堀川・広橋・柳原・山科・冷泉・高倉・四条・飛鳥井・三条西・橋本・舟橋・梅園・土御門・勧修寺の諸家に甘露寺・菊亭の両家を加える場合もある。昵近衆は将軍の代始に誓詞を出したという。武家伝奏は多くこの中から任命された。

（56）武家で納言・参議に任ぜられた者はごく少数で、当時では尾張・紀伊徳川家が大納言、水戸徳川家が中納言、加賀前田家が参議（宰相）まで昇進できた。

（57）三巻。吉田光由の著。寛永四年刊行。わが国最初の算術書。中国の『算法綜宗』にもとづいた平易な入門書。

（58）『聖徳太子伝記』に四九八万八八四二、『它山石《たざんのいし》』所引の太子伝には四九九万人とあり、『類聚名物考』所引の「上宮太子算数」では四九六万九八九〇人とり、白石所引の数と同じである。西川如見の『百姓嚢《ぶくろ》』には推古天皇のときの人口は四九六万九千余人と記されている。

（59）『它山石』所引の「十玄遺稽」によれば、天平十八年の調査でだいたいの数は八百万とあり、『百姓嚢』には聖武天皇のときの人口は八六三万一千余人とある。『類聚名物考』所引の行基菩薩の計数は八六三万一〇七四人とあって、やはり白石所引の数に一致する。

（60）寛文三年、背中に「文」の字が入った新銭を鋳造した。その総鋳造高は四千万貫に達したという。白石の数字が何によったのかは不明。

（61）名は緝明《つぐあきら》。観瀾《かんらん》と号する。京都の人。はじめ浅見絅斎《けいさい》、のち木下順庵に学ぶ。元禄十二年、徳川光圀から招かれて彰考館に入り、のち総裁となる。正徳元年、白石の推挙により幕府の儒者となる（二百俵）。享保三年八月二十六日没。著書『中興鑑言』。兄三宅石庵は初代の懐徳堂学主。

（62）大阪目付は寛永元年創置。はじめ目付・両番から各一人を派遣、寛文三年に一年三交代としたので、百日目付と呼ばれた。その後、半年代りとなり、普通は使番・両番各一人を派遣。十日間京都二条城に在勤した。長崎目付はこの大阪目付にならい正徳五年に置かれ、一人、半年交代であった。

（63）中国の常山に率然《そつぜん》という両頭の蛇がおり、首と尾とがそれぞれ助けあうというたとえである。『孫子』九地篇に見える兵法の一つ。

(64) 元禄四年、小姓組に列し、十二年、家を継ぐ（三四〇〇石）。宝永三年、組頭となり、布衣《ほい》を許される。六年、大阪町奉行となり、従五位下安房守に叙任。享保九年、大目付となる。十二年七月二十四日没。六十歳。松前伊豆守喜広の母は、北条安房守正房の女《むすめ》で氏英の叔母、したがって氏英と喜広は従兄弟にあたる。また、実弟勝広が喜広の養子となっている。

(65) 遠国奉行の一つで、慶長六年設置。佐渡国相川に駐在し、島内の統治・鉱山管理、北辺の監視などを行なった。

(66) 名は正方。小児科医。宝永六年、召し出されて奥医となり、二百俵をたまわる。正徳二年、法眼《ほうげん》に叙せられ、百俵を加増。五年、免職、寄合となり、元文二年、致仕。寛保元年二月十日没。八十一歳。『幼科全書』を著述する。法眼は本来法印につぐ僧位、室町時代以後医師や画工にも授けられた。

(67) 加藤越中守明英をさす。明英は承応元年生まれる。明友の子。貞享元年、襲封（近江水口二万石）。二年、詰衆となり、従五位下佐渡守に叙任。元禄二年、奏者番兼寺社奉行。三年、若年寄となり、下野国壬生《みぶ》に転封、五千石を加増。十年、越中守に改める。正徳元年、辞職。二年正月二日没。六十一歳。室鳩巣の『兼山秘策』によれば、家宣は明英の行動を阿諛《あゆ》と見て、彼をうとんじ、明英は用いられぬまま発狂して死んだという。

(68) 家継七歳の正徳五年、霊元法皇の皇女八十宮吉子内親王（二歳）と婚約したが、翌年、家継が没したためその縁組は実現しなかった。しかし幕府は御領五百石を進上して永く礼待した。八十宮は宝暦八年四十五歳で没した。

(69) 死刑のうちではいちばん軽く、私欲にかかわらない喧嘩・口論などによる殺人に科せられた斬首による刑罰。

(70)鋸で首をひききる刑罰で、死刑のなかでも極刑とされ、主《しゅ》殺しに対して科せられる。実際は磔刑《たくけい》の前に行われる一種の晒刑《さらし》で、往来の者に鋸で首をひくまねをさせていた。
(71)女衒《じょげん》の音転という。「衒」は売る意。遊女の周旋屋。『法華経』安楽行品に「衒売女色」とあるのにもとづくか。
(72)江戸の遊廓。元和三年、庄司甚右衛門の願い出により、日本橋葺屋町に開いたのが始まり。これを元吉原といい、明暦の大火後、浅草千束町に移り、新吉原と称した。
(73)「条々」の第四に「かとハされ、売《うら》れ候ものハ、其本主へ返すべし、若《もし》主人なきものハ、是も其身存分次第事」とある。(「御当家令条」)
(74)評定所の役人、三奉行の支配下にあり民事・刑事の事件に関し、事実の下調べ、判決の審議、記録の整理などを担当した。留役勘定組頭・留役勘定・留役助・留役当分助などの区別があり、いずれも勘定組頭・勘定・支配勘定の兼務であった。
(75)勧進を行う僧侶。勧進は堂塔・仏像などの建立・修復のために金品を人々から募集すること。
(76)清平は清相の誤り。元禄七年、家を継ぐ(三千石)。十一年、書院番。十六年、使番となり布衣を許され、宝永二年、目付となる。六年、西ノ丸の留守居となり、従五位下備前守に叙任。正徳元年、長崎奉行となる。享保二年四月十一日没。三十九歳。
(77)曲淵景衡の家来、小納戸田代主馬《しゅめ》賀次の家来は磔《はりつけ》、御用方右筆《ゆうひつ》河野定右衛門も連坐《れんざ》して追放に処せられた。
(78)盗賊改《あらため》ともいい、寛文五年創置。天和元年に火付改が設置され、宝永六年にいたり盗賊火付両役を兼掌し火付盗賊改という。多くは先手《さきて》頭《がしら》の兼務であった。船越左衛門は持弓頭の兼務。

（79）先手組に属する同心衆。先手組には弓・鉄砲の二種があり、数組に分かれ、先手頭が与力・同心をひきいて諸門の警衛、将軍外出の際の警固にあたった。この場合は盗賊改の配下にあって盗賊逮捕を勤めた。

（80）『徒然草』九十七段に「その物につきて、その物を費しそこなふ物、数を知らずあり。身に虱《しらみ》あり、家に鼠あり、国に賊あり、小人に財あり、君子に仁義あり、僧に法あり」とある。物に付着し、その物をむしばむもののたとえである。

（81）原文は「民を新たにす」。『大学』の三綱領の一つ。自己の明徳を明らかにした人物が、進んでそれぞれの明徳を明らかにさせ、自己を革新させることをいう。朱子学では、古来のテキストの「親民」を「新民」と改めて読解するのである。

新井白石在職中の幕府重職一覧

職名	氏名	在職年月	期間	領地	石高	前職	後職
大老	**井伊直該**	正徳元. 2—正徳 4. 2	3年	近江彦根	30万石	元禄10. 6—13. 3大老職	辞職
老中	**土屋政直**	貞享 4. 10—享保 3. 3	30. 5	常陸土浦	9.5	所司代	退職
	大久保忠増	宝永 2. 9—正徳 3. 7	7. 10	相模小田原	11.3		死亡
	井上正岑	宝永 2. 9—享保 7. 5	16. 8	常陸笠間	6	若年寄	死亡
	本多正永	宝永 6. 1—正徳元. 4	2. 3	上野沼田	4	西ノ丸老中	死亡
	小笠原長重	宝永 6. 1—宝永 7. 5	1. 4	武蔵岩槻	6	西ノ丸老中	辞職
	阿部正喬	正徳元. 4—享保 2. 9	6. 5	武蔵忍	10		退職
	久世重之	正徳 3. 8—享保 5. 6	6. 10	下総関宿	6	若年寄	死亡
	松平信庸	正徳 4. 9—享保元. 3	2. 6	丹波篠山	5	所司代	辞職
	戸田忠真	正徳 4. 9—享保14. 10	15. 1	下野宇都宮	7.7		死亡
側用人	**間部詮房**	宝永 6. 4—享保元. 5	7. 1	上野高崎	5	西ノ丸側用人	免職
	本多忠良	宝永 7. 12—享保元. 5	5. 5	下総古河	5		免職
若年寄	**加藤明英**	元禄 3. 11—正徳元. 12	21. 1	下野壬生	2.5	寺社奉行	辞職
	稲垣重富	元禄12. 7—宝永 6. 9	10. 2	下野烏山	3	小姓	辞職
	久世重之	宝永 2. 9—正徳 3. 8	7. 11	三河吉田	5	寺社奉行	老中
	大久保教重	宝永 6. 1—享保 8. 3	14. 2	相模・駿河・伊豆	1.6	西ノ丸若年寄	退職
	鳥居忠英	正徳元. 6—享保元. 3	4. 9	下野壬生	3	寺社奉行	死亡
	水野忠之	正徳元. 12—正徳 4. 9	2. 9	三河岡崎	5	奏者番	所司代
	大久保常春	正徳 3. 8—享保13. 5	14. 9	下野烏山	2	御側	老中
	森川俊胤	正徳 4. 9—享保 2. 11	3. 2	下総生実	1	寺社奉行	退職
寺社奉行	**本多忠晴**	元禄15. 6—正徳 3. 閏5	11. 0	三河伊保	1	大番頭	辞職
	三宅康雄	宝永元. 10—宝永 7. 9	5. 11	三河田原	1.2	奏者番	辞職
	鳥居忠英	宝永 2. 9—正徳元. 6	6. 9	近江水口	2		若年寄
	安藤信友	宝永 6. 11—正徳 3. 3	3. 4	美濃加納	6.5	奏者番	大阪城代
	森川俊胤	宝永 7. 9—正徳 4. 9	4. 0	下総生実	1	御側	若年寄
	松平近禎	正徳元. 12—享保10. 8	13. 8	豊後府内	2.1	奏者番	死亡
	土井利意	正徳 3. 3—享保 9. 閏4	11. 2	三河西尾	2.3	奏者番	辞職
	建部政宇	正徳 4. 7—正徳 5. 1	0. 6	播磨林田	1	伏見奉行	死亡
	石川総茂	正徳 4. 9—享保 2. 9	3. 0	伊勢神戸	1.7	奏者番	若年寄
	井上正方	正徳 5. 2—享保元. 9	1. 7	常陸下妻	1	西ノ丸御側	辞職
町奉行	丹羽長守(南)	元禄15. 閏8—正徳 4. 1	11. 5	常陸	1500石	長崎奉行	辞職
	松野助義(北)	宝永元. 10—享保 2. 2	12. 4	武蔵・丹波・近江	1550石	大阪町奉行	辞職
	坪内定鑑(北)	宝永 2. 4—享保 4. 1	13. 9	武蔵・上総・下総	1100石	先鉄砲頭	辞職
	中山時春(南)	正徳 4. 1—享保 8. 6	9. 5	常陸・上総	1500石	勘定奉行	辞職
勘定奉行	**中山時春**	元禄15. 11—正徳 4. 1	11. 2	常陸・上総	1500石	大阪町奉行	町奉行
	平岩親庸	宝永 5. 4—正徳 3. 3	4. 11	上野・相模・上総・丹波	1300石	持弓頭	辞職
	大久保忠香	宝永 5. 12—享保元. 2	7. 2	下総・上総・伊豆・播磨	1600石	大阪町奉行	免職
	水野忠順	正徳 2. 10—享保 4. 4	6. 6	常陸・遠江	1600石	普請奉行	辞職
	水野守美	正徳 3. 3—享保 8. 3	10. 0	駿河・遠江	1400石	駿府町奉行	旗奉行
	伊勢貞勅	正徳 4. 1—享保 6. 3	7. 2	上総・常陸・遠江	1030石	普請奉行	辞職
	大久保忠位	享保元. 2—享保 8. 11	7. 9	武蔵・下総・上野・遠江	2360石	普請奉行	留守居

ゴシック体の人名は『折りたく柴の記』に登場する

新井白石の家系

- 勘解由《かげゆ》某
  - 正済《まさなり》（慶長六年生、天和二年没、八十二歳）＝坂井氏（千代）（元和二年生、延宝六年没、六十三歳）
    - 正信《まさのぶ》（正済の養子、旧姓郡司、のちに本姓に復し、さらに軍治と改姓、元禄十六年没、六十八歳）
      - 軍治弥市右衛門
    - まつ（承応二年没、三歳未満）
    - よね（承応三年没、三歳未満）
    - てい（承応二年生、寛文十一年没、十九歳）
    - **君美《きんみ》**（白石）（明暦三年生、享保十年没、六十九歳）＝朝倉氏（朝倉長治の娘 元文四年没）
      - きよ（元禄二年生、同七年没、六歳）
      - 明卿《あきのり》（元禄四年生、享保十年家を継ぐ。寛保元年没、四十八歳）＝朝倉氏（朝倉景長の娘 享保六年に嫁ぐ）
        - 邦孝（享保八年生）
      - ます（元禄六年生？享保三年小普請市岡正軌に嫁ぐ）
      - きち（元禄七年生、同九年没、三歳）
      - 三郎次郎（元禄九年生、同年没）
      - 宜卿《よしのり》（元禄十二年生、享保八年没、二十五歳）
      - やす（元禄十六年生、宝永二年没、三歳）
      - むら（宝永二年生、同三年没、二歳）
      - べん（宝永三年生、享保八年書院番士石谷清貧に嫁ぐ）
    - まで（万治三年生、延宝五年没、十八歳）

注

1. この系図は次の資料を用いて作成した。
『新井氏族志』（新井家蔵）
『折たく柴の記』
『新井白石日記』（大日本古記録）
2. 白石の家系については不明な点が少なくないので、適宜左記の文献を参照した。
宮崎道生著『新井白石の研究』所載の家系図
斎木一馬「新井白石の家族」（日本歴史60号）

年譜

注 1 年齢は数えどしである。
2 「折たく柴の記」「新井白石日記」(「大日本古記録」)や宮崎道生著「新井白石の研究」などの研究書を参照した。

一六五七年 明暦三年

二月十日、江戸柳原の内藤邸内、土屋利直の仮邸で生まれる。幼名は与五郎。父正済《まさなり》は当時五十七歳で土屋氏の家臣。母は坂井氏の娘千代、四十二歳。このころの家族は父母と姉一人。

正月に江戸明暦大火。林羅山没。「大日本史」編纂開始。

一六六〇年 万治三年 四歳

このころ「太平記評判秘伝理尽抄」の講釈をきいて質問する。

一六六二年 寛文二年 六歳

南部重直が白石を養子に求めたが、土屋利直は断る。

この年、伊藤仁斎が京都に古義堂塾を開く。

一六六三年 寛文三年 七歳

一月、疱瘡《ほうそう》を患う。

五月、「武家諸法度」が改定され、殉死が禁止される。十二月、野中兼山没。

一六六五年　寛文五年　九歳

秋・冬の間に一日四千字を手習い、たびたび父の手紙を代筆する。これ以前に着袴の儀式を行う。

七月、「諸宗寺院法度」制定。十月、日蓮宗の不受不施派弾圧。

一六六九年　寛文九年　十三歳

このころ土屋利直の代筆をつとめる。このころ、呼び名は伝蔵、名のりは君美《きんみ》となる。

七月、蝦夷《えぞ》の反乱。

一六七三年　延宝元年　十七歳

「翁問答《おきなもんどう》」（中江藤樹著）を読んで経学を志す。初めて詩文を作る。すべて独学。

一六七四年　延宝二年　十八歳

土屋利直について上総国の久留里へ行く。

この年、関孝和の「発微算法」刊行。

一六七五年　延宝三年　十九歳

父正済が退職して浅草報恩寺内に隠居、心斎と号する。父母ともに剃髪。閏四月、土屋利直が没し、子頼直が嗣ぐ。

一六七七年　延宝五年　二十一歳

二月、土屋家の内紛に連坐して追放・禁錮《きんこ》に処され、父の封禄も召し上げられる。貧窮のうちに経史詩文を学び、桐陰《とういん》と号して俳諧もたしなむ。

一六七八年　延宝六年　二十二歳

五月、母千代が没する（六十三歳）。この年、河村瑞軒から孫娘の婿に迎えたいとの申し入れがあったが断る。

一六七九年　延宝七年　二十三歳

八月、土屋氏が改易となったために禁錮を解かれる。

七月、堀田正俊が老中に就任。十月、越後騒動。

一六八二年　天和二年　二十六歳

三月、大老堀田正俊に仕える。一説によると禄高五百石。六月、父心斎が没する（八十二歳）。九月、朝鮮使節とその宿所東本願寺で会見し、自作の詩集『陶情集』に成琬の序文を受ける。この年ごろから貞享元年（一六八四）までの間に堀田正俊の家臣朝倉長治の娘と結婚する。

七月、木下順庵が幕府の儒者となる。

一六八四年　貞享元年　二十八歳

八月、堀田正俊が若年寄稲葉正休に刺殺される。正俊の嫡男正仲に引き続き仕える。

一六八六年　貞享三年　三十歳

秋、主君堀田正仲が出羽国山形へ転封《てんぽう》されたので随行。この年に木下順庵の門人となる。

一六八八年　元禄元年　三十二歳

この年、『翰墨蒙訓《かんぼくもうくん》』を書く。

一月、西鶴の「日本永代蔵」刊行。十一月、柳沢吉保が側用人に就任。この年、長崎に唐人屋敷が設けられる。

一六八九年　元禄二年　三十三歳

秋、福島へ旅する。

六月、幕府が長崎に輸入品高値入札禁止令を発令。

一六九一年　元禄四年　　三十五歳

秋、長男明卿《あきのり》が誕生（幼名千太郎。改めて大亮、また改名して伝蔵）。堀田家を去り浪人となる。九月、本所の隅田川畔で塾を開く。入門者多数。

一六九二年　元禄五年　　三十六歳

木下順庵が加賀藩主前田綱紀に推挙しようとしたが、金沢出身の同門岡島仲通にゆずる。

一六九三年　元禄六年　　三十七歳

十月、日記をつけ始める。十二月、木下順庵の推挙で甲府藩主徳川綱豊に仕える。桜田館の儒者として四十人扶持の待遇を受ける。「大学」を進講。

一六九四年　元禄七年　　三十八歳

二月、「詩経」を進講。このころから御書物御用に従事する（以後、宝永二年まで毎年）。

十月、松尾芭蕉没。

一六九五年　元禄八年　　三十九歳

正月、「書経」「資治通鑑綱目」を進講。十二月、御書物御用の賞として、黄金二枚、書籍十一部などを拝領する。

一六九六年　元禄九年　　四十歳

正月、木下順庵を招いて恩賜の書物を披露する。「春秋」を進講。

四月、荻原重秀が勘定奉行に就任。

一六九七年　元禄十年　四十一歳

閏二月～四月、病気で床に臥す。

一六九八年　元禄十一年　四十二歳

二月以後、私宅で御書物吟味をつとめる。六月、「応仁記」を進講。九月、江戸大火（勅額火事）にあい、金五十両の見舞金を拝領し、これで甲冑《かっちゅう》をあつらえる。十二月、師木下順庵がなくなったので、榊原篁洲とともにその葬儀をとりしきる。

一六九九年　元禄十二年　四十三歳

二月、「大系図」を拝領。六月、和書九十六部を拝領。以後連年、多数の書籍を賜わる。十一月、表寄合並《なみ》となり、呼び名を勘解由《かげゆ》と改める。

一七〇二年　元禄十五年　四十六歳

三月、『藩翰譜』を進上した。四月、湯治のため熱海へ赴く（二十八日間）。十二月、二百俵二十人扶持となる。

十二月、赤穂浪士の討入り。

一七〇三年　元禄十六年　四十七歳

八月、桜田館の儒者となった土肥元成（十一歳）を預かるよう命ぜられる。十一月、大火事にあい、翌月、新居に移る。

一七〇四年　宝永元年　四十八歳

十二月、西ノ丸寄合となる。

十二月、将軍綱吉が甥の甲府城主徳川綱豊を養嗣子とする。綱豊は家宣と改名、西ノ丸に入る。

一七〇五年　宝永二年　四十九歳

正月、将軍綱吉および家宣に新年の祝賀をのべる。二月、西ノ丸に下部屋を与えられる。三月、伊藤仁斎没。

一七〇六年　宝永三年　五十歳

正月、講書始に「詩経」を進講、以後正徳二年まで恒例となる。三月、このころ再三にわたり、散楽に耽る家宣を諫める。八月、若年寄支配となる。四月、栗山潜峰・戸田茂睡没。

一七〇七年　宝永四年　五十一歳

四月、「資治通鑑綱目続篇」を進講（以後正徳二年、家宣死去の年まで続講した）。五月、飯田町に屋敷を拝領し、別に家屋一棟と金二百両を拝領。七月、その屋敷に移転。敷地三五五坪。

一七〇八年　宝永五年　五十二歳

九月、遠江国篠原浦の漂流船疑獄事件に関する議案を進上。閏正月富士山噴火、降灰の被害甚大。三月、京都大火。五月、貝原益軒著「大和本草」。八月、宣教師シドッチが屋久島へ来る。十二月、関孝和没。

一七〇九年　宝永六年　五十三歳

正月、綱吉の死去とともに幕府に登用され、「急務三条」を進言し、また皇子・皇女の処遇について進言。二月、幕府財政の打開策について意見を求められる。幣制改革についても進言。四月、この後たびたび長崎貿易について進言。五月、家宣の将軍宣下《せんげ》の儀式に参列。六月、朝鮮使節の待遇について提案。六月〜七月、風俗取締り・武器検査・弓馬試について提案。七月、二百石加増され、扶持を知行に切り替えられて、合わせて五百石の領地を拝領した。十月、綱吉廟の棟札草文を進上。十一月、本丸中ノ口に部屋を与えられる。シドッチを尋問。

一七一〇年　宝永七年　五十四歳

二月、「武家諸法度」草案を進上する。七月、興福寺大乗院・一乗院両門跡の訴訟の裁決文を進上する。八月、中御門天皇の即位式拝観を命ぜられ、旅費百両を拝領。九月、上洛の暇《いとま》を与えられて黄金五枚、衣服を拝領。十一月、即位式を拝観し、来春まで京都滞在を命ぜられて金百両を受ける。大阪に赴く。十二月、奈良へ行き、帰京。在京中に公家から有職故実を学び、稲生若水らとも会談。

一七一一年　正徳元年　五十五歳

正月、中御門天皇の元服儀式を拝観。江戸へ帰る。白石の進言にもとづき、朝鮮使節の待遇を改める。春、三宅観瀾・室鳩巣を幕府へ推挙する。八月、朝鮮使節の接待を命ぜられる。十月、叙爵（従五位下、筑後守）、拝賀。十一月、接待の宴席で朝鮮使節と礼儀について論争し説得。退職を願い出たが、家宣は慰留して許さなかった。五百石加増、合計一千石となる。
十二月、江戸大火。

一七一二年　正徳二年　五十六歳

二月、御納戸金三十七両を借用。諸大名領地御朱印状草案を進上する。江戸へきていたオランダ人、カピタン・コルネリス＝ラルダインを善竜寺に訪れて西洋事情を尋ねる。三月、宿駅について建議する。息子の宜卿をオランダ人宿舎へつれて行き、オランダ外科の診察を受けさせる。四月、病気で休養。大奥に舞妓の多いのを諌言した。五月、堂上公家方の領地御朱印状草案を進上。替屋敷を拝領して移転（小川町）。六月、作事費として百両を拝領。夏、勘定吟味役設置を進言。春―夏の間に国史の総論（『読史余論』）を進講。九月、勘定奉行荻原重秀を三度にわたって弾劾し、その罷免を要請（同月罷免）。病臥中の家宣より後嗣について相談を受ける。十月、将軍家宣没。葬送に参列。室鳩巣から退官・隠退を勧められる。十一月、家継（七代将軍）の服喪について林信篤の説に反駁、また信篤が年号を改めるべしと唱えたのを退けた。この年、『本朝古今沿革余論』などを書く。

一七一三年　正徳三年　五十七歳

正月、黄金二枚と書籍数種を拝領。二月、倹約令の発令を進言。三月、家継の元服儀式に参列。四月、家継が将軍就職。閏五月、屋敷の増地を拝領。この月末から二ヵ月間、病床に臥す。六月、改貨問題について建議。この年、『采覧異言』などを書く。

一七一四年　正徳四年　五十八歳

三月、江戸参府のオランダ人と善竜寺で対談。八月、醍醐三宝院門主の訴訟について裁決案を進上。十月、故家宣の三周忌が終わったので退官を願い出たが、間部詮房が老中と相談して慰留。十二月、島津吉貴邸で琉球使節と対談。この年、『市舶議』『市舶新例』などを書く。

二月、海上密貿易（抜荷）を厳禁。三月、大奥老女の絵島らが処罰される。八月、貝原益軒没。十月、シドッチ獄死。

一七一五年　正徳五年　五十九歳

四月、家康百回忌で上野の東照宮へ参詣。この年、『西洋紀聞』などを書く。

正月、正徳新令が発布された。九月、将軍家継に八十宮吉子内親王の降嫁の勅許。十一月、近松の「国性爺合戦」初演、大当り。

一七一六年　享保元年　六十歳

二月、還暦の祝宴を行う。オランダ人と善竜寺で対談。四月、将軍家継没。退官を願い出て、中ノ口部屋を返上。紀伊藩主徳川吉宗が将軍に就職。白石は詮房らとともに罷免される。六月、先代将軍より拝領の書籍目録を進上し、借用図書を返上。八代将軍吉宗代始《だいはじめ》の参賀。十一月、代替りにより誓紙を提出。この年、『古史通』『古史通或問《わくもん》』などを書く。『折りたく柴の記』の執筆を始めたらしい。

一七一七年　享保二年　六十一歳

正月、これまでの屋敷を召し上げられ、内藤宿六軒町に替屋敷を与えられる。ただし家屋はなかったので、とりあえず妻子を深川一色町の借屋へ移らせる。三日後大火にあい、自分も深川へ移る。七月、伝通院裏門前の小石川柳町に移る。これ以前に宅地五百坪を買いとっていた。この年、娘ますが未婚で、縁談がないのを嘆き、占いをしてもらう。ある縁談について室鳩巣に相談する。（ますは、翌年十一月に小普請五百石の市岡正軌に後妻として嫁ぐ。その翌月、罹災）

三月、幕府が「武家諸法度」を天和の条文にもどす。七月、幕府が朝鮮使節の待遇を天和の旧例にもどす。荻生徂徠が「弁道」を書く。庶民の昌平黌聴講が許される。

一七一九年　享保四年　六十三歳

この年、『東雅』などを書く。

一七二〇年　享保五年　六十四歳

この年、『蝦夷志』（『北倭志』）などを書く。

三月、江戸大火。八月、江戸町火消いろは四十五組創設。十月、水戸の徳川宗堯が「大日本史」を幕府へ献上。十二月、キリシタン以外の洋書解禁。

一七二一年　享保六年　六十五歳

三月、江戸大火で罹災し、仮屋の完成まで土肥元成邸に身を寄せる。閏七月、内藤宿六軒町へ移る。秋、嫡男明卿が結婚。この年、佐久間洞巌宛の手紙で、未婚の娘に縁談がないので死んでも死にきれないと歎く。

正月、室鳩巣が「論語」を進講。七月、分地制限令。八月、小石川薬園設置。十一月、浪人山下幸内が上書。

一七二二年　享保七年　六十六歳

秋、孫（男子）が生まれたが、まもなく死亡。

四月、流地禁止令。七月、上米《あげまい》の制。十二月、小石川養生所設置。

一七二三年　享保八年　六十七歳

五月、三男宜卿が死去（二十五歳）。八月、孫邦孝が生まれる。この年、『新井家系』『本佐録考』を書く。

三月、全国人口調査。六月、足高《たしだか》の制。

一七二四年　享保九年　六十八歳

この年、『読史余論』が定稿となる。『史疑』などを書く。

正月、英一蝶《はなぶさ》没。三月、大阪大火（妙知焼）。六月、倹約令。九月、西川如見没。十一月、近松門左衛門没。

一七二五年　享保十年　六十九歳

五月十九日に没する。法名は浄覚。浅草報恩寺内の高徳寺に葬られる（夫人は十四年ののち元文四年に没する）。死の数日前に『采覧異言』改稿を完了していた。嫡男明卿（当時小普請一千石、三十五歳）が嗣ぐ。

十二月、室鳩巣が西ノ丸奥儒者となる。

中公
クラシックス
J23

折《お》りたく柴《しば》の記《き》

新井白石

2004年6月10日初版
2024年10月30日4版

訳　者　　桑原武夫

発行者　　安部順一

印刷　TOPPANクロレ
製本　TOPPANクロレ

発行所　中央公論新社
〒100-8152
東京都千代田区大手町 1-7-1
電話　販売 03-5299-1730
　　　編集 03-5299-1740
URL https://www.chuko.co.jp/

訳者紹介

桑原武夫（くわばら・たけお）
1904年（明治37年）福井県生まれ。京都大学文学部仏文科卒。京大人文科学研究所における共同研究の中心となって活躍。その成果『ルソー研究』『フランス革命の研究』などは、わが国人文科学分野での画期的業績とされる。京都大学名誉教授。文化勲章受章。著訳書多数。1988年（昭和63年）死去。

Published by CHUOKORON-SHINSHA, INC.
Printed in Japan　ISBN978-4-12-160067-7　C1223

■「終焉」からの始まり

——『中公クラシックス』刊行にあたって

二十一世紀は、いくつかのめざましい「終焉」とともに始まった。工業化が国家の最大の標語であった時代が終わり、イデオロギーの対立が人びとの考えかたを枠づけていた世紀が去った。歴史の「進歩」を謳歌し、「近代」を人類史のなかで特権的な地位に置いてきた思想風潮が、過去のものとなった。

人びとの思考は百年の呪縛から解放されたが、そのあとに得たものは必ずしも自由ではなかった。固定観念の崩壊のあとには価値観の動揺が広がり、ものごとの意味を考えようとする気力に衰えがめだつ。おりから社会は爆発的な情報の氾濫に洗われ、人びとは視野を拡散させ、その日暮らしの狂騒に追われている。株価から醜聞の報道まで、刺戟的だが移ろいやすい「情報」に埋没している。応接に疲れた現代人はそれらを脈絡づけ、体系化をめざす「知識」の作業を怠りがちになろうとしている。

だが皮肉なことに、ものごとの意味づけと新しい価値観の構築が、今ほど強く人類に迫られている時代も稀だといえる。自由と平等の関係、愛と家族の姿、教育や職業の理想、科学技術のひき起こす倫理の問題など、文明の森羅万象が歴史的な考えなおしを要求している。今をどう生きるかを知るために、あらためて問題を脈絡づけ、思考の透視図を手づくりにすることが焦眉の急なのである。

ふり返ればすべての古典は混迷の時代に、それぞれの時代の価値観の考えなおしとして創造された。それは現代人に思索の模範を授けるだけでなく、かつて同様の混迷に苦しみ、それに耐えた強靭な心の先例として勇気を与えるだろう。そして幸い進歩思想の傲慢さを捨てた現代人は、すべての古典に寛く開かれた感受性を用意しているはずなのである。

（二〇〇一年四月）

中公クラシックス既刊より

仏教の大意

鈴木大拙

解説・山折哲雄

昭和天皇皇后両陛下のための講演を基に大智と大悲という二つのテーマでわかりやすく構成される本書は、『日本的霊性』と並ぶ大拙自身の言葉で語る仏教の核心に迫る主著。

禅仏教入門

鈴木大拙

増原良彦訳

解説・ひろさちや

禅とは何か？　禅は虚無的か？　禅を世界に知らしめた、英文でかかれた画期的作品を学生だったひろさちやが邦訳。半世紀を経て校訂し、新たな解説をつけて甦る。

文明の生態史観ほか

梅棹忠夫

解説・白石隆

日本の近代化は西洋化によってもたらされたものではない。日本と西欧は全く無関係に「平行進化」を遂げたのだとする本書は、従来の世界史のあらゆる理論に対する大胆な挑戦である。

古代研究Ⅰ Ⅱ Ⅲ Ⅳ

折口信夫

解説・岡野弘彦

自ら「実感による人類史学」と評したその学問は、今日その独創性ゆえに〈折口学〉と呼ばれる。ルビを付し、表記をひらがなにするなど、近寄りにくかった名著がぐんと身近になった。